新思想研究丛书

刘元春 主编

因地制宜发展新质生产力

Fostering New Quality Productive Forces in Line with Local Conditions

张沁悦 著

上海财经大学出版社
SHANGHAI UNIVERSITY OF FINANCE & ECONOMICS PRESS

上海学术·经济学出版中心

图书在版编目(CIP)数据

因地制宜发展新质生产力 / 张沁悦著. -- 上海：上海财经大学出版社, 2025.2. -- (新思想研究丛书).
ISBN 978-7-5642-4582-5

Ⅰ.F120.2

中国国家版本馆 CIP 数据核字第 2025B9C522 号

上海财经大学中央高校双一流引导专项资金、中央高校基本科研业务费资助

本书系上海财经大学习近平经济思想研究系列著作重大课题研究成果

□ 责任编辑　陈　明
□ 封面设计　贺加贝

因地制宜发展新质生产力

张沁悦　著

上海财经大学出版社出版发行
（上海市中山北一路 369 号　邮编 200083）
网　　址：http://www.sufep.com
电子邮箱：webmaster@sufep.com
全国新华书店经销
上海华业装璜印刷厂有限公司印刷装订
2025 年 2 月第 1 版　2025 年 6 月第 2 次印刷

787mm×1092mm　1/16　12.5 印张（插页:2）　230 千字
定价:78.00 元

新思想研究丛书
编委会

主　编

刘元春

副主编

丁晓钦

顾　问

（按姓氏笔画排序）

刘　伟　李建平　张　宇　林　岗　逢锦聚
洪银兴　顾海良　程恩富　鲁品越　简新华

编　委

（按姓氏笔画排序）

丁任重	丁晓钦	丁堡骏	马　艳	马莉莉	王　丰	王　娜	王中保
王生升	王朝科	方　敏	卢　江	白瑞雪	吕　健	朱安东	乔　臻
乔晓楠	伍山林	任保平	刘　刚	刘　震	刘凤义	刘守英	刘新刚
孙立冰	孙蚌珠	纪志耿	严金强	李　政	李　楠	李正图	李帮喜
杨　静	杨云霞	杨虎涛	杨春学	肖　斌	邱海平	何自力	何爱平
宋宪萍	宋朝龙	张　旭	张　林	张　衔	张　辉	张建刚	张俊山
张晖明	张新宁	邰丽华	范　欣	林光彬	周　文	郑吉伟	孟　捷
赵　峰	胡乐明	胡家勇	胡怀国	冒佩华	段学慧	侯为民	贾利军
贾根良	高　帆	郭冠清	唐珏岚	黄　瑾	黄阳华	曹泳鑫	常庆欣
盖凯程	葛　扬	蒋永穆	韩文龙	韩喜平	焦方义	舒　展	鲁保林
谢　地	谢富胜	黎贵才					

目 录

引 言 / 001

第一章 习近平同志关于新质生产力的重要论述 / 004
第一节 新质生产力理论在习近平经济思想中的孕育 / 004
一、解放和发展生产力是社会主义的本质要求 / 005

二、坚持用科学的方法解决实际问题 / 010

三、抓创新就是抓发展,谋创新就是谋未来 / 012

四、加快产业迈向高端化、智能化、绿色化 / 019

五、全面深化改革,释放增长动力 / 023

第二节 新质生产力理论从提出到成形的论述 / 025
一、新质生产力的内涵 / 026

二、科技创新是发展新质生产力的核心要素 / 026

三、以科技创新引领现代产业体系建设 / 027

四、因地制宜是发展新质生产力的重要遵循 / 028

五、全面深化改革,形成与新质生产力相适应的新型生产关系 / 029

第二章 新质生产力理论的创新要点与实践成效 / 032
第一节 新质生产力是新一轮工业革命背景下的理论范式创新 / 032
一、新质生产力指明了新一轮工业革命背景下中国高质量发展新要求 / 033

二、因地制宜的工作方法系统回应了中国新质生产力发展特征 / 035

三、全面创新是发展新质生产力的动力源 / 037

四、完善现代产业体系是实现创新到新质生产力发展的传导机制 / 041

五、构建新型生产关系的全面战略部署是发展新质生产力的制度支撑 / 043

第二节 新质生产力已经在实践中形成 / 045

一、经济总量稳步增长,全要素生产率显著提升 / 045

二、科技创新成果丰硕,创新驱动发展成效日益显现 / 047

三、生产力要素不断优化,组合质量显著提升 / 049

四、现代产业体系逐步完善 / 052

五、新发展理念贯彻有效 / 054

第三章 新质生产力是符合新发展理念的先进生产力质态 / 056

第一节 新质生产力的特点是创新 / 056

一、新质生产力主要由技术革命性突破催生而成 / 057

二、以科技创新催生新产业、新模式、新动能 / 058

三、创新是一个系统工程 / 060

第二节 新质生产力的关键在质优 / 062

一、具有高科技、高效能、高质量特征 / 062

二、基本内涵是生产力要素及其优化组合的跃升 / 064

三、核心标志是全要素生产率的大幅提升 / 071

第三节 新质生产力的本质是先进生产力 / 073

一、新质生产力发展将摆脱传统经济增长方式与生产力发展路径 / 073

二、新质生产力是符合新发展理念的生产力 / 075

三、新质生产力是推动高质量发展的内在要求和重要着力点 / 078

第四章　因地制宜是发展新质生产力的重要遵循 / 082

第一节　因地制宜原则是唯物辩证法的具体体现 / 083

一、因地制宜原则体现了实事求是的基本理念 / 083

二、因地制宜原则要求把握矛盾的普遍性和特殊性 / 084

三、因地制宜原则要求遵循事物的动态发展规律 / 085

四、因地制宜原则强调了事物的普遍联系性 / 086

第二节　因地制宜原则秉承了习近平经济思想的一贯方法 / 087

一、从实际出发谋划事业和工作 / 088

二、坚持系统观念 / 089

三、抓住主要矛盾和中心任务带动全局工作 / 090

四、坚持目标导向和问题导向相结合 / 092

第三节　因地制宜发展新质生产力是一套整体协同的行动方案 / 093

一、从实际出发是因地制宜发展新质生产力的基础起点 / 093

二、先立后破是因地制宜发展新质生产力的策略顺序 / 094

三、分类指导是因地制宜发展新质生产力的行动关键 / 096

四、有选择地推动新产业、新模式、新动能发展是实践路径 / 097

五、防止泡沫化、不搞一种模式是因地制宜发展新质生产力的重要内涵 / 099

第四节　因地制宜发展新质生产力实践探索 / 100

一、率先实现东部地区优化发展 / 101

二、推动中部地区崛起再上新台阶 / 102

三、推动新时代西部大开发形成新格局 / 103

四、奋力谱写东北全面振兴新篇章 / 105

第五章　大力推进科技创新，培育发展新动能 / 108

第一节　坚持"四个面向"加快实施创新驱动发展战略 / 108

一、面向世界科技前沿 / 109

二、面向经济主战场 / 110

三、面向国家重大需求 / 111

四、面向人民生命健康 / 112

第二节 优化重大科技创新组织机制,强化国家战略科技力量布局 / 113

一、明确国家战略科技主体力量分工,构建科技创新体系 / 113

二、强化主体间动态反馈机制,推动协同创新 / 116

三、构建信息共享平台,助力创新发展 / 117

四、优化央地协同,因地制宜布局区域创新网络和创新高地 / 119

第三节 优化科技创新生态 / 123

一、推进科技体制机制改革,点燃高质量发展新引擎 / 124

二、建设高水平科研支撑平台,推动产学研一体化 / 127

三、激发各类人才创新活力,建设全球人才高地 / 129

四、构建开放创新生态,参与全球科技治理 / 130

第六章 以科技创新推动产业创新,建设现代化产业体系 / 132

第一节 完善现代产业体系 / 132

一、超前布局未来产业 / 133

二、培育壮大新兴产业 / 136

三、改造提升传统产业 / 137

第二节 围绕发展新质生产力布局产业链 / 140

一、提升产业链供应链竞争力 / 140

二、提升产业链供应链韧性 / 142

三、保证产业体系自主可控、安全可靠 / 144

第三节 因地制宜布局科技创新与产业创新 / 146

一、形成优势互补、协同发展的产业格局 / 146

二、加大中西部地区产业扶持力度,缩小区域发展差距 / 147

三、深化城市群和都市圈建设,推动区域一体化发展 / 148

第七章 全面深化改革,形成新型生产关系 / 152
第一节 健全新型举国体制,推动国家创新体系建设 / 153
一、新型举国体制的定义与内涵特征 / 153
二、构建新型举国体制的基本原则 / 156
第二节 构建全产业链综合发展治理体系 / 159
一、加强新兴领域新赛道制度供给,建立未来产业投入增长机制 / 159
二、完善战略性产业发展政策和治理体系,引导新兴产业健康有序发展 / 161
三、以国家标准提升引领传统产业优化升级,强化安全、环保等制度约束 / 164
四、实现产业联动与资源整合的综合协调机制 / 167
第三节 加快推进保障生产力要素及组合优化跃升的体制机制改革 / 169
一、加快明确新要素所有权归属,推进生产资料公有制实现形式创新 / 169
二、适应劳动组织形式创新,健全劳动者权益保障机制 / 173
三、构建新型劳动者发展机制,完善社会保障体系 / 175

参考文献 / 178

引 言

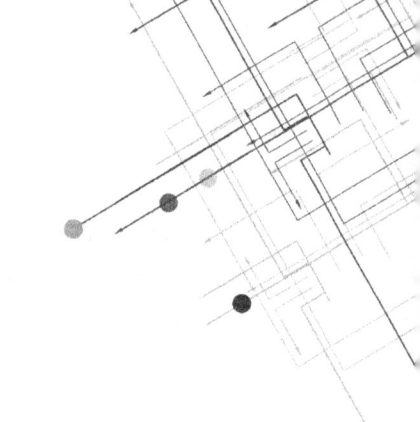

　　解放和发展生产力是社会主义的根本任务和本质要求。当今世界，新一轮科技革命加速推动产业变革，全球经济格局深刻调整，国内改革任务复杂繁重，地区发展差距依然显著。在这一背景下，习近平同志以统筹全局的战略视野，于2023年下半年提出"新质生产力"这一重大理论概念，明确要求"加快形成新质生产力"。这一要求标志着中国生产力发展任务的深化，同时推动了中国特色社会主义政治经济学的进一步发展与完善。在2024年1月31日的中央政治局第11次集体学习中，习近平同志就新质生产力的定义、内涵、发展路径等重大问题进行了全面系统阐述。2024年3月全国两会期间，习近平同志提出要"因地制宜发展新质生产力"，从方法论和实践层面指明了发展新质生产力的工作方法。此后，党的二十届三中全会于2024年7月全面论述了"健全因地制宜发展新质生产力体制机制"，通过宏观战略部署和中观体制机制设计，为新质生产力的发展提供了制度性保障。

　　至此，新质生产力从提出到系统化发展，已经形成了一套完整的理论体系，涵盖了发展目标、方法论指导、体制机制设计等多个方面。新质生产力理论不仅是对马克思主义生产力理论的创新性发展，还是推动高质量发展的重要引擎。与传统生产力理论相比，新质生产力理论在发展动力、发展路径和制度特征等领域进行了重要拓展，包括数字技术、智能化和绿色低碳等具体领域的深度嵌入，为新时代全面把握新一轮科技革命和产业变革的突破方向提供坚实的理论支撑。

　　在新质生产力理论中，"因地制宜"是重要方法论和工作原则。这一工作方法继承了实事求是的唯物辩证法基本原则，强调根据各地实际情况制定发展策略，既注重全面系统性,又鼓励局部突破,为不同地区结合自身禀赋优势发展新质生产力提供了清晰的行动指南。与这一重要方法论相关的思想,如因地制宜"做好创新大文章,推动新质生产力加快发展""围绕发展新质生产力布局产业链""构建与发展新质生产力相适应的新型生产关系"等,从不同层面对如何推进新质生产力的发展问题进行了系统回答,成为指导新时代中国高质量发展的重要行动指南。

为此,本书将对习近平同志关于"新质生产力"的重要论述进行全面梳理,涵盖从理论孕育到提出和实践发展的完整历程。不仅包括"新质生产力"概念正式提出后的相关论述,还包括自党的十八大以来习近平同志围绕经济发展、科技创新、产业升级、绿色低碳转型等方面的系统阐述,以揭示新质生产力理论的孕育过程、发展脉络,并整体理解这一理论的创新性。在此基础上,本书从理论与实践相结合的视角,系统阐述新质生产力的发展目标、工作方法、发展动力、实践路径和制度支撑,深入探讨其对高质量发展的指导作用,并为相关政策制定和具体行动提供理论依据。

全书分为七部分:

第一章系统梳理习近平同志关于新质生产力的重要论述,包括这一理论从孕育、提出到系统化发展的思想路径,阐明各阶段的理论背景、思想渊源和主要内容。

第二章从整体着眼,阐述新质生产力理论的五大创新点,深入探讨新质生产力的时代定义、因地制宜的方法论指导、系统创新的动力源、现代化产业体系作为传导机制及新型生产关系作为制度支撑等;并展示了该理论在思想孕育阶段推动中国经济发展已取得的显著成效。

第三章明确新质生产力的发展目标。从习近平同志关于新质生产力本质与内涵特征的论述出发,具体论述新质生产力的发展新模式、要素新特征、发展新理念等,从而指明发展新质生产力的战略方向。

第四章阐释"因地制宜"工作原则的意义和实践要点,论述如何在不同地区的具体实践中灵活应用诸如"从实际出发、先立后破、分类指导和有选择地发展新产业、新模式、新动能"等原则,推动新质生产力差异化和多模式发展。

第五章探讨新质生产力发展的动力系统,特别是科技创新作为核心驱动力的作用机制,涵盖了"四个面向"的需求牵引、国家重大科技创新组织机制的传导作用、国家战略科技力量的主体作用,以及创新生态构建的支撑作用等。

第六章讨论新质生产力的实践路径,着重分析如何以科技创新推动现代化产业体系建设,以补链、延链、升链、建链为主要策略,提升产业链供应链韧性和安全性,因地制宜布局科技与产业创新等。

第七章则聚焦新质生产力发展的制度保障。着重分析如何通过推动"市场有效"与"政府有为"的结合,构建适应新质生产力发展的生产关系。宏观层面健全新型举国体制推动系统创新,中观层面构建全产业链综合治理体系确保未来、新兴与传统产业协调发展,具体和操作层面通过完善新型劳动者发展机制等,推动生产改革全面推进。

通过对新质生产力理论的系统梳理和分析,本书力求为理论研究和实践创新提供重要参考,为新时代中国高质量发展和现代化建设提供理论基础和行动指南。

最后,感谢在本书的构思和写作过程中给予了宝贵建议的专家,他们是上海财经大学马克思主义学院丁晓钦教授,经济学院冒佩华教授、严金强教授和王琳副教授。感谢上海财经大学经济学院博士生李云鹏同学和车丽娟同学在本书写作过程中提供的宝贵支持。

第一章

习近平同志关于新质生产力的重要论述

2023年下半年以来,习近平同志在多地考察时,提出要整合科技创新资源,引领发展战略性新兴产业和未来产业,加快形成新质生产力。[①] 其后,围绕"什么是新质生产力"以及"如何发展新质生产力"等重大课题进行了系列论述,逐步构建起较为完善的新质生产力理论框架。理论创新根植于历史与现实。尽管"新质生产力"概念的正式提出是在2023年,但其思想渊源可以追溯至早期的实践探索,并且与十八大以来习近平新时代中国特色社会主义思想的发展一脉相承。本章将围绕习近平同志关于新质生产力重要论述,从其孕育、提出到成形的过程进行全面系统的梳理。首先,将党的十八大以来至"新质生产力"术语正式提出前视为孕育阶段,明确新质生产力的思想源头及其演进过程;其次,系统梳理"新质生产力"重要论述正式提出后习近平同志的相关阐释与论述,从中明确新质生产力的内涵、工作方法、发展路径和支撑体系。

第一节 新质生产力理论在习近平经济思想中的孕育

党的十八大以来,面对复杂的国际形势和国内改革发展稳定任务,以习近平同志为核心的党中央提出了诸多新理念、新思想和新战略,逐步形成了习近平经济思想,并孕育了新质生产力理论。在此期间,习近平同志多次强调创新驱动发展战略

---

① 习近平. 发展新质生产力是推动高质量发展的内在要求和重要着力点[J]. 求是,2024(11):4-8.

的重要性,将科技创新视为提升生产力的关键环节。他提出了推动产业升级的要求,指引了高端化、智能化和绿色化的发展方向,构建了经济社会的高质量发展路径。此外,通过供给侧结构性改革和全面深化改革,优化生产关系以适应现代生产力的发展需求,形成了系统性、整体性、协同性的改革原则。这些思想探索与实践,为新质生产力理论的形成奠定了坚实的思想基础和理论支撑。

一、解放和发展生产力是社会主义的本质要求

生产力作为推动我国经济发展、实现共同富裕,为中国人民谋幸福,为中华民族谋复兴根本使命的本质力量,历来是我党强调的重心,习近平同志在任总书记之初就明确提出:"我们的责任,就是要团结带领全党全国各族人民,继续解放思想,坚持改革开放,不断解放和发展社会生产力,努力解决群众的生产生活困难,坚定不移走共同富裕的道路。"[1]随后,习近平同志在多次会议上强调:"解放和发展社会生产力,是社会主义的本质要求"[2],"必须坚定不移把发展作为党执政兴国的第一要务,坚持解放和发展社会生产力"[3]。秉承这一使命,习近平同志在实践中结合中国实际与发展阶段,不断发展了生产力理论,并在当前数字时代提出了新质生产力的重要论断。因此,梳理习近平同志关于解放和发展生产力的理论认知和思想创新,对理解新质生产力理论从孕育到成形的发展脉络有重要意义。

(一)以供给侧结构性改革推动生产力发展

2014年12月,习近平同志分析了当前发展阶段与过去的不同,"从生产能力和产业组织方式看,过去,供给不足是长期困扰我们的一个主要矛盾,现在传统产业供给能力大幅超出需求……在产能过剩的条件下,产业结构必须优化升级……生产小型化、智能化、专业化将成为产业组织新特征……从生产要素相对优势看,过去,我们有源源不断的新生劳动力和农业富余劳动力,劳动力成本低是最大优势,引进技术和管理就能迅速变成生产力。现在,人口老龄化日趋发展,劳动年龄人口总量下降……要素的规模驱动力减弱"[4]。随后,开启了供给侧结构性改革发展生产力,并强调"供给侧结构性改革的根本目的是提高社会生产力水平,落实好以人

---

[1] 习近平. 人民对美好生活的向往就是我们的奋斗目标[N]. 人民日报,2012-11-16.
[2] 习近平. 在中国共产党第十九次全国代表大会上的报告[N]. 人民日报,2017-10-28.
[3] 习近平. 决胜全面建成小康社会 夺取新时代中国特色社会主义伟大胜利[N]. 人民日报,2017-10-19.
[4] 习近平. 习近平谈治国理政(第二卷)[M]. 北京:外文出版社,2017:231.

民为中心的发展思想"①。

在这一阶段,习近平同志对生产力发展的要求更加强调发展方式转变、经济结构调整及整体水平的跃升。"要把转方式、调结构放在更加突出的位置……努力提高创新驱动发展能力、提高产业竞争力、提高经济增长质量和效益,实现我国社会生产力水平总体跃升。要发扬钉钉子精神,一步一个脚印扎实推进经济发展方式转变、经济结构调整,不断取得实实在在的成效。"②"加快培育新的发展动能,改造提升传统比较优势,增强持续增长动力,推动我国社会生产力水平整体改善,努力实现'十三五'发展的良好开局。"③"我国经济发展正处在转方式调结构的紧要关口,既是爬坡过坎的攻坚期,也是大有作为的窗口期。只有横下一条心,扎扎实实推进供给侧结构性改革,我国产业结构层次才能出现一个大的跃升,社会生产力水平才能出现一个大的跃升。"④

(二)以新发展理念推动生产力提升

随着中国经济进入新常态,习近平同志指出:"我国社会生产力水平总体上显著提高,社会生产能力在很多方面进入世界前列,更加突出的问题是发展不平衡不充分,这已经成为满足人民日益增长的美好生活需要的主要制约因素。"⑤为此,习近平同志在党的十八届五中全会上提出了新发展理念,并指出要"切实贯彻创新、协调、绿色、开放、共享的发展理念。这是关系我国发展全局的一场深刻变革"⑥。新发展理念是我国当前乃至未来相当长一段时间内指导生产力发展的理念准则,具体而言:

一是以创新引领发展生产力。习近平同志强调:"要以重大科技创新为引领,加快科技创新成果向现实生产力转化,加快构建产业新体系,做到人有我有、人有我强、人强我优,增强我国经济整体素质和国际竞争力。要深化科技体制改革,推进人才发展体制和政策创新,突出'高精尖缺'导向,实施更开放的创新人才引进政策,聚天下英才而用之。"⑦

---

① 主持召开中央财经领导小组第十二次会议并讲话[N]. 人民日报,2016-01-26.
② 就当前经济形势和下半年经济工作 中共中央召开党外人士座谈会[N]. 人民日报,2014-07-30.
③ 中共中央政治局召开会议[N]. 人民日报,2015-12-15.
④ 习近平. 深化改革开放优化发展环境 闯出老工业基地振兴发展新路[N]. 人民日报,2016-05-26.
⑤ 习近平. 在中国共产党第十九次全国代表大会上的报告[N]. 人民日报,2017-10-28.
⑥ 中共十八届五中全会在京举行[N]. 人民日报,2015-10-30.
⑦ 习近平. 在省部级主要领导干部学习贯彻党的十八届五中全会精神专题研讨班上的讲话[M]. 北京:人民出版社,2016:12.

二是优化生产力布局,缩小地区差距,促进协调发展。习近平同志指出,"要发挥各地区比较优势,促进生产力布局优化……构建连接东中西、贯通南北方的多中心、网络化、开放式的区域开发格局,不断缩小地区发展差距"①。

三是保护生产力,促进绿色发展。习近平同志指出,"保护生态环境就是保护生产力,改善生态环境就是发展生产力。良好生态环境是最公平的公共产品,是最普惠的民生福祉……绿水青山就是金山银山"②。保护生产力,是在我国"解放和发展生产力"论述基础上,对生产力理论和发展目标的进一步理论创新。

四是生产力发展必须顺应且利用好经济全球化,实现开放发展。习近平同志指出,"历史地看,经济全球化是社会生产力发展的客观要求和科技进步的必然结果,不是哪些人、哪些国家人为造出来的。经济全球化为世界经济增长提供了强劲动力,促进了商品和资本流动、科技和文明进步、各国人民交往"③,"要更好地适应、引导、管理经济全球化,让经济全球化的正面效应更多释放出来。全球治理是经济全球化的必然要求"④,"经济全球化、社会信息化极大地解放和发展了社会生产力,既创造了前所未有的发展机遇,也带来了需要认真对待的新威胁新挑战"⑤。

五是以人民为中心,推进共享发展。习近平同志强调:"我们的发展是以人民为中心的发展,全面建成小康社会、进行改革开放和社会主义现代化建设,就是要通过发展社会生产力,满足人民日益增长的物质文化需要,促进人的全面发展。"⑥要"解放和发展社会生产力,建设社会主义市场经济、社会主义民主政治、社会主义先进文化、社会主义和谐社会、社会主义生态文明,促进人的全面发展,逐步实现全体人民共同富裕"⑦。

(三)加快拓展新领域、新赛道和开发新动能、新优势

党的十九大报告明确指出"我国经济已由高速增长阶段转向高质量发展阶

---

① 习近平. 在省部级主要领导干部学习贯彻党的十八届五中全会精神专题研讨班上的讲话[N]. 人民日报,2016-05-10.
② 习近平. 总书记谈绿色[N]. 人民日报,2016-03-03.
③ 习近平. 在世界经济论坛2017年年会开幕式上的主旨演讲[N]. 人民日报,2017-01-18.
④ 会见第71届联合国大会主席汤姆森和联合国秘书长古特雷斯[N]. 人民日报,2017-01-19.
⑤ 习近平. 讲故事:全人类的共同愿望就是和平与发展[N]. 人民日报,2017-08-10.
⑥ 习近平. 让老百姓过上好日子——关于改善民生和创新社会治理[N]. 人民日报,2016-05-06.
⑦ 习近平. 实现中华民族伟大复兴的必由之路——关于坚持和发展中国特色社会主义[N]. 人民日报,2016-04-21.

段"①,这是习近平同志基于我国生产力发展现状并与我国国情相结合提出的最新目标,"坚持一切从实际出发,既要看到社会主义初级阶段基本国情没有变,也要看到我国经济社会发展每个阶段呈现出来的新特点。我国社会生产力、综合国力、人民生活水平实现了历史性跨越,我国基本国情的内涵不断发生变化,我们面临的国际国内风险、面临的难题也发生了重要变化"②。随后,"十四五"规划明确指出"经济社会发展要以推动高质量发展为主题"③,党的二十大把高质量发展定位为"全面建设社会主义现代化国家的首要任务"④。这些标示着习近平同志对于解放生产力和发展生产力的思考已全面融入高质量发展阶段之中。在这一阶段,生产力发展更加强调"新领域""新赛道""新动能""新优势"。

新领域方面,强调发展数字经济,充分利用人工智能等技术突破推动生产力发展。"网信事业代表着新的生产力和新的发展方向……要发展数字经济,加快推动数字产业化,依靠信息技术创新驱动,不断催生新产业新业态新模式,用新动能推动新发展。"⑤"我们要顺应第四次工业革命发展趋势,共同把握数字化、网络化、智能化发展机遇,共同探索新技术、新业态、新模式,探寻新的增长动能和发展路径,建设数字丝绸之路、创新丝绸之路。"⑥"人工智能引领的新一轮科技革命和产业变革方兴未艾……把新一代人工智能作为推动科技跨越发展、产业优化升级、生产力整体跃升的驱动力量,努力实现高质量发展。"⑦

新赛道方面,强调构建现代产业体系,优化重大生产力布局,"把重点放在推动产业结构转型升级……努力改变传统产业多新兴产业少、低端产业多高端产业少、资源型产业多高附加值产业少、劳动密集型产业多资本科技密集型产业少的状况,构建多元发展、多极支撑的现代产业新体系"⑧,"大力培育新产业……发展现代装备制造业,发展新材料、生物医药、电子信息、节能环保等新兴产业……优化资源要

---

① 习近平. 决胜全面建成小康社会 夺取新时代中国特色社会主义伟大胜利[N]. 人民日报,2017-10-19.
② 习近平. 辩证唯物主义是中国共产党人的世界观和方法论[J]. 求是,2019(01):4-8.
③ 中共十九届五中全会在京举行[N]. 人民日报,2020-10-30.
④ 习近平. 高举中国特色社会主义伟大旗帜 为全面建设社会主义现代化国家而团结奋斗[N]. 人民日报,2022-11-01.
⑤ 习近平. 敏锐抓住信息化发展历史机遇 自主创新推进网络强国建设[N]. 人民日报,2018-04-22.
⑥ 习近平. 齐心开创共建"一带一路"美好未来——在第二届"一带一路"国际合作高峰论坛开幕式上的主旨演讲[N]. 人民日报,2019-04-27.
⑦ 习近平. 推动新一代人工智能健康发展 更好造福世界各国人民[N]. 人民日报,2019-05-17.
⑧ 习近平. 扎实推动经济高质量发展 扎实推进脱贫攻坚[N]. 人民日报,2018-03-06.

素配置和生产力空间布局……形成有竞争力的增长极"①,"优化重大生产力布局,促进各类要素合理流动和高效集聚,畅通国内大循环"②。

新动能方面,强调科技第一动力与新能源布局。在科技方面,应"大力推动科技创新,打造经济发展新动能。当前,新一轮科技革命和产业变革加速发展,科技对提高社会生产力的贡献更加凸显"③,"要面向世界科技前沿、面向经济主战场、面向国家重大需求、面向人民生命健康,加强基础研究和应用基础研究,打好关键核心技术攻坚战,加速科技成果向现实生产力转化"④,"努力在关键核心技术和重要创新领域取得突破,将科研成果加快转化为现实生产力"⑤。在能源方面,"要把现代能源经济这篇文章做好,紧跟世界能源技术革命新趋势,延长产业链条,提高能源资源综合利用效率"⑥。

新优势方面,强调生产关系方面发挥社会主义特色优势,充分利用市场与资本的力量。"社会主义基本制度和市场经济有机结合、公有制经济和非公有制经济共同发展,是我们党推动解放和发展社会生产力的伟大创举"⑦,"市场主体是经济的力量载体,保市场主体就是保社会生产力"⑧,"要激发市场主体发展活力,使一切有利于社会生产力发展的力量源泉充分涌流"⑨。"在社会主义市场经济体制下,资本是带动各类生产要素集聚配置的重要纽带,是促进社会生产力发展的重要力量,要发挥资本促进社会生产力发展的积极作用。"⑩

可见,在新质生产力理论孕育阶段,习近平同志关于解放和发展生产力的论述,特别是供给侧结构性改革、新发展理念、加快培育新动能等举措,展现了他对生产力发展深刻而系统的理解。这一阶段的论述更加强调生产力发展的基础性要

---

① 习近平.扎实推动经济高质量发展 扎实推进脱贫攻坚[N].人民日报,2018-03-06.
② 习近平.加快构建新发展格局 把握未来发展主动权[J].求是,2023(08):4-8.
③ 习近平.在亚太经合组织工商领导人对话会上的主旨演讲[N].人民日报,2020-11-20.
④ 浦东开发开放30周年庆祝大会隆重举行[N].人民日报,2020-11-13.
⑤ 习近平.咬定目标脚踏实地埋头苦干久久为功 为黄河永远造福中华民族而不懈奋斗[N].人民日报,2021-10-23.
⑥ 习近平.扎实推动经济高质量发展 扎实推进脱贫攻坚[N].人民日报,2018-03-06.
⑦ 习近平.深刻认识做好新形势下统战工作的重大意义[M].北京:中央文献出版社,2016:559.
⑧ 习近平.激发市场主体活力 弘扬企业家精神 推动企业发挥更大作用实现更大发展[N].人民日报,2020-07-22.
⑨ 习近平.着眼长远 把握大势 开门问策 集思广益 研究新情况 作出新规划[N].人民日报,2020-08-25.
⑩ 习近平.依法规范和引导我国资本健康发展 发挥资本作为重要生产要素的积极作用[N].人民日报,2022-05-01.

求,即从根本上解决长期存在的结构性矛盾,实现社会生产力的整体跃升。习近平同志通过对经济结构、生产方式的调整和新发展理念的贯彻,推动生产力的发展从数量扩张转向质量提升,为新质生产力注入了系统性、创新性和包容性的特征,构成了新质生产力理论的基础层次,奠定了全面提升经济质量和效益的理论起点。

二、坚持用科学的方法解决实际问题

在推动国内改革发展工作中,习近平同志特别强调对科学方法的运用。他指出,无论抓什么工作,"我们要坚持和运用辩证唯物主义和历史唯物主义的世界观和方法论"[①]。习近平同志反复强调,历史唯物主义基本原理和方法论、辩证唯物主义基本原理和方法论就是科学的方法,并进一步指出"理论的飞跃不是体现在词句的标新立异上,也不是体现在逻辑的自洽自证上,归根到底要体现在回答实践问题、引领实践发展上"[②]。党的十八大以来,以习近平同志为核心的党中央将科学的工作方法与生产力发展实践相结合,特别是针对各地生产力发展不均衡的现实情况做出系列科学论断,为新质生产力理论的提出与发展提供了科学的方法指导。

(一)坚持实事求是

习近平同志多次强调,要坚定不移地坚持马克思主义的基本立场、观点和方法,坚持实事求是。他指出,"马克思、恩格斯没有直接用过'实事求是'这个词,但他们创立的辩证唯物主义和历史唯物主义,突出强调的就是实事求是。实事求是,是毛泽东同志用中国成语对辩证唯物主义和历史唯物主义世界观和方法论所作的高度概括",它是"马克思主义的精髓和灵魂"。[③] 他还将实事求是作为党的基本思想方法、工作方法和领导方法[④],并指出"我们党是靠实事求是起家和兴旺发展起来的"[⑤]。在习近平同志看来,坚持实事求是,首先必须全面地了解和把握"实事"[⑥],"关键在于'求是',就是探求和掌握事物发展的规律"[⑦]。

(二)坚持系统观念

党的十八大以来,习近平同志多次提出与系统观念相关的表达,例如强调"党

---

① 习近平. 习近平在纪念马克思诞辰200周年大会上的讲话[N]. 人民日报,2018—05—05.
② 习近平. 开辟马克思主义中国化时代化新境界[J]. 求是,2023(20):4—9.
③ 习近平. 坚持实事求是的思想路线[N]. 学习时报,2012—05—28.
④ 习近平. 在纪念毛泽东同志诞辰120周年座谈会上的讲话[N]. 人民日报,2013—12—27.
⑤ 习近平. 坚持实事求是的思想路线[N]. 学习时报,2012—05—28.
⑥ 习近平. 坚持实事求是的思想路线[N]. 学习时报,2012—05—28.
⑦ 习近平. 坚持实事求是的思想路线[N]. 学习时报,2012—05—28.

的领导必须是全面的、系统的、整体的"①,强调"全面依法治国是一个系统工程,必须统筹兼顾、把握重点、整体谋划"②,强调"全面深化改革是一项复杂的系统工程,需要加强顶层设计和整体谋划"③,强调"推进中国式现代化是一个系统工程,需要统筹兼顾、系统谋划、整体推进"④,等等。2020年10月,习近平同志在党的十九届五中全会上指出:"系统观念是具有基础性的思想和工作方法",并将坚持系统观念作为"十四五"时期我国经济社会发展必须遵循的一项重要原则。2022年10月,党的二十大把系统观念作为"六个必须坚持"之一列入习近平新时代中国特色社会主义思想的世界观和方法论范畴,要求全党"必须坚持系统观念""为前瞻性思考、全局性谋划、整体性推进党和国家各项事业提供科学思想方法"⑤。

(三)发挥区域比较优势

党的十八大以来,习近平同志从坚持系统观念和实事求是出发,多次将因地制宜实践原则运用到区域协调发展中。他指出,"我国幅员辽阔、人口众多,各地区自然资源禀赋差别之大在世界上是少有的,统筹区域发展从来都是一个重大问题",因此"不能简单要求各地区在经济发展上达到同一水平,而是要根据各地区的条件,走合理分工、优化发展的路子"⑥。2019年9月,他在黄河流域生态保护和高质量发展座谈会上讲话时指出:"沿黄河各地区要从实际出发,宜水则水、宜山则山,宜粮则粮、宜农则农,宜工则工、宜商则商,积极探索富有地域特色的高质量发展新路子。"⑦对于西部地区,习近平同志强调"中国西部地区地域辽阔,资源富集,充满机遇,具有独特的区位优势,将成为陆海内外联动、东西双向互济开放格局的重要组成部分"⑧,对于东北地区,则强调东北地区要做好"加减乘除",亟待在淘汰落后产能、创新驱动、市场化程度上补课⑨。对于东部的江苏省,则强调"要突出构建以

---

① 习近平. 毫不动摇坚持和加强党的全面领导[J]. 求是,2021(18):4—15.
② 习近平. 坚定不移走中国特色社会主义法治道路 为全面建设社会主义现代化国家提供有力法治保障[N]. 人民日报,2020—11—17.
③ 习近平. 习近平著作选读:第一卷[M]. 北京:人民出版社,2023:176.
④ 习近平. 正确理解和大力推进中国式现代化[N]. 人民日报,2023—02—08.
⑤ 习近平. 习近平著作选读:第一卷[M]. 北京:人民出版社,2023:17.
⑥ 习近平. 高举中国特色社会主义伟大旗帜 为全面建设社会主义现代化国家而团结奋斗[N]. 人民日报,2022—10—26.
⑦ 习近平. 在黄河流域生态保护和高质量发展座谈会上的讲话[J]. 求是,2019(20):4—11.
⑧ 习近平. 习近平向第十七届中国西部国际博览会致贺信[N]. 人民日报,2018—09—21.
⑨ 奏响"四个全面"的时代强音——习近平同志同出席全国两会人大代表、政协委员共商国是纪实[N]. 人民日报,2015—03—15.

先进制造业为骨干的现代化产业体系这个重点"①。习近平同志还强调加强跨区域融合互动,促进不同能级、不同类型区域之间优势互补。2016年8月17日,习近平同志在推进"一带一路"建设工作座谈会上发表讲话时指出:要以"一带一路"建设带动我国东中西部梯次联动并进。"加强'一带一路'建设同京津冀协同发展、长江经济带发展等国家战略的对接,同西部开发、东北振兴、中部崛起、东部率先发展、沿边开发开放的结合,带动形成全方位开放、东中西部联动发展的局面。"②

可见,习近平同志对马克思主义方法论的坚持和实践应用,形成了新质生产力"因地制宜"工作方法的思想和实践来源。

三、抓创新就是抓发展,谋创新就是谋未来

党的十八大做出了实施创新驱动发展战略的重大部署。随后,在中共中央政治局第九次集体学习时,习近平同志指出,"科技创新是提高社会生产力和综合国力的战略支撑,必须摆在国家发展全局的核心位置"③。其后,习近平同志多次对创新驱动发展战略进行了系统性论述。

(一)创新是引领发展的第一动力

习近平同志多次强调,创新是引领发展的第一动力,是建设现代化经济体系的战略支撑。"创新是一个民族进步的灵魂,是一个国家兴旺发达的不竭动力"④,"纵观人类发展历史,创新始终是推动一个国家、一个民族向前发展的重要力量,也是推动整个人类社会向前发展的重要力量。"⑤2015年3月,他在参加十二届全国人大三次会议上海代表团审议时正式指出,"创新是引领发展的第一动力"⑥。

首先,科技创新被视为提升生产力和推动经济高质量发展的核心动力,是解决

---

① 习近平.习近平在参加江苏代表团审议时强调因地制宜发展新质生产力[N].人民日报,2024-03-06.
② 中共中央文献研究室.习近平关于社会主义经济建设论述摘编[M].北京:中央文献出版社,2017:37.
③ 习近平.敏锐把握世界科技创新发展趋势 切实把创新驱动发展战略实施好[N].人民日报,2013-10-02.
④ 习近平.习近平在欧美同学会成立100周年庆祝大会上的讲话[N].人民日报,2013-10-22.
⑤ 主动适应、把握、引领经济发展新常态——关于促进经济持续健康发展[N].人民日报,2016-05-03.
⑥ 奏响"四个全面"的时代强音——习近平同志同出席全国两会人大代表、政协委员共商国是纪实[N].人民日报,2015-03-15.

我国发展中深层次矛盾和问题的关键力量。①"社会生产力发展和综合国力提高，最终取决于科技创新。"②这是习近平同志立足时代发展与中国经济新形势、新挑战背景提出的重要观点。他在总结历次产业革命共同特点的基础上，指出"新一轮科技革命与我国加快转变经济发展方式形成历史性交汇，为我们实施创新驱动发展战略提供了难得的重大机遇"③。发展动力转换的关键在科技创新。"如果科技创新搞不上去，发展动力就不可能实现转换，我们在全球经济竞争中就会处于下风。"④科技创新是推动我国从跟跑到并跑再到领跑的关键。习近平同志还强调，在核心技术领域，"我们同国外处在同一条起跑线上，如果能够超前部署、集中攻关，很有可能实现从跟跑并跑到并跑领跑的转变"⑤。2023年1月，习近平同志在二十届中央政治局第二次集体学习时指出，"当今世界，科学技术是第一生产力、第一竞争力"⑥。这突出强调了提升科技自立自强在打造国家竞争优势中的核心作用。

其次，必须重视科技创新与产业发展之间的有机关联，强调创新驱动与产业升级的紧密结合。"当今全球科技革命发展的主要特征是从'科学'到'技术'转化，基本要求是重大基础研究成果产业化"⑦，"创新要实，就是要推动全面创新，更多靠产业化的创新来培育和形成新的增长点"⑧。"要着力构建以企业为主体、市场为导向、产学研相结合的技术创新体系"⑨，尤其在战略性新兴产业和传统产业升级方面，"要着力发展实体经济，依靠创新培育壮大发展新动能。推动传统产业改造升级，支持战略性新兴产业和现代服务业发展，促进大众创业万众创新纵深发展，最大限度释放全社会的创新创造潜能"⑩。为此，他主张加快培育新动能，发展新能源、新材料、人工智能等新兴产业，同时通过技术创新推动传统产业向高端化、智能化方向转型。

最后，同样重要的是，企业是创新的主体，要鼓励和支持企业加大研发投入，成

---

① 习近平.习近平在河南考察时的讲话[N].人民日报,2014—05—09.
② 习近平.习近平论科技自立自强[M].北京:中央文献出版社,2023:21.
③ 习近平.敏锐把握世界科技创新发展趋势 切实把创新驱动发展战略实施好[N].人民日报,2013—10—02.
④ 习近平.在党的十八届五中全会第二次全体会议上的讲话(节选)[J].求是,2016(01):3—10.
⑤ 习近平.习近平论科技自立自强[M].北京:中央文献出版社,2023:125.
⑥ 习近平.加快构建新发展格局 把握未来发展主动权[J]求是.2023(08):4—8.
⑦ 习近平.习近平谈创新[N].人民日报,2016—03—01.
⑧ 中央经济工作会议在北京举行[N].人民日报,2014—12—12.
⑨ 习近平.深化改革 发挥优势 创新思路 统筹兼顾 确保经济持续健康发展社会和谐稳定[N].人民日报,2014—05—11.
⑩ 中央经济工作会议在北京举行[N].人民日报,2022—12—17.

为技术创新的主力军。要进一步突出企业的创新主体地位,使企业真正成为技术创新决策、研发投入、科研组织、成果转化的主体,变"要我创新"为"我要创新"。他强调"加快构建企业为主体、市场为导向、产学研相结合的技术创新体系"[①],鼓励企业在市场竞争中通过技术创新不断提高竞争力。

(二)以增强自主创新能力为核心

"独立自主是我们党从中国实际出发,依靠党和人民力量进行革命、建设、改革的必然结论。"[②]"实施创新驱动发展战略,关键是大幅提高自主创新能力,努力掌握关键核心技术。"[③]习近平同志强调,自主创新是国家发展的战略基点,是实现我国现代化的重要路径。面对日益激烈的国际竞争和外部环境的变化,我国必须走自主创新之路,掌握关键核心技术,提升科技自立自强的能力,以增强国家的自主性和安全性。

第一,要增强自主创新能力,加快关键核心技术攻关。习近平同志反复指出,关键核心技术是国之重器,必须牢牢掌握在自己手中。"关键技术是买不来的。"[④]他强调,要加大对"卡脖子"技术的攻关力度,解决核心技术受制于人的问题,依靠自主研发来实现技术突破,确保国家战略安全和产业安全。他要求科研技术人员,加强原创性、引领性科技攻关,坚决打赢关键核心技术攻坚战。对什么是核心技术,习近平同志进行了清晰的解释,"核心技术,一是基础技术、通用技术,二是非对称技术、'撒手锏'技术,三是前沿技术、颠覆性技术"[⑤]。为此,要增强基础研究与原始创新能力,因为基础研究是创新的源头和根本。科技投入要聚焦核心技术,要积极推动核心技术成果转化。要加强长期稳定的基础研究投入,集中力量开展原始创新。

第二,科技攻关要坚持问题导向,要面向全球和立足国内,通过创新突破制约我国发展的瓶颈。习近平同志说,"我们要全面研判世界科技创新和产业变革大势,既要重视不掉队问题,也要从国情出发确定跟进和突破策略"[⑥],"要从国家急迫

---

① 习近平.习近平在河南考察时的讲话[N].人民日报,2014-05-09.
② 习近平.习近平谈治国理政:第二卷[M].北京:外文出版社,2017:29.
③ 习近平.习近平论科技自立自强[M].北京:中央文献出版社,2023:35.
④ 习近平.习近平论科技自立自强[M].北京:中央文献出版社,2023:36.
⑤ 习近平.习近平论科技自立自强[M].北京:中央文献出版社,2023:125.
⑥ 习近平.在十八届中央政治局第九次集体学习时的讲话[N].人民日报,2013-9-30.

需要和长远需求出发"①。"牢牢把握科技进步大方向"②,瞄准世界科技前沿领域和顶尖水平,牢牢把握产业革命大趋势,面向经济社会发展主战场,转化为经济社会发展第一推动力,转化为人民福祉。其后,在2020年与科学家的座谈会中,习近平同志将科技创新的问题导向总结为四个面向,即"面向世界科技前沿、面向经济主战场、面向国家重大战略需求和面向人民生命健康"③。

(三)人才是创新的第一资源

习近平同志高度重视人才的作用,指出"综合国力竞争说到底是人才竞争"④。在党的十八届五中全会上,他强调"必须把创新作为引领发展的第一动力,把人才作为支撑发展的第一资源,把创新摆在国家发展全局的核心位置"⑤。

首先,人才是创新的第一资源。一方面,人才是社会发展及竞争的核心。"人才资源作为经济社会发展第一资源的特征和作用更加明显,人才竞争已经成为综合国力竞争的核心。"⑥另一方面,人才是科技创新的重要因素,人才"是创新活动中最为活跃、最为积极的因素。要把科技创新搞上去,就必须建设一支规模宏大、结构合理、素质优良的创新人才队伍"⑦,"没有人才优势,就不可能有创新优势、科技优势、产业优势"⑧。此外,人才是创新驱动的重要组成,"人才是创新的根基,是创新的核心要素。创新驱动实质上是人才驱动"⑨,总之,要"把人才作为支撑发展的第一资源,把创新摆在国家发展全局的核心位置,不断推进理论创新、制度创新、科技创新、文化创新等各方面创新,让创新贯穿党和国家一切工作,让创新在全社会蔚然成风"⑩。

其次,人才、教育、科技之间具有协同促进作用。习近平同志强调"科技创新离不开科技人员持久的时间投入"⑪,人才对创新的推动作用就像是鱼儿离不开水,同

---

① 习近平.习近平论科技自立自强[M].北京:中央文献出版社,2023:10.
② 习近平.习近平论科技自立自强[M].北京:中央文献出版社,2023:63.
③ 习近平.面向世界科技前沿 面向经济主战场 面向国家重大需求 面向人民生命健康 不断向科学技术广度和深度进军[N].人民日报,2020-09-12.
④ 习近平.习近平在欧美同学会成立100周年庆祝大会上的讲话[N].人民日报,2013-10-22.
⑤ 习近平.在党的十八届五中全会第二次全体会议上的讲话(节选)[J].求是,2016(01):3-10.
⑥ 习近平.习近平在欧美同学会成立100周年庆祝大会上的讲话[N].人民日报,2013-10-22.
⑦ 习近平.铸牢中华民族共同体意识 推进新时代党的民族工作高质量发展[N].人民日报,2013-09-30.
⑧ 中共中央文献研究室.习近平关于科技创新论述摘编[M].北京:中央文献出版社,2016:116.
⑨ 中共中央文献研究室.习近平关于科技创新论述摘编[M].北京:中央文献出版社,2016:119-120.
⑩ 习近平.在党的十八届五中全会第二次全体会议上的讲话(节选)[J].求是,2016(01):3-10.
⑪ 习近平.在中国科学院第二十次院士大会、中国工程院第十五次院士大会、中国科协第十次全国代表大会上的讲话[N].人民日报,2021-05-29.

时,教育又是人才培养的根基,而好的科研也会促进教育水平的提升,人才、教育、创新三者之间相互影响,相互促进。对此,习近平同志指出,"人才工作很重要,科教兴国、人才强国、产学研结合等,都与教育工作紧密相关,科技教育要搞好分工合作,同时要不断完善创新人才培养、使用、管理的一系列政策"①。在具体战略实施方面,"要实现科教兴国战略、人才强国战略、创新驱动发展战略有效联动,坚持教育发展、科技创新、人才培养一体推进,形成良性循环"②。

最后,要建设全球人才高地,更好地为创新服务。习近平同志在中国科学院第二十次院士大会上指出,要"激发各类人才创新活力,建设全球人才高地。世界科技强国必须能够在全球范围内吸引人才、留住人才、用好人才。我国要实现高水平科技自立自强,归根结底要靠高水平创新人才"③,并随后在科研经费、关键核心技术领域、人才自主培养等方面制定了一系列具体部署,且提出了发展目标,其中包括"到2035年,形成我国在诸多领域人才竞争比较优势,国家战略科技力量和高水平人才队伍位居世界前列"④。

(四)推动开放合作与科技创新的国际化

推动科技创新的国际化既是时代要求,也是推动创新发展的必要环节。习近平同志指出,"人类要破解共同发展难题,比以往任何时候都更需要国际合作和开放共享,没有一个国家可以成为独立的创新中心或独享创新成果"⑤。自十八大以来,习近平同志部署了一系列战略举措推动开放创新发展。

一是营造具有全球竞争力的开放创新生态。"我国要坚持以更加开放的思维和举措扩大基础研究等国际交流合作,营造具有全球竞争力的开放创新生态。"⑥一方面,创新生态强调交流与合作,要求以"全球视野谋划和推动创新,积极融入全球创新网络,聚焦气候变化、人类健康等问题,加强同各国科研人员的联合研发。要

---

① 中共中央文献研究室.习近平关于科技创新论述摘编[M].北京:中央文献出版社,2016:110.
② 习近平.加快构建新发展格局 把握未来发展主动权[J].求是,2023(08):4—8.
③ 习近平.在中国科学院第二十次院士大会、中国工程院第十五次院士大会、中国科协第十次全国代表大会上的讲话[N].人民日报,2021—05—29.
④ 习近平.深入实施新时代人才强国战略 加快建设世界重要人才中心和创新高地[J].求是,2021(24):4—15.
⑤ 习近平.加强基础研究 实现高水平科技自立自强[J].求是,2023(15):4—9.
⑥ 习近平.在中国科学院第二十次院士大会、中国工程院第十五次院士大会、中国科协第十次全国代表大会上的讲话[N].人民日报,2021—05—29.

主动设计和牵头发起国际大科学计划和大科学工程,设立面向全球的科学研究基金"①;另一方面,创新生态强调安全与治理,要"参与全球科技治理。科技是发展的利器,也可能成为风险的源头。要前瞻研判科技发展带来的规则冲突、社会风险、伦理挑战,完善相关法律法规、伦理审查规则及监管框架。要深度参与全球科技治理,贡献中国智慧,塑造科技向善的文化理念,让科技更好增进人类福祉,让中国科技为推动构建人类命运共同体作出更大贡献!"②

二是积极融入全球创新网络,增强国际合作水平。"要坚持'引进来'和'走出去'相结合,积极融入全球创新网络,全面提高我国科技创新的国际合作水平。"③具体包括:"加强创新能力开放合作,要坚持以全球视野谋划和推动科技创新,吸引和培养高精尖缺人才,提升使用全球创新资源能力,打造开放合作区域高地,参与和引导全球创新治理,优化开放合作服务与环境,以开放促进发展、以改革推动创新、以合作实现共赢,全面融入全球创新网络,推动创新型国家建设"④;"构筑国际基础研究合作平台,牵头实施国际大科学计划和大科学工程,设立面向全球的科学研究基金,加大国家科技计划对外开放力度,围绕气候变化、能源安全、生物安全、外层空间利用等全球问题,拓展和深化中外联合科研"⑤。

三是在开放合作中提升自身科技创新能力。高水平的自立自强是习近平同志历来高度强调的发展方针,但这并不意味着不参与合作开放,正如习近平同志所强调的,"国际科技合作是大趋势。我们要更加主动地融入全球创新网络,在开放合作中提升自身科技创新能力。越是面临封锁打压,越不能搞自我封闭、自我隔绝,而是要实施更加开放包容、互惠共享的国际科技合作战略"⑥。这就要求我们,"一方面,要坚持把自己的事情办好,持续提升科技自主创新能力,在一些优势领域打造'长板',夯实国际合作基础。另一方面,要以更加开放的思维和举措推进国际科技交流合作"⑦。在具体实施方面,"要逐步放开在我国境内设立国际科技组织、外

---

① 习近平. 在中国科学院第二十次院士大会、中国工程院第十五次院士大会、中国科协第十次全国代表大会上的讲话[N]. 人民日报,2021-05-29.
② 习近平. 在中国科学院第二十次院士大会、中国工程院第十五次院士大会、中国科协第十次全国代表大会上的讲话[N]. 人民日报,2021-05-29.
③ 习近平. 加快实施创新驱动发展战略 加快推动经济发展方式转变[N]. 人民日报,2014-08-19.
④ 习近平. 因势利导 统筹谋划 精准施策 推动改革更好服务经济社会发展大局[N]. 人民日报,2019-05-30.
⑤ 习近平. 加强基础研究 实现高水平科技自立自强[J]. 求是,2023(15):4-9.
⑥ 习近平. 在科学家座谈会上的讲话[N]. 人民日报,2020-09-12.
⑦ 习近平. 在科学家座谈会上的讲话[N]. 人民日报,2020-09-12.

籍科学家在我国科技学术组织任职,使我国成为全球科技开放合作的广阔舞台"①。

(五)以改革释放创新活力

习近平同志强调,创新是一个系统过程,需要以全面系统的改革来释放创新活力。他指出,"创新是多方面的,包括理论创新、体制创新、制度创新、人才创新等"②。创新将对经济社会结构带来深远的影响,同时也将受到经济社会结构的反向支撑或制约。"创新是一个系统工程,创新链、产业链、资金链、政策链相互交织、相互支撑,改革只在一个环节或几个环节搞是不够的,必须全面部署,并坚定不移地推进。科技创新、制度创新要协同发挥作用,两个轮子一起转。"③"创新是一个复杂的社会系统工程,涉及经济社会各个领域。坚持创新发展,既要坚持全面系统的观点,又要抓住关键,以重要领域和关键环节的突破带动全局。"④

首先,制度创新是实现科技创新的重要保障。以改革释放创新活力,关键是打破科技创新链条上存在的诸多体制机制关卡,使创新和转化各环节衔接更紧密。"改革的目标只有一个,那就是要进一步打通科技和社会经济发展之间的通道。"⑤为此,2013 年,习近平同志在参加全国政协十二届一次会议科协、科技界委员联组讨论时就指出,要深化科技体制改革,包括优化科技政策供给,完善科技评价体系,营造良好创新环境。其后在多次讲话中重复强调了科技体制改革的重要性与实施路径。2014 年 8 月,在中央财经领导小组第七次会议上,习近平同志提出要继续深化科研院所改革,按照科研院所承担任务公共性,分类阐述了科研院所的改革方向。同时强调通过修改完善相关法律法规,加强知识产权保护;通过深化改革,发展市场化配置创新资源的机制等。⑥ 2014 年 9 月,习近平同志在中央全面深化改革领导小组第五次会议上强调,要改革科技计划体制,改变政出多门的格局,坚持按目标成果、绩效考核为导向分配资源,解决科技计划碎片化和科研项目取向聚焦不够两个问题,统筹科技资源,建立公开统一的国家科技管理平台。⑦ 他多次强调,要通过完善科研管理机制,激发科研人员的创新活力,建立健全激励创新的政策

---

① 习近平.在科学家座谈会上的讲话[N].人民日报,2020—09—12.
② 习近平.加快实施创新驱动发展战略 加快推动经济发展方式转变[N].人民日报,2014—08—18.
③ 习近平.为建设世界科技强国而奋斗[M].北京:人民出版社 2016:13—14.
④ 习近平.习近平论科技自立自强[M].北京:中央文献出版社,2023:116.
⑤ 习近平.习近平论科技自立自强[M].北京:中央文献出版社,2023:35.
⑥ 习近平.敏锐把握世界科技创新发展趋势 切实把创新驱动发展战略实施好[N].人民日报,2013—10—02.
⑦ 习近平主持召开中央全面深化改革领导小组第五次会议[N].人民日报,2014—09—30.

体系。

其次,以中国特色自主创新道路全面提升国家创新体系的整体效能。习近平同志指出,要坚定不移走中国特色自主创新道路,这条道路"最大的优势就是我国社会主义制度能够集中力量办大事,这是我们成就事业的重要法宝"①。这条道路过去助力我国实现了"两弹一星"等重要科技创新,当前具有更重要的战略意义。"世界已经进入大科学时代,基础研究组织化程度越来越高,制度保障和政策引导对基础研究产出的影响越来越大。"②因此,要加强统筹协调,促进协同创新。提高自主创新能力需要从体制机制等多方面来保证,"要健全社会主义市场经济条件下新型举国体制"③。要建设完善的国家创新体系,加强科研机构、高校、企业以及社会力量的协同合作,推动从基础研究到应用研究的全面创新。

可见,习近平同志关于创新驱动的系列论述,通过科技突破、自主创新、企业和人才的结合及开放合作的多层次路径,逐步孕育出新质生产力的关键内涵,为新质生产力注入了前沿性、科技性和综合性特征。首先,习近平同志多次强调创新是引领发展的第一动力,并将科技创新作为提高社会生产力和综合国力的战略支撑,奠定了新质生产力的内涵,即以先进技术和知识推动生产力质变,摆脱传统粗放型增长模式。其次,关于增强自主创新能力的思想,为新质生产力注入了自主创新、核心技术突破的重要特质。此外,习近平同志提出的企业作为创新主体、人才是第一资源的理念,将创新的责任落实到企业和人才上,形成了推动生产力发展的微观基础。通过企业在市场竞争中的创新驱动,以及对创新型人才的培养和激励机制建设,新质生产力具备了市场化、产业化的特征。通过特别强调科技、企业和人才的结合,以形成推动生产力变革的多维动力体系,为新质生产力的内涵丰富和系统化发展提供了多重支撑。习近平同志这一阶段还强调开放合作与科技创新的国际化,使新质生产力在孕育过程中具备了开放性和全球视野的特征,确保新质生产力能够立足国内、面向世界,形成具有国际竞争力的生产力水平。

四、加快产业迈向高端化、智能化、绿色化

产业升级是摆脱粗放型增长方式,实现高质量发展的必由之路,也是形成新质

---

① 习近平. 习近平论科技自立自强[M]. 北京:中央文献出版社,2023:19.
② 习近平. 切实加强基础研究 夯实科技自立自强根基[N]. 人民日报,2023-02-23.
③ 习近平. 习近平论科技自立自强[M]. 北京:中央文献出版社,2023:10.

生产力的重要基础。党的十八大以来,在创新驱动战略的整体布局下,习近平同志就推动产业升级和建设现代产业体系进行了深入而丰富的论述,为新质生产力的实际孕育和理论阐释奠定了坚实的基础,主要体现在以下几个方面。

(一)坚持把发展经济的着力点放在实体经济上,加快发展数字经济

"实体经济是一国经济的立身之本,是财富创造的根本源泉,是国家强盛的重要支柱。"[①]习近平同志一贯强调要以实体经济为着力点,推动经济高质量发展。

2015年,在党的十八届五中全会第二次全体会议上,习近平同志指出,为实现转方式、调结构这一"十三五"时期的关键目标,要"以结构深度调整、振兴实体经济为主线"[②]。2017年,党的十九大指出,"建设现代化经济体系,必须把发展经济的着力点放在实体经济上,把提高供给体系质量作为主攻方向"[③]。2018年,在全国网络安全和信息化工作会议上,习近平同志指出,要发展数字经济,加快推动数字产业化和产业数字化。[④] 2021年10月,党的十九届五中全会进一步强调,"发展数字经济意义重大,是把握新一轮科技革命和产业变革新机遇的战略选择"[⑤]。要推动数字经济和实体经济深度融合,打造具有国际竞争力的数字产业集群。数字经济既是新的增长点,又是改造传统产业的支点,是推动产业体系现代化的重要引擎。

(二)推动制造业高质量发展,推进新型工业化

习近平同志多次提到,制造业是我国经济命脉,是立国之本和强国之基。十九大报告指出,"要加快建设制造强国,加快发展先进制造业,推动互联网、大数据、人工智能和实体经济深度融合。支持传统产业优化升级……促进我国产业迈向全球价值链高端"[⑥]。推动制造业高质量发展,既要大力发展战略性新兴产业,又要推动传统产业优化升级。

推动制造业高质量发展,要求增强产业链供应链的竞争性与自主安全可控。要通过自主创新掌握关键核心技术,以实现制造业的强大和持久发展。习近平同志指出,"要把增强产业链韧性和竞争力放在更加重要的位置,着力构建自主可控、安全高效的产业链供应链"[⑦]。为此,要摸清重点行业产业链供应链的薄弱环节和

---

① 习近平.习近平谈治国理政:第三卷[M].北京:外文出版社,2020:242.
② 习近平.习近平谈治国理政:第二卷[M].北京:外文出版社,2017:78.
③ 习近平.习近平谈治国理政:第三卷[M].北京:外文出版社,2020:24.
④ 习近平.习近平谈治国理政:第三卷[M].北京:外文出版社,2020:307.
⑤ 习近平.不断做强做优做大我国数字经济[J].求是,2022(02):4—8.
⑥ 习近平.习近平谈治国理政:第一卷[M].北京:外文出版社,2014:123.
⑦ 习近平.新发展阶段贯彻新发展理念必然要求构建新发展格局[J].求是,2022(17):4—17.

风险点,加快补齐短板,同时促进产业在国内有序转移,想方设法将产业链关键环节留在国内。在2021年省部级主要领导干部学习贯彻党的十九届五中全会精神专题研讨班上的讲话中,习近平同志再次强调要确保产业链供应链稳定安全,并提出要全面优化升级产业结构、提升竞争力、增强供给体系韧性,同时增强我国在全球产业链供应链创新链中的影响力。[1] 2022年,党的二十大报告进一步指出,要着力提升产业链供应链韧性和安全水平。

(三)推动战略性新兴产业的融合集群发展和传统产业转型升级

习近平同志是在创新驱动发展战略的整体框架中考虑战略性新兴产业发展的。他指出,要抓住新一轮科技革命和产业变革的重大机遇,在新赛道建立之初就加入其中并争取主导地位,从而成为新的竞赛规则的制定者,实现后来居上,弯道超车。[2] 2015年在党的十八届五中全会第二次全体会议上,习近平同志指出,要"构建产业新体系,培育一批战略性新兴产业,构建现代农业产业体系,加快建设制造强国,加快发展现代服务业。培育若干世界级先进制造业集群。加强各类基础设施网络建设"[3]。2018年5月,在中国科学院第十九次院士大会、中国工程院第十四次院士大会上,习近平同志指出要借助创新驱动,"推动产业链再造和价值链提升","要突出先导性和支柱性,优先培育和大力发展一批战略性新兴产业集群,构建产业体系新支柱"[4]。"加快实现产业体系升级发展。要在重点领域提前布局,既巩固传统优势产业领先地位,又创造新的竞争优势。战略性新兴产业是引领未来发展的新支柱、新赛道"[5]。

推动制造业高质量发展,同样要以数字经济发展为契机。习近平同志指出,当前,各类先进制造技术正在加速推进制造业向智能化、服务化、绿色化转型。"要推进互联网、大数据、人工智能同实体经济深度融合,做大做强数字经济。要以智能制造为主攻方向推动产业技术变革和优化升级,推动制造业产业模式和企业形态根本性转化",从而以增量带动存量,促进我国产业链迈向全球价值链中高端。[6] 要加快传统制造业的数字化转型,着力提升高端化、智能化、绿色化水平。

---

[1] 习近平.把握新发展阶段,贯彻新发展理念,构建新发展格局[J].求是,2021(09):4—18.
[2] 习近平.习近平谈治国理政:第一卷[M].北京:外文出版社,2014:123.
[3] 习近平.习近平谈治国理政:第二卷[M].北京:外文出版社,2017:78.
[4] 习近平.习近平谈治国理政:第三卷[M].北京:外文出版社,2020:247.
[5] 习近平.当前经济工作的几个重大问题[J].求是,2023(04):4—9.
[6] 习近平.习近平谈治国理政:第三卷[M].北京:外文出版社,2020:247.

(四)优化区域产业布局,推动区域协调发展

习近平同志指出,各地要立足自身优势和资源禀赋,科学布局产业发展方向,推动形成区域优势互补的产业结构,以增强产业集群效应,促进区域经济整体发展。习近平同志在中央财经委员会第五次会议上讲话时指出,"在发展中促进相对平衡,是区域协调发展的辩证法"①。一是要尊重客观规律,利用产业和人口向优势区域集中,形成以城市群为主要形态的增长动力源;二是要发挥比较优势,经济发展条件好的地区承载更多产业和人口。② 习近平同志指出,东北地区具有建设现代化经济体系的很好的基础条件,全面振兴不是把已经衰败的产业和企业硬扶起来,而是通过资源整合和结构调整,形成新的产业结构,加强传统制造业技术改造,发展新技术、新业态、新模式。要通过培育替代接续产业、延长产业链条等,促进资源枯竭地区转型发展。总之,要加大创新投入,推动产业多元化。③

(五)在产业升级中坚持绿色发展理念

习近平同志强调,在产业升级过程中必须坚持绿色发展理念,通过技术创新减少能源消耗和污染排放,推动产业向可持续方向发展,实现生态保护与经济增长的协调统一。"推动能源技术革命,带动产业升级。"④以绿色低碳为方向,把能源技术及其关联产业培育成带动我国产业升级的新增长点。把生态文明建设融入社会经济建设各方面和全过程,形成节约资源和保护环境的空间结构与产业格局。⑤ 党的十九大报告指出,要构建市场导向的绿色技术创新体系,发展绿色金融,壮大节能环保产业、清洁生产产业、清洁能源产业。2018年,在全球生态环境保护大会上,习近平同志指出,要加快建立健全以产业生态化和生态产业化为主体的生态经济体系,加快形成绿色发展方式,这是解决污染问题的根本之策。⑥ 2022年1月,习近平同志在主持中共十九届中央政治局第三十六次集体学习时强调,推进产业优化升级,要利用各种新兴技术与绿色低碳产业深度融合,建设绿色制造体系和服务体系,提高绿色低碳产业在经济总量上的比重,提升绿色低碳发展质量。⑦

---

① 习近平.习近平谈治国理政:第三卷[M].北京:外文出版社,2020:271.
② 习近平.习近平谈治国理政:第三卷[M].北京:外文出版社,2020:271.
③ 习近平.习近平谈治国理政:第三卷[M].北京:外文出版社,2020:274.
④ 习近平.习近平谈治国理政:第一卷[M].北京:外文出版社,2014:131.
⑤ 习近平.习近平谈治国理政:第一卷[M].北京:外文出版社,2014:211—212.
⑥ 习近平.习近平谈治国理政:第三卷[M].北京:外文出版社,2020:366—367.
⑦ 习近平.深入分析推进碳达峰碳中和工作面临的形势任务 扎扎实实把党中央决策部署落到实处[N].人民日报,2022-01-26.

综上所述，习近平同志关于产业升级和建设现代化产业体系的丰富论述，以坚持实体经济为本、推动制造业高质量发展、培育新兴产业、优化区域产业布局和坚持绿色发展理念，构成了新质生产力理论孕育的系统逻辑。首先，坚持实体经济为本，尤其是通过数字经济发展推动实体经济智能化和高效化，是新质生产力孕育的重要前提。其次，推动战略性新兴产业的融合集群发展和传统产业转型升级，构建新的经济增长引擎，使生产力得以实现更高层次的技术内涵提升。同时，通过推进新型工业化，使产业链供应链的竞争力、韧性和安全性不断提升，奠定了生产力高端化、智能化的基础。区域产业布局的优化和绿色发展理念的坚持，进一步强化了生产力的集群效应和可持续性，体现出新质生产力必须是符合区域特点、注重生态保护的高质量生产力。

五、全面深化改革，释放增长动力

生产关系一定要与生产力相适应，是历史唯物主义的基本原则。习近平同志多次强调，必须通过深化改革，使现有生产关系更好地服务于生产力进步。他指出，"改革开放只有进行时，没有完成时"[1]。党的十八届三中全会开启了全面深化改革和系统整体设计推进改革的新时代，一共提出了336项重大改革举措。党的十九大报告指出："解放和发展社会生产力，是社会主义的本质要求"[2]，必须坚持全面深化改革，"完善和发展中国特色社会主义制度，推进国家治理体系和治理能力现代化"[3]，以适应社会生产力不断发展的需要。党的二十届三中全会进一步指出，"改革开放是党和人民事业大踏步赶上时代的重要法宝"[4]。

（一）改革开放必须坚持正确方向

改革的目的和条件是"进一步解放思想，进一步解放和发展社会生产力，进一步解放和增强社会活力。"[5]习近平同志强调，改革是对社会主义制度的自我完善和发展，要坚定不移走中国特色社会主义道路。"既不走封闭僵化的老路，也不走改

---

[1] 习近平. 坚持历史唯物主义 不断开辟当代马克思主义发展新境界[J]. 求是，2020(2):4—11.
[2] 在中国共产党第十九次全国代表大会上的报告[N]. 人民日报，2017-10-28.
[3] 习近平. 在中国共产党第十九次全国代表大会上的报告[N]. 人民日报，2017-10-28.
[4] 习近平. 决定召开二十届三中全会 分析研究当前经济形势和经济工作[N]. 人民日报，2024-05-01.
[5] 习近平. 习近平谈治国理政：第一卷[M]. 北京：外文出版社，2014:92.

旗易帜的邪路。"①"全面深化改革的总目标是完善和发展中国特色社会主义道路。"②中国共产党的领导是中国特色社会主义最本质的特征,因此要坚持党对一切工作的全面领导。同时,改革必须坚持人民至上,"改革既要往有利于增添发展新动力方向前进,也要往有利于维护社会公平正义方向前进"③。

"使改革发展成果更多更公平惠及全体人民,朝着实现全体人民共同富裕的目标稳步迈进"④,"让人民群众有更多获得感"⑤,"全面深化改革必须以促进社会公平正义、增进人民福祉为出发点和落脚点"⑥。

(二)推动全面深化改革实现新突破

习近平同志指出,改革开放是一个系统工程,必须坚持全面深化改革,在各项改革协同配合中推进。在中共十八届三中全会第二次全体会议上,习近平同志指出,全面深化改革,"不是推进一个领域改革,也不是推进几个领域改革,而是推进所有领域改革,就是从国家治理体系和治理能力的总体角度考虑的"⑦。"注重系统性、整体性、协同性是全面深化改革的内在要求,也是推进改革的正确方法。"⑧要同时抓改革方案、落实和效果的协同,朝着全面深化改革总目标协同发力。中共十九届四中全会论述了新时代改革开放的新内涵和特点,主要是制度建设分量更重,对改革顶层设计要求更高,对改革的系统性、整体性、协同性要求更强。⑨

全面深化改革要以经济体制改革为重点,坚持社会主义市场经济改革方向。习近平同志指出,经济体制改革对全面改革具有重要牵引作用。"在全面深化改革中,我们要坚持以经济体制改革为主轴,努力在重要领域和关键环节改革上取得新突破,以此牵引和带动其他领域改革,使各方面改革协同推进,形成合力。"⑩"制约科学发展的体制机制障碍不少集中在经济领域。"⑪经济领域改革中要始终坚持社会主义市场经济改革方向。"核心是处理好政府和市场的关系,使市场在资源配置

---

① 习近平. 习近平谈治国理政:第二卷[M]. 北京:外文出版社,2017:39.
② 习近平. 习近平谈治国理政:第三卷[M]. 北京:外文出版社,2020:15.
③ 习近平. 习近平谈治国理政:第二卷[M]. 北京:外文出版社,2017:103.
④ 习近平. 在庆祝中国共产党成立95周年大会上的讲话[J]. 求是,2021(8):4—20.
⑤ 习近平. 习近平谈治国理政:第二卷[M]. 北京:外文出版社,2017:102.
⑥ 习近平. 习近平谈治国理政:第一卷[M]. 北京:外文出版社,2014:96.
⑦ 习近平. 习近平谈治国理政:第一卷[M]. 北京:外文出版社,2014:90.
⑧ 习近平. 习近平谈治国理政:第二卷[M]. 北京:外文出版社,2017:109.
⑨ 习近平. 习近平谈治国理政:第三卷[M]. 北京:外文出版社,2020:112.
⑩ 习近平. 习近平谈治国理政:第一卷[M]. 北京:外文出版社,2014:94.
⑪ 习近平. 习近平谈治国理政:第一卷[M]. 北京:外文出版社,2014:93.

中起决定性作用和更好发挥政府作用。这是我们党在理论上和实践中的又一重大推进。"①市场和政府二者的作用是有机统一的,不能相互割裂和对立。

2018年,在庆祝改革开放40周年大会上的讲话中,习近平同志将改革开放40年积累的宝贵经验概括为九个必须坚持,"必须坚持党对一切工作的领导""必须坚持以人民为中心""必须坚持马克思主义指导地位""必须坚持走中国特色社会主义道路""必须坚持完善和发展中国特色社会主义制度""必须坚持以发展为第一要务""必须坚持扩大开放""必须坚持全面从严治党""必须坚持辩证唯物主义和历史唯物主义世界观和方法论"。②

综上所述,习近平同志关于全面深化改革的系列论述,为新质生产力理论的孕育提供了重要的思想来源。相关论述明确了生产关系对生产力发展的支持作用,强调通过全面深化改革推动生产力质的跃升的重要性。习近平同志指出,改革必须坚持走中国特色社会主义道路,增强改革的系统性和协同性,以确保生产关系不断调整以适应生产力的进步。社会主义市场经济制度的不断调整与完善,既是新质生产力发展的合理结果,也是其进一步发展的前提条件。

第二节 新质生产力理论从提出到成形的论述

2023年下半年,为回应高质量发展的要求,习近平同志提出新质生产力的概念和发展新质生产力的重大任务。他指出,生产力是推动社会发展和变革的根本动力,而高质量发展需要新的生产力理论来指导。新质生产力在实践中已经形成并展现出对高质量发展的强大推动力,因此需要从理论上加以总结和概括,以更好地指导未来的发展实践③。得益于十八大以来习近平经济思想的不断丰富和实践积累,自2023年下半年正式提出"新质生产力"以来,该理论迅速发展,构建起一个架构完善的理论体系,涵盖了新质生产力的内涵、工作方法、发展动力、发展路径与支撑体系等多个方面。

---

① 习近平.习近平谈治国理政:第一卷[M].北京:外文出版社,2014:95.
② 庆祝改革开放40周年大会在京隆重举行[N].人民日报,2018—12—19.
③ 习近平.加快发展新质生产力 扎实推进高质量发展[N].人民日报,2024—02—02.

一、新质生产力的内涵

2023年9月,习近平同志在黑龙江考察时首次提出"新质生产力"概念,指出要"积极培育新能源、新材料、先进制造、电子信息等战略性新兴产业,积极培育未来产业,加快形成新质生产力,增强发展新动能"①,从战略高度明确了中国从传统生产力发展向新质生产力转变的新任务。同年12月的中央经济工作会议上,习近平同志进一步明确了"以科技创新引领现代化产业体系建设"②的新质生产力发展路径,强调通过技术突破和产业升级实现中国在全球产业链中的领先地位。

2024年1月,习近平同志在中央政治局第十一次集体学习时,对"什么是新质生产力,如何发展新质生产力"等重大问题进行了系统论述。他阐释道:"新质生产力是创新起主导作用,摆脱传统经济增长方式、生产力发展路径,具有高科技、高效能、高质量特征,符合新发展理念的先进生产力质态。它由技术革命性突破、生产要素创新性配置、产业深度转型升级而催生,以劳动者、劳动资料、劳动对象及其优化组合的跃升为基本内涵,以全要素生产率大幅提升为核心标志,特点是创新,关键在质优,本质是先进生产力。"③此外,他还特别强调:"新质生产力本身就是绿色生产力"④,必须加快发展方式绿色转型。

二、科技创新是发展新质生产力的核心要素

在发展新质生产力的实施路径中,习近平同志尤其强调科技创新是发展新质生产力的核心要素。他指出,"新质生产力主要由技术革命性突破催生而成"⑤,"科技创新能够催生新产业、新模式、新动能"⑥。为此,要"加强科技创新特别是原创性、颠覆性科技创新,加快实现高水平科技自立自强"⑦。在推进科技创新的路径中,他指出,要"坚持'四个面向',强化国家战略科技力量,有组织推进战略导向的

---

① 习近平.牢牢把握东北的重要使命 奋力谱写东北全面振兴新篇章[N].人民日报,2023-09-10.
② 中央经济工作会议在北京举行 习近平发表重要讲话[N].人民日报,2023-12-13.
③ 习近平.加快发展新质生产力 扎实推进高质量发展[N].人民日报,2024-02-02.
④ 习近平.加快发展新质生产力 扎实推进高质量发展[N].人民日报,2024-02-02.
⑤ 习近平.加快发展新质生产力 扎实推进高质量发展[N].人民日报,2024-02-02.
⑥ 习近平.加快发展新质生产力 扎实推进高质量发展[N].人民日报,2024-02-02.
⑦ 习近平.加快发展新质生产力 扎实推进高质量发展[N].人民日报,2024-02-02.

原创性、基础性研究"①。特别突出了"关键共性技术、前沿引领技术、现代工程技术、颠覆性技术创新"的突破口作用。2024年3月7日,习近平同志指出,要"加强基础研究和应用基础研究,打好关键核心技术攻坚战,培育发展新质生产力的新动能"②。随后在3月22日的会议上再次强调"科技创新是发展新质生产力的核心要素",并指出要"强化企业科技创新主体地位,促进创新链产业链资金链人才链深度融合,推动科技成果加快转化为现实生产力"③。

三、以科技创新引领现代产业体系建设

习近平同志一贯强调要尽快将科技创新的成果应用到具体产业中,转化为现实生产力。在2024年1月的中央政治局第十一次集体学习中,他再次强调,"要及时将科技创新成果应用到具体产业和产业链上,改造提升传统产业,培育壮大新兴产业,布局建设未来产业,完善现代化产业体系。要围绕发展新质生产力布局产业链,推动短板产业补链、优势产业延链、传统产业升链、新兴产业建链,提升产业链供应链韧性和安全水平,保证产业体系自主可控、安全可靠"④。"要大力发展数字经济,促进数字经济和实体经济深度融合。"⑤要围绕建设农业强国目标,用创新科技推进现代农业发展。其后,他在多次会议中强调,"要大力推进现代化产业体系建设,加快发展新质生产力"⑥⑦。

在建设现代化产业体系进程中,习近平同志一贯高度重视实体经济的发展,指出"立足实体经济这个根基,做大做强先进制造业,积极推进新型工业化,改造提升传统产业,培育壮大新兴产业,超前布局建设未来产业,加快构建以先进制造业为支撑的现代化产业体系"⑧。并且提醒,"发展新质生产力不是忽视、放弃传统产业"⑨,而是要以先进科技推动传统产业高端化、智能化和绿色化。

此外,要加快绿色产业发展,"加快绿色科技创新和先进绿色技术推广应用,做

---

① 习近平.加快发展新质生产力 扎实推进高质量发展[N].人民日报,2024-02-02.
② 习近平.积极建言资政 广泛凝聚共识 助力中国式现代化建设[N].人民日报,2024-03-07.
③ 习近平.坚持改革创新求真务实 奋力谱写中国式现代化湖南篇章[N].人民日报,2024-03-22.
④ 习近平.发展新质生产力是推动高质量发展的内在要求和重要着力点[J].求是,2024(11):4-8.
⑤ 习近平.加快发展新质生产力 扎实推进高质量发展[N].人民日报,2024-02-02.
⑥ 中共中央政治局召开会议[N].人民日报,2024-03-01.
⑦ 十四届全国人大二次会议在京开幕[N].人民日报,2024-03-06.
⑧ 习近平.在更高起点上扎实推动中部地区崛起[N].人民日报,2024-03-21.
⑨ 习近平.因地制宜发展新质生产力[N].人民日报,2024-03-06.

强绿色制造业,发展绿色服务业,壮大绿色能源产业,发展绿色低碳产业和供应链,构建绿色低碳循环经济体系。持续优化支持绿色低碳发展的经济政策工具箱,发挥绿色金融的牵引作用,打造高效生态绿色产业集群"[1]。

四、因地制宜是发展新质生产力的重要遵循

在工作方法上,习近平同志提醒各地要结合实际,因地制宜发展新质生产力。

2024年3月,习近平同志在参加十四届全国人大二次会议江苏代表团审议时,要求各地根据自身资源禀赋和产业基础,制定差异化发展路径,即"因地制宜发展新质生产力"[2]。他提醒,发展新质生产力要防止一哄而上,不搞一种模式。"各地要坚持从实际出发,先立后破、因地制宜、分类指导,根据本地的资源禀赋、产业基础、科研条件等,有选择地推动新产业、新模式、新动能发展。"[3]这一工作原则为全国各地适应不同的区域经济条件,实现新质生产力的有序发展提供了科学指导。

其后,习近平同志去多地考察,在要求各地积极促进科技创新与产业转型升级融合时,根据各地区域差异,就各地"因地制宜发展新质生产力"的产业重点和模式选择提供了战略指引。他指出,江苏发展新质生产力具备良好的条件和能力。应突出构建以先进制造业为骨干的现代化产业体系这个重点,加快打造具有国际竞争力的战略性新兴产业集群。[4] 2024年4月,在主持新时代推动西部大开发座谈会时,习近平同志指出,西部应充分发挥特色优势,以高水平生态保护筑牢国家生态安全屏障,增强能源资源等关键领域的保障能力,推动旅游等服务业成为区域支柱产业,深化东中西部科技创新合作,探索现代制造业与战略性新兴产业布局等。对于西部重镇重庆,他指出,重庆制造业基础较好,要着力构建以先进制造业为骨干的现代化产业体系,并积极推进成渝地区双城经济圈建设,更好发挥全国高质量发展的重要增长极和新的动力源作用。[5] 5月,在山东考察时,习近平同志指出,山东要大力推动发展方式绿色低碳转型,推进绿色环保科技创新和产业发展。要深度对接区域协调发展战略,努力成为北方地区经济重要增长极。要发挥海洋资源丰

---

[1] 习近平.加快发展新质生产力 扎实推进高质量发展[N].人民日报,2024-02-02.
[2] 习近平.因地制宜发展新质生产力[N].人民日报,2024-03-06.
[3] 习近平.因地制宜发展新质生产力[N].人民日报,2024-03-06.
[4] 习近平.因地制宜发展新质生产力[N].人民日报,2024-03-06.
[5] 习近平.进一步全面深化改革开放 不断谱写中国式现代化重庆篇章[N].人民日报,2024-04-25.

富的得天独厚优势,经略海洋、向海图强,打造世界级海洋港口群,打造现代海洋经济发展高地。① 2024 年 6 月,在宁夏考察时,习近平同志强调,宁夏地理环境和资源禀赋独特,应深耕现代煤化工和新型材料产业、清洁能源产业、葡萄酒和枸杞等特色产业;积极发展特色旅游、全域旅游。他强调,宁夏北部引黄灌区、中部干旱带、南部山区各有特点,要把准各地产业发展基础、资源环境容量、开放开发潜力,加强统筹规划和产业合作,推动形成山川共济、城乡融合、区域联动的发展格局。② 2024 年 9 月,在甘肃考察时,习近平同志指出,甘肃要打造全国重要的新能源及新能源装备制造基地。积极发展现代寒旱特色农业,利用好积淀深厚的历史文化和红色文化资源,把文化旅游打造成支柱产业。③

五、全面深化改革,形成与新质生产力相适应的新型生产关系

全面深化改革是我国在社会主义制度范围内调整生产关系,使之与生产力发展要求相适应的基本国策。习近平同志指出,"发展新质生产力,必须进一步全面深化改革,形成与之相适应的新型生产关系"④。

他富有洞察力地指出,新质生产力是在政府、市场和企业的协同发力下发展起来的。"新质生产力既需要政府超前规划引导、科学政策支持,也需要市场机制调节、企业等微观主体不断创新,是政府'有形之手'和市场'无形之手'共同培育和驱动形成的。"⑤

为此,要深化经济体制、科技体制等改革,通过"教育体制、人才体制等改革,打通束缚新质生产力发展的堵点卡点"⑥。"要建立高标准市场体系,创新生产要素配置方式,让各类先进优质生产要素向发展新质生产力顺畅流动。"⑦要"深化人才工作机制创新","按照发展新质生产力要求,畅通教育、科技、人才的良性循环,完善

---

① 习近平.以进一步全面深化改革为动力 奋力谱写中国式现代化山东篇章[N].人民日报,2024-05-25.
② 习近平.建设黄河流域生态保护和高质量发展先行区 在中国式现代化建设中谱写好宁夏篇章[N].人民日报,2024-06-22.
③ 习近平.深化改革 勇于创新 苦干实干 富民兴陇 奋力谱写中国式现代化甘肃篇章[N].人民日报,2024-09-14.
④ 习近平.加快发展新质生产力 扎实推进高质量发展[N].人民日报,2024-02-02.
⑤ 习近平.加快发展新质生产力 扎实推进高质量发展[N].人民日报,2024-02-02.
⑥ 习近平.因地制宜发展新质生产力[N].人民日报,2024-03-06.
⑦ 习近平.加快发展新质生产力 扎实推进高质量发展[N].人民日报,2024-02-02.

人才培养、引进、使用、合理流动的工作机制"。①"要健全要素参与收入分配机制，激发劳动、知识、技术、管理、资本和数据等生产要素活力，更好体现知识、技术、人才的市场价值。"②要坚定不移深化改革扩大开放，建设全国统一大市场，完善市场经济基础制度；要持续防范化解重点领域风险；要扎实推进绿色低碳发展；要切实保障和改善民生，突出就业优先导向，促进中低收入群体增收，织密扎牢社会保障网。③

中国共产党二十届三中全会就全面深化改革，形成与新质生产力相适应的新型生产关系进行了全面部署。

一是提出"健全因地制宜发展新质生产力体制机制"。在完善现代产业体系方面，二十届三中全会提出"加强新领域新赛道制度供给，建立未来产业投入增长机制"，完善"战略性产业发展政策和治理体系，引导新兴产业健康有序发展"，"以国家标准提升引领传统产业优化升级，支持企业用数智技术、绿色技术改造提升传统产业。强化环保、安全等制度约束"，"健全促进数字经济和实体经济深度融合制度"，"建设一批行业共性技术平台，加快产业模式和企业组织形态变革，健全提升优势产业领先地位体制机制"。在促进各类先进要素向发展新质生产力聚集方面，二十届三中全会提出"鼓励和规范发展天使投资、风险投资、私募股权投资，更好发挥政府投资基金作用，发展耐心资本"，"加快建立数据产权归属认定、市场交易、权益分配、利益保护制度"等。

二是部署"构建支持全面创新体制机制"，为催生新质生产力提供战略保障。二十届三中全会提出要"统筹推进教育科技人才体制机制一体改革，健全新型举国体制，提升国家创新体系整体效能"④。科技体制改革方面，就优化重大科技创新组织机制、加强国家战略科技力量、构建科技安全风险监测预警和应对体系、改进科技计划管理、深化科技评价体系改革、优化科技经费分配和管理使用机制、建立培育壮大科技领军企业机制、构建促进专精特新中小企业发展壮大机制、强化企业科

---

① 习近平.加快发展新质生产力 扎实推进高质量发展[N].人民日报，2024—02—02.
② 习近平.加快发展新质生产力 扎实推进高质量发展[N].人民日报，2024—02—02.
③ 中共中央政治局召开会议决定召开二十届三中全会 分析研究当前经济形势和经济工作 审议《关于持续深入推进长三角一体化高质量发展若干政策措施的意见》[N].人民日报，2024—05—01.
④ 习近平.中共中央关于进一步全面深化改革推进中国式现代化的决定[M].北京：人民出版社，2024：13.

技创新主体地位、构建科技金融体制等进行了一系列部署。① 二十届三中全会还提出,要深化人才发展体制机制改革,加快建设国家战略人才力量、建设一流产业技术工人队伍。此外,二十届三中全会还针对完善人才有序流动机制、强化人才激励机制等进行了一系列部署。

---

① 习近平.中共中央关于进一步全面深化改革推进中国式现代化的决定[M].北京:人民出版社,2024:13—16.

第二章

新质生产力理论的创新要点与实践成效

新质生产力理论从孕育到成形,充分体现了习近平新时代中国特色社会主义经济思想的发展与创新,构成了这一思想的重要组成部分。新质生产力涵盖"发展目标、工作方法、发展动力、发展路径和支撑体系"等要素,构成了一个完整的理论框架,可以为推进高质量发展提供科学指引。其中,新质生产力的时代定义和内涵明确了工作方向与发展目标,因地制宜是关键工作方法,全面创新是发展动力源泉,以科技创新引领现代化产业体系建设是发展路径,构建新型生产关系是支撑体系。

基于此,有必要对新质生产力理论的创新要点进行系统的阐述,从而更清晰地理解发展新质生产力在推动我国经济高质量发展中的战略地位与理论价值。同时,对新质生产力理论从孕育到成形的实践成效进行总结,不仅能体现出理论的科学性,更能明确进一步推进新质生产力发展的现实背景,为持续深化创新和改革提供坚实依据。

第一节 新质生产力是新一轮工业革命背景下的理论范式创新

新质生产力理论的完整内涵包括其从孕育到成形阶段的综合论述,至少包括五大理论创新。一是进行了术语创新。明确了新质生产力的内涵及特征,指明了新一轮工业革命背景下中国高质量发展的新要求。二是提出了因地制宜的工作方法,系统回应了中国新质生产力发展的特征,指导不同地区根据实际情况推动生产力发展,确保新质生产力发展战略在不同区域的适应性与可操作性。三是将创新系统作为发展新质生产力的动力源,确立科技创新为核心要素,推动生产力实现质态跃升,奠定了科技自立自强的根本路径。四是提出完善现代产业体系,通过产业深度转型,实现从创新到现实生产力发展的传统机制,推动生产力从数量扩张向质量跃升的转变。五是提出了构建新型生产关系的全面战略部署,通过体制机制创新为新质生产力的发展提供制度保障。这些创新共同构成了一个系统、严密的新质生产力理论体系,既发展了马克思主义生产力理论,又为中国高质量发展提供了战略指导。

一、新质生产力指明了新一轮工业革命背景下中国高质量发展新要求

按照历史唯物主义的观点,生产力在技术进步的推动下,将不断实现由低级向高级的转型,因而社会生产力具有历史规定性。生产力从低级向高级的转型意味着生产力的质变,每一历史发展阶段,具体生产力的内部构成要素和具体推动因素都有时代特征。习近平同志是在新一轮科技革命如火如荼,中国面临日趋激烈的全球科技竞争与实现发展方式向高质量发展转型的时代要求的背景下,提出加快推动新质生产力形成与发展的要求的。"新质生产力"这一创新术语,不是对生产力质变的普遍描述,而是在当前新一轮科技革命与工业革命背景下,对社会主义中国发展生产力的新质态、新目标和新路径的理论概括。新质生产力是生产力现代化转型的最新体现(任保平,2024)[①],是新一轮产业技术革命及其战略性新兴产业集群形成的生产力,是新时代实现高质量发展必需的一类生产力(赵峰、季雷,2024)[②]。新质生产力理论是基于当下数字化、智能化和绿色发展的革命背景,对特殊阶段生产力发展规律的系统总结。既是理论范式创新,又为高质量发展有序推进奠定了理论根基。

(一)强调"技术革命性突破"

习近平同志在论述新质生产力的催生因素中,首次提出"技术革命性突破"这一概念,相比"关键核心技术突破"更具力度和深度。一是强调突破的根本性和颠

---

① 任保平.生产力现代化转型形成新质生产力的逻辑[J].经济研究,2024(03):12-19.
② 赵峰、季雷.新质生产力的科学内涵、构成要素和制度保障机制[J].学习与探索,2024(1):92-101.

覆性。要求打破现有技术边界,实现质的飞跃,进而从根本上改变技术基础和产业结构,形成全新的技术范式。二是具有引领和开创未来的能力,推动创新向前发展,不仅解决当下问题,更要引领新一轮技术革命,开创全新领域和产业,推动技术和经济向更高水平跃升。三是技术革命性突破意味着系统性变革。突破不再局限于单一关键技术的攻关,而是对整个技术体系的系统性创新,涵盖技术、产业、发展方式、体制机制及人才机制等多方面的协同推进。四是将促进社会生产力的全面重构。促进劳动者、劳动资料、劳动对象的全方位提升,实现从局部创新到全局生产力重构的飞跃。综上所述,"技术革命性突破"强调通过根本性、系统性和颠覆性的技术创新,推动生产力实现质的飞跃,重构全社会生产力体系,形成具有创新性和前瞻性的生产力新质态。这种突破不仅推动技术与业态模式创新,也为管理和制度创新提供了基础,从而实现从技术到体制的全面创新协同,支撑了新质生产力的系统性特征。

(二)符合新发展理念

习近平同志明确指出,新质生产力是"符合新发展理念的先进生产力质态","发展新质生产力是推动高质量发展的内在要求和重要着力点"。[①] 这也是中国特色社会主义制度对生产力发展本质的要求。新发展理念强调创新、协调、绿色、开放、共享,而新质生产力作为这一理念的具体实践,体现了创新驱动和高质量发展的本质要求。通过科技创新与管理创新相结合,新质生产力确保了经济发展的高效性与可持续性,通过推动产业结构优化升级,并通过绿色科技减少对环境的负担,达到经济、社会、生态效益的统一。符合新发展理念的新质生产力发展的成果,不仅应惠及全体人民,还要体现出社会效益与经济效益的统一。这一理论框架为中国实现高质量发展目标提供了清晰的指引方向,体现新质生产力发展的社会主义属性。

综上所述,新质生产力理论不仅是对马克思生产力理论的术语创新,也是对当代经济背景下中国特色社会主义的生产力发展规律的总结。它不仅适应了第四次工业革命和全球化背景下对生产力质态提升的要求,还紧密结合了中国特色社会主义经济制度的基本要求,特别是高质量发展和新发展理念。新质生产力理论为中国从高速增长向高质量发展的转型提供了系统性路径和理论支持,为推动经济结构升级、增强国际竞争力提供了明确的发展方向。

---

① 习近平.发展新质生产力是推动高质量发展的内在要求和重要着力点[J].求是,2024(11):4—8.

二、因地制宜的工作方法系统回应了中国新质生产力发展特征

习近平同志将"因地制宜"作为发展新质生产力的工作方法，继承了"从实际出发"的唯物辩证法优良传统，回应了生产力发展的曲折性和复杂性规律，坚持了中国作为发展中大国所面临的生产力发展不平衡不充分的问题导向。因地制宜的发展策略不仅是一种工作方法，更是符合新质生产力发展内在规律、推动经济持续进步的科学路径。

（一）因地制宜方法是对新质生产力发展特征的创新回应

新质生产力发展面临着与以往不同的挑战与机遇，尤其是在全球化、数字化和绿色发展的背景下，生产力发展面临着技术转型、资源有限、人才短缺等一系列挑战。因地制宜工作方法，正是通过结合地方的具体资源禀赋和产业基础，探索符合新时代发展需求的路径。

"从实际出发"是因地制宜的核心原则，强调了要在推动生产力发展的过程中，尊重各地的具体条件和现实情况，避免一刀切式的政策设计。这与新时代科技快速发展、地区间经济发展水平差异巨大的实际情况高度契合。习近平同志在多个场合强调，发展新质生产力要有选择地推动新兴产业、新模式和新动能，根据各地区不同的资源条件和产业优势，量体裁衣地设计发展路径。这种做法不仅适应了新时代的生产力变革要求，也确保了经济发展路径的多样化和可持续性。通过这种创新的工作方法，各地在推进新质生产力发展时，能够充分发挥自身的比较优势，避免盲目跟风和资源浪费。这种因地制宜的发展策略，避免了大规模产业泡沫化的风险，并且通过有选择地推动新兴产业，形成多元化的经济增长模式。这种模式在应对全球市场波动时，能够更好地保障经济的稳定性，进一步推动中国经济向高质量发展迈进。

（二）因地制宜体现了对生产力发展曲折性和复杂性规律的深刻理解

在历史唯物主义视角下，生产力发展呈现出渐进性和曲折性特征，社会历史的发展过程就是生产力不断发展、生产关系不断调整的过程。"随着新生产力的获得，人们改变自己的生产方式，随着生产方式即谋生方式的改变，人们也就会改变自己的一切社会关系。"[1]

---

[1] 马克思、恩格斯.马克思恩格斯文集：第一卷[M].北京：人民出版社，2009：602.

渐进性体现在生产力的发展是一个从量的不断累积到质的不断提升的过程。在《〈政治经济学批判〉序言》中,马克思指出:"社会的物质生产力发展到一定阶段,便同它们一直在其中运动的现存生产关系或财产关系(这只是生产关系的法律用语)发生矛盾。于是这些关系便由生产力的发展形式变成生产力的桎梏。"[1]这反映当某一阶段的生产力发展到极限时,社会形态的变革就成为必要,推动生产力进入更高的发展阶段。技术变革率先从局部生产部门开始,"为游离出来的资本和劳动创造出一个在质上不同的新的生产部门,这个生产部门会满足并引起新的需要"[2]。进一步地,"一个工业部门生产方式的变革,必定引起其他部门生产方式的变革。这首先是指那些因社会分工而孤立起来以致各自生产独立的商品、但又作为总过程的阶段而紧密联系在一起的工业部门"[3]。

曲折性则体现在生产力与生产关系的矛盾冲突以及由此引发的社会变革中。马克思将这两者统一在社会发展的辩证过程中,认为生产力的发展是通过矛盾运动、冲突和革命逐步实现的。生产力在发展过程中可能遭遇危机、停滞和倒退,以及由于生产关系与生产力的矛盾导致的社会动荡和革命。

因此,生产力发展并非线性增长的过程,而是一个充满矛盾、曲折和不确定性的复杂系统。因地制宜发展策略,正是对这种复杂性规律的系统回应。

因地制宜通过结合各地具体的生产条件和发展需求,灵活调整生产方式和生产关系,以更好地适应生产力的发展阶段和特征,进而化解生产力与生产关系之间的矛盾。这种策略在面对不同的资源禀赋、技术水平和社会条件时,能够制定相应的政策措施,确保生产力的有效发展和社会的稳定变革。

因地制宜的工作方法通过充分考虑地方经济发展过程中的主要矛盾与次要矛盾,为解决生产力发展中的实际问题提供了科学的方法论,回应了生产力发展的渐进性和曲折性两方面的特征。在生产力发展的渐进过程中,因地制宜通过促进技术与资源的有效结合,实现不同地区的生产力逐步提升,推动经济发展。通过注重分阶段、逐步推进的发展策略,尊重生产力发展中的质变和量变关系。通过先立后破的策略,地方政府可以先建立稳定的基础设施和制度保障,在此基础上进行产业升级和科技创新。这样不仅能够适应生产力发展的渐进性,还能够通过政策的灵活调整应对复杂的现实变化,避免因单一政策的失误而引发系统性风险。

---

[1] 马克思、恩格斯.马克思恩格斯全集:第31卷[M].北京:人民出版社,1998:12.
[2] 马克思、恩格斯.马克思恩格斯全集:第46卷(上册)[M].北京:人民出版社,1979:391.
[3] 马克思、恩格斯.马克思恩格斯全集:第23卷[M].北京:人民出版社,1972:421.

在面对生产力发展中的曲折性（如危机和矛盾激化）时，因地制宜策略则通过调整生产关系和优化资源配置，减缓社会矛盾的激化，帮助社会度过变革时期，从而推动生产力持续发展。因此，因地制宜是一种动态适应的策略，使生产关系能够随着生产力的变化不断调整，以应对复杂的发展规律。

此外，因地制宜的工作方法还充分把握并遵循了否定之否定规律。因地制宜发展新质生产力，意味着不仅要不断淘汰落后产业和旧模式，还要在推动新兴产业的过程中保留原有模式的合理成分，并对其进行改造和优化。这种在"否定"中继承的方式，能够最大限度地利用现有资源，减少社会动荡和生产力浪费，推动经济和社会的稳步前进。

（三）因地制宜方法把握了中国生产力发展不平衡不充分的现状

中国作为发展中大国，区域间经济发展差异大，生产力分布不均，存在产业发展不平衡以及技术创新能力不一致的问题，要求在发展中缩小地区差距，实现共同富裕，因地制宜的发展方法成为实现这些目标的关键。习近平同志在不同场合强调，各地区在推动新质生产力发展时，必须充分考虑地方的资源禀赋和经济基础，制定适合自身的政策和发展目标。通过因地制宜的策略，落后地区可以根据自身的特点和条件，选择最适合自身的发展路径，逐步弥补发展中的不足。这不仅是对生产力不平衡发展问题的回应，更是推动经济高质量发展的重要措施。同时，中国共产党人在过去的实践中积累了丰富的经验，尤其是在应对区域发展不平衡问题上，形成了如"三线建设""西部大开发"等具有针对性的政策。这些经验为习近平同志提出因地制宜策略提供了宝贵的借鉴和启示。通过尊重各地实际条件并灵活应对发展中遇到的矛盾与挑战，因地制宜的工作方法使中国能够在不同历史阶段成功应对生产力发展的不均衡问题，形成中国特色的发展道路。

总之，因地制宜的工作方法，不仅继承了马克思主义生产力理论的精髓，同时也总结中国发展生产力的实践经验，回应了新质生产力发展的特征和规律。这一方法通过把握新质生产力发展需求、回应生产力发展中的曲折性和复杂性规律，有效解决了中国大国发展中的不平衡和不充分问题，为推动中国经济的高质量发展提供了重要的理论和实践支持。

三、全面创新是发展新质生产力的动力源

新质生产力理论继续坚持习近平同志关于"创新是引领发展的第一动力"的系

统性认知,对经典理论中的生产力发展动力机制进行了学理化创新,强调创新尤其是科技创新是驱动新质生产力发展的核心要素,并将创新系统化、体系化,形成了一个综合完整的创新发展动力系统,涵盖了创新的动力源、外部需求牵引、内部传导机制和整体环境支撑等内容。这一动力系统,不仅阐明了创新的动力作用机制,还明确了创新与生产力发展的相互作用,实现了新质生产力发展的可持续性和动态适应性。

(一)创新尤其是科技创新是新质生产力发展的核心动力源

在推动生产力进步的因素中,马克思十分重视科学的作用。他指出,"科学也是生产力","生产力中也包括科学"[1],强调了科技在生产力要素中不可或缺的地位,并将科学技术视为"在历史上起推动作用的、革命的力量"[2],从而强调了科学技术作为推动生产力发展的核心要素地位。毛泽东同志指出,"自然科学是人们争取自由的一种武装"[3],这一力量是足以引起一切变化的最富于生命的力量,并强调科学技术是推动历史前进的革命的力量。他提出了"技术革命"思想,强调生产工具改进的必要性,倡导在农业中逐步使用机器并实行其他技术改革。1969年,毛泽东同志进一步区分了"技术革新"和"技术革命",强调"技术革命指历史上重大技术改革"[4]。他将科学技术视为生产力的关键要素之一,强调了科学在生产中的应用对生产力发展的推动作用。邓小平同志提出"科学技术是第一生产力"[5],江泽民同志则进一步论述了科学技术同时是"先进生产力的集中体现和主要标志"[6],并于1992年在党的十四大报告中提出"创新是一个民族进步的灵魂,是一个国家兴旺发达的不竭动力"[7]。创新是落实"科学技术是第一生产力"、发展先进生产力的中心环节。在此基础上,习近平同志提出"创新是引领发展的第一动力",突出强调了创新对发展生产力的核心作用。

在发展新质生产力的语境中,习近平同志指出,科技创新是发展新质生产力的核心要素,并强调要"加强科技创新特别是原创性、颠覆性科技创新,加快实现高水

---

[1] 马克思、恩格斯.马克思恩格斯全集:第31卷[M].北京:人民出版社,1998:94.
[2] 马克思、恩格斯.马克思恩格斯全集:第19卷[M].北京:人民出版社,1963:373.
[3] 毛泽东.毛泽东文集:第二卷[M].北京:人民出版社,1933:269.
[4] 毛泽东.毛泽东思想年编[M].北京:中央文献出版社,2011:944.
[5] 邓小平.邓小平文选:第三卷[M].北京:人民出版社,1993:274.
[6] 江泽民.论党的建设[M].北京:中央文献出版社,2001:500.
[7] 江泽民.论科学技术[M].北京:中央文献出版社,2001:192.

平科技自立自强,打好关键核心技术攻坚战,培育发展新质生产力的新动能"①。本章第一节论述了新质生产力强调的"技术革命性突破"在推动社会生产力系统发展中的重要作用。上述论述强调了原创性和颠覆性科技创新在推动生产力质变中的关键作用,拓展了马克思主义中关于技术进步和生产工具作用的论述,为新时代生产力的跨越式发展提供了内在驱动力。

(二)新质生产力发展需求为科技创新提供了需求牵引

科技创新作为动力源,需要在外部需求的推动下得到激发和扩展。而生产力发展的需要是科技发展的重要推动力。恩格斯在《自然辩证法》中指出"科学的产生和发展一开始就是由生产决定的"②,实质是由生产对科学新知识的需要决定的。恩格斯还进一步论述:"技术在很大程度上依赖于科学状况,那么科学状况却在更大的程度上依赖于技术的状况和需要。社会一旦有技术上的需要,则这种需要就会比十所大学更能把科学推向前进。"③上述论述实际指明了,由生产力发展带来的需求变化,是对科技创新的重要牵引。习近平同志2020年在与科学家的座谈会中提出,科技创新要坚持"四个面向",为创新活动提供了明确的需求导向和推动力,形成了创新系统的外部牵引力。"面向世界科技前沿"明确了中国在全球科技竞争中的定位;"面向经济主战场"要求科技创新紧密服务于国家经济发展;"面向国家重大需求"关注国家安全、国防、能源等领域的战略需求;"面向人民生命健康"则突出了创新为民生改善服务的宗旨。这四个方面的需求不仅是创新动力的外部牵引,也是新质生产力发展的重要目标。这种外部推动力确保了创新不仅是技术层面的进步,还要为整个新质生产力系统运行提供源源不断的动力支持。通过"四个面向"的牵引,使创新动力得以转化为推动新质生产力发展的实际力量。

(三)重大科技创新组织机制提供了创新动力系统的传导机制

中国共产党二十届三中全会提出,要优化重大科技创新组织机制④,指明了创新动力系统的传导机制。创新动力系统的内部驱动和外部牵引要实现在创新动力系统中的有效传导,依赖于科技创新组织机制的优化设计。它确保科技创新能推动整个创新系统的有效运作,并传导到生产的各个环节,转化为新质生产力。习近

---

① 习近平.加快发展新质生产力 扎实推进高质量发展[N].人民日报,2024-02-02.
② 恩格斯.自然辩证法[M].北京:人民出版社,1961:73.
③ 马克思、恩格斯.马克思恩格斯选集:第4卷[M].北京:人民出版社,2012:648.
④ 习近平.中共中央关于进一步全面深化改革、推进中国式现代化的决定[M].北京:人民出版社,2024:14.

平同志在讲话中指出,要"提升国家创新体系整体效能",其中包括"提高成果转化效能"①。这一论述突出了创新动力通过组织机制的传导,成为推动生产力发展的重要力量。这一传导机制包括国家战略科技力量的布局、科研机构与企业的协作机制,以及国家科研项目的组织与管理等多层次、多主体的协作机制。通过这些机制,创新动力被转化为实际生产力。例如,国家实验室、科研院所和高校通过协同合作,将基础科研成果转化为应用技术,并通过产学研结合推动产业升级。科技创新组织机制的优化不仅促进了技术的转化,还推动了生产组织形式和分工协作的革新,推动了生产力的全面提升。

(四)优化创新生态提供了新质生产力发展的创新环境支撑

任何动力系统的有效运行都需要良好的环境支持。在新质生产力理论中,科技创新生态的优化是确保生产力发展动力系统顺利运行的环境支撑。习近平同志提出,要"完善优化科技创新生态"②。科技创新生态系统不仅为创新活动提供了必要的科研设施、资金支持和人才资源,还通过政策激励和市场机制的引导,确保创新动力能够顺利传导至整个生产力系统。科技创新生态的优化为生产力发展提供了一个长期的、稳定的环境基础。它不仅包括创新政策、科研平台、人才培养等内部要素,也包括一个创新友好的外部市场环境。通过优化科技创新生态,创新活动不仅能够顺利开展,还能通过市场机制迅速实现成果转化,从而推动整个生产力系统的不断升级。

可见,新质生产力理论体系中的创新动力系统,强调了创新不仅仅是一个孤立的过程,而是与经济、社会和环境等多重因素相互作用的复杂网络。其中,科技创新是核心动力源,并通过外部需求牵引、组织机制传导和生态环境支撑,使得创新动力在生产力系统中得以高效运转。其中,外部需求牵引体现了新质生产力发展本身对科技创新这一动力源的反向牵引作用。通过系统化的创新发展动力系统,各地区可以更有效地识别和利用自身的优势,促进跨领域的协同创新,并通过外部需求牵引、组织机制传导和生态环境支撑,使得创新动力在生产力系统中得以高效运转。

---

① 习近平.关于《中共中央关于进一步全面深化改革、推进中国式现代化的决定》的说明[N].人民日报,2024-07-22.
② 中央经济工作会议在北京举行[N].人民日报,2021-12-11.

四、完善现代产业体系是实现创新到新质生产力发展的传导机制

科技创新作为核心要素推动新质生产力发展,其转化为实际生产力的过程依赖于现代产业体系的有效构建和完善。习近平同志指出,"要及时将科技创新成果应用到具体产业和产业链上……完善现代化产业体系"[①]。这一论述明确了现代产业体系在科技创新成果转化为新质生产力过程中的传导机制作用。

(一)现代产业体系是实现科技创新成果转化的基础

产业体系不仅是各个产业的集合,更是一个复杂的系统,涉及资源配置、技术应用、产业链结构等多个层面。通过"改造提升传统产业、培育壮大新兴产业、布局建设未来产业"[②],形成健全的现代化产业体系,可以有效促进科技成果应用,充分发挥科技创新潜在价值。其中,改造升级传统产业意味着引入新技术和创新管理模式,推动传统产业适应现代发展需求;培育壮大新兴产业,特别是数字经济和生物科技等高技术领域,能创造出全新的市场和经济模式,为经济发展提供新动力;布局建设未来产业注重对未来科技趋势的把握,可以引领产业结构高级化,确保国家在全球竞争中的战略优势地位。通过"传统、新兴、未来"三类产业的合理布局与协调发展,使得创新不仅体现在技术层面,更体现在产业链的整合与优化中,共同促进新质生产力的发展。

(二)现代产业体系提供了创新成果向新质生产力的传导路径

习近平同志指出,"要围绕发展新质生产力布局产业链"[③]。这一论述明确了新质生产力与产业链布局之间的紧密关系,强调了科学合理的产业链布局对创新成果转化的关键作用。

首先,现代化产业体系的构建要求产业链的各个环节——从原材料供应到生产制造,再到市场化应用——都能够协调一致。新质生产力的重要特性在于其依赖于科技创新、智能化应用及资源的高效配置,而这些特性与产业链布局的科学性密切相关。通过对整个产业链进行科学布局,确保各环节紧密衔接,将科技创新成果有效地嵌入生产各个环节,从而推动新质生产力的形成与扩展。这种科学布局不仅意味着对物理产能的优化,更强调通过技术和管理的全面革新来提高生产体

---

① 习近平.加快发展新质生产力 扎实推进高质量发展[N].人民日报,2024−02−02.
② 习近平.加快发展新质生产力 扎实推进高质量发展[N].人民日报,2024−02−02.
③ 习近平.加快发展新质生产力 扎实推进高质量发展[N].人民日报,2024−02−02.

系的效率、灵活性和智能化程度。因此,产业链布局就成为创新成果与新质生产力之间的核心桥梁和传导路径,帮助实现从科技创新到新质生产力的高效转换。

其次,习近平同志还强调,要"提升产业链供应链韧性和安全水平,保证产业体系自主可控,安全可靠"[①]。这说明产业链的韧性和安全性对于创新成果的转化至关重要。新质生产力的一个重要特性是其对系统性和长期稳定性的要求,这意味着生产体系不仅要高效,还必须具备应对复杂环境和外部冲击的能力。如果产业链缺乏足够的稳定性和韧性,创新成果就无法有效地转化为生产力,特别是那些高科技含量、依赖供应链协同的先进技术。因此,产业链的韧性和安全性是保障新质生产力形成的核心要素之一。只有具备自主可控和应对外部冲击的能力,现代化产业体系才能够确保科技创新的成果持续、稳定地作用于生产力提升。

此外,要围绕推进新型工业化等战略任务,"科学布局科技创新、产业创新"[②]。新质生产力尤为强调对科技创新成果的实际应用及与产业创新的深度融合。现代化产业体系必须通过合理配置科技创新和产业创新资源,实现两者的有机结合,以确保新质生产力的形成。科技创新为产业创新提供核心动力,而产业创新则通过优化生产模式和流程,将这些技术成果高效地转化为实际生产力,从而推动新质生产力的不断发展。通过这种互动关系,现代化产业体系不仅形成了一条从科技创新到生产力提升的有效传导机制,还使得这种传导更加具有前瞻性和高附加值,真正实现了生产方式的转型升级,让创新在整个产业体系中有方向、有支撑地发挥作用。

通过上述机制,现代化产业体系真正构建了一条从科技创新到新质生产力的高效传导路径:科技创新驱动产业链的智能化和高效化,产业创新将技术成果在整个生产系统中转化、扩展,使得新质生产力的特性(高技术含量、智能化及对未来需求的适应性)得以实现。这一传导路径不仅注重生产效率的提升,更是将科技成果有效转化为生产力的升级,推动经济向高质量发展迈进。

(三)数字经济的快速发展为产业深度转型升级提供了新机遇

习近平同志强调,发展新质生产力,"要大力发展数字经济,促进数字经济和实体经济深度融合,打造具有国际竞争力的数字产业集群"[③]。这表明,数字经济与实体经济的深度融合被视为推动新质生产力发展的关键路径之一。通过数字经济的

---

① 习近平. 加快发展新质生产力 扎实推进高质量发展[N]. 人民日报,2024-02-02.
② 习近平. 加快发展新质生产力 扎实推进高质量发展[N]. 人民日报,2024-02-02.
③ 习近平. 加快发展新质生产力 扎实推进高质量发展[N]. 人民日报,2024-02-02.

赋能，不仅可以提升传统产业的生产效率和创新能力，还能够创造全新的产业形态，形成具有国际竞争力的数字产业集群。这一论述体现了科技创新、数字技术与产业发展的有机结合，标志着在新质生产力发展中，数字经济已成为引领产业升级和优化的重要动力源。

综上所述，现代产业体系作为从创新到实际新质生产力发展的传导机制，关键在于其在资源配置、产业链优化、生产要素创新配置及数字经济融合等方面的作用。通过不断完善这一体系，科技创新的成果才能够有效转化为实际生产力，推动经济的高质量发展。

五、构建新型生产关系的全面战略部署是发展新质生产力的制度支撑

新质生产力理论的创新，特别体现在对新型生产关系的战略部署和全面深化改革的构建上，具体可以分为宏观、中观和具体操作三个层面。

（一）宏观层面：健全新型举国体制，提升国家创新体系效能

新型举国体制和国家创新体系，体现了新质生产力由政府、市场、企业协同发力催生的特性，通过上述部署，可以确保国家在资源配置、政策引导和战略性产业布局中的引领作用。习近平同志指出，集中力量办大事是我国社会主义制度能够发挥巨大优势的重要体现，也是我们国家取得一系列重大科技突破的根本经验。[①] 在当前复杂的国际局势与科技竞争加剧背景下，中国面临国外关键技术"卡脖子"的挑战，新型举国体制是应对这一挑战的关键战略。为此，2019年，中国共产党十九届四中全会明确提出"构建社会主义市场经济条件下关键核心技术攻关新型举国体制"[②]的战略目标。2022年，中央全面深化改革委员会第二十七次会议审议通过了《关于健全社会主义市场经济条件下关键核心技术攻关新型举国体制的意见》。[③] 中国共产党二十大报告进一步强调了"健全新型举国体制，强化国家战略科技力量"的重要性。2023年中央经济工作会议明确指出，要"以科技创新引领现代化产业体系建设"，并强调"发展新质生产力"和"完善新型举国体制"是关键举措。

---

① 习近平. 习近平论科技自立自强[M]. 北京：中央文献出版社，2023：87.
② 中共中央关于坚持和完善中国特色社会主义制度 推进国家治理体系和治理能力现代化若干重大问题的决定[EB/OL]. 新华网，2019－11－07. http://www.qstheory.cn/yaowen/2019－11/07/c_1125202003.htm.
③ 习近平. 健全关键核心技术 攻关新型举国体制 全面加强资源节约工作[N]. 人民日报，2022－09－07.

2024年7月,中国共产党二十届三中全会再次强调,要"健全新型举国体制,提升国家创新体系整体效能"。

（二）中观层面:构建完善现代化产业体系的体制机制

中国共产党二十届三中全会提出健全因地制宜发展新质生产力体制机制,通过系统部署,构建全产业链综合治理体系。要"加强新领域新赛道制度供给,建立未来产业投入增长机制",完善"战略性产业发展政策和治理体系,引导新兴产业健康有序发展","强化环保、安全等制度约束"。[1] 这些论述明确了未来产业、新兴产业和传统产业各自的体制机制保障重点,涵盖了发展战略、政策治理、环保和安全等多方面的制度创新要求。同时,上述论述统筹了从未来产业到新兴产业再到传统产业等各类产业可持续发展,是推动产业整体升级与优化的协同发展策略,实质是通过打造全产业链综合发展治理体系,健全因地制宜发展新质生产力的综合协同体制机制。这种机制强调不同产业链的联动与融合,确保在技术创新、资源配置、环境保护等方面形成合力,推动整体产业结构的优化升级,实现可持续的高质量发展。

（三）具体操作层面:促进各类先进要素向发展新质生产力聚集

生产力实体要素的跃升,是实现科技创新向产业转换的中间环节。为此,习近平同志指出,要"按照新质生产力发展要求,畅通教育、科技、人才的良性循环"[2]。推进教育、科技、人才一体化发展体制机制,这是保障新型劳动者质量跃升的基础。通过这种一体化发展,可以确保人才与科技创新之间的紧密结合,使得劳动者能够适应快速变化的产业需求。

"要健全要素参与收入分配机制,激发劳动、知识、技术、管理、资本和数据等生产要素活力,更好体现知识、技术、人才的市场价值。"[3]通过健全收入分配机制,更好体现各类要素的市场价值,对于保护劳动者权益至关重要,尤其是在新质生产力发展背景下,必须真正体现劳动,尤其是知识劳动、技术劳动的市场价值。同时,健全数据新型要素参与收入分配的机制同样关键。这要求推行数据确权,建立和完善数据要素市场,以保障数据的价值能得到合理体现。数据作为新兴生产要素,其有效利用将直接推动产业的数字化转型,提升生产力。

要"鼓励和规范发展天使投资、风险投资、私募股权投资,更好发挥政府投资基

---

[1] 中共中央关于进一步全面深化改革、推进中国式现代化的决定[M].北京:人民出版社,2024:11.
[2] 习近平.加快发展新质生产力 扎实推进高质量发展[N].人民日报,2024-02-02.
[3] 习近平.加快发展新质生产力 扎实推进高质量发展[N].人民日报,2024-02-02.

金作用,发展耐心资本"①。通过有效促进各类资金尤其是耐心资本向新质生产力流动,使资金能够合理地支持新质生产力的发展,同时确保资金的合理回报。实现上述目标要求建立多层次资本市场,这是激发资金要素活力的重要措施。通过多层次的资本市场,能够促进资金在产业转型中的有效配置,为科技创新提供持续的资金支持。

综上所述,新质生产力理论是我国为适应和引领新一轮工业革命,实现高质量发展而进行的理论范式创新,明确了为实现中国式现代化目标的生产力新质态发展方向,强调了科学的工作方法、协同的创新系统、全面的现代化产业体系和新型生产关系构建的重要性,力求通过系统思维和协同机制,推动各类资源的高效整合与有效利用。

第二节　新质生产力已经在实践中形成

新质生产力理论从孕育到成形的进展表明,新质生产力的形成不仅依赖于科技创新和产业升级,还得益于制度改革和生产关系的优化。在这一时期,中国取得了显著的经济建设成就,这些成就印证了"新质生产力已经在实践中形成并展示出对高质量发展的强劲推动力、支撑力"的论断。梳理和总结新质生产力从孕育到成形阶段中国的发展成效,对于深入理解这一理论的科学性与实效性,增强理论自信及了解进一步发展新质生产力的新起点具有重要意义。

一、经济总量稳步增长,全要素生产率显著提升

自改革开放以来,我国经历了诸多困难,也创造了许多发展的奇迹,正如习近平同志强调的,"我们创造了第二次世界大战结束后一个国家经济高速增长持续时间最长的奇迹。我国经济总量在世界上的排名,改革开放之初是第十一;2005年超过法国,居第五;2006年超过英国,居第四;2007年超过德国,居第三;2009年超过日本,居第二。2010年,我国制造业规模超过美国,居世界第一。我们用几十年时

---

① 中共中央关于进一步全面深化改革、推进中国式现代化的决定[M].北京:人民出版社,2024:11.

间走完了发达国家几百年走过的发展历程,创造了世界发展的奇迹"[1]。我国总体经济运行取得的诸多成效,构成了新质生产力提出的现实依据。

第一,从国内生产总值来看,中国已成为名副其实的世界第二经济大国。根据国家统计局数据,我国 2023 年国内生产总值达到 1 260 582 亿元,与 2012 年的 519 470 亿元相比增长了约 1.4 倍。从国际比较来看,根据国际货币基金组织(IMF)公布的世界各国 2023 年度 GDP 数据,中国 GDP 总量 17.66 万亿美元,是第三名德国的三倍之多,且与第一名美国(27.36 万亿美元)的占比接近 65%(见图 2—1[2])。若将港澳台地区计算在内,合计 18.8 万亿美元,占比美国为 68.9%,而该占比在 2012 年约为 52%。

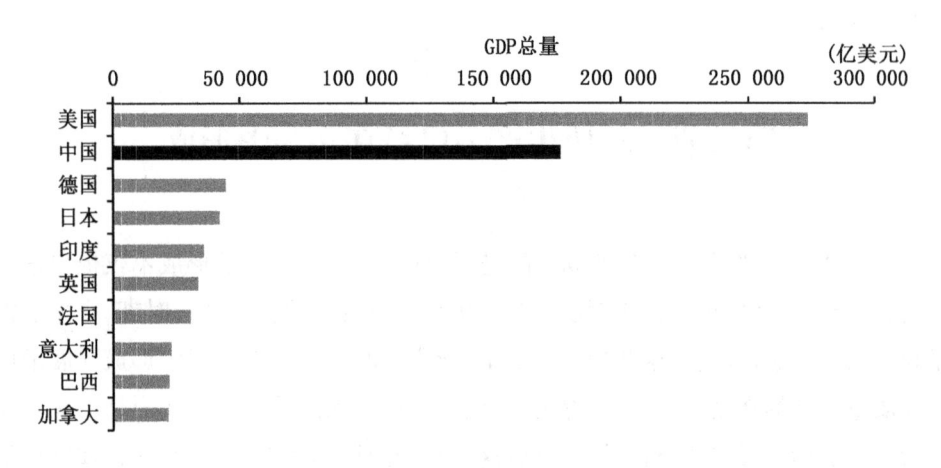

图 2—1 部分国家 GDP 比较

第二,从国内生产总值增速来看,中国仍保持着赶超趋势。据国家统计局发布的《国民经济和社会发展统计公报》[3]显示,2023 年中国经济增长实现了 5% 左右的预期目标,这一增长率虽比 2012 年的 7.86% 低,但仍然维持了较高的增速。横向比较来看,据 CEIC 数据库,2023 年中国经济增速明显快于美国 2.5%、欧元区 0.5%、日本 1.9% 的经济增速,结合历年增长率比较来看,中国 GDP 增速仍高于发达国家,保持着赶超趋势(见图 2—2)。

---

[1] 习近平.在省部级主要领导干部学习贯彻党的十八届五中全会精神专题研讨班上的讲话[N].人民日报,2016—05—10.
[2] 数据来源:国际货币基金组织(IMF)。
[3] 国家统计局.中华人民共和国 2023 年国民经济和社会发展统计公报[EB/OL].https://www.stats.gov.cn/sj/zxfb/202402/t20240228_1947915.html.

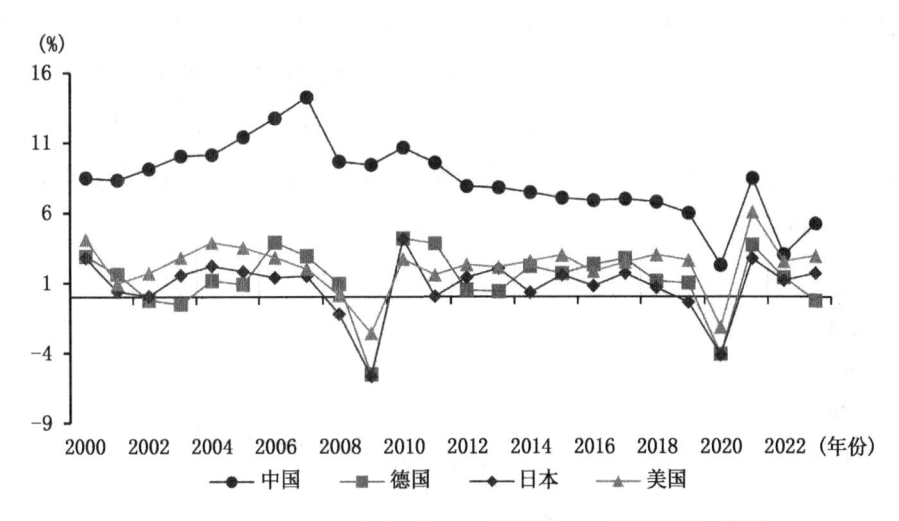

图 2—2　2000—2023 年中、德、日、美四国 GDP 同比增速对比[①]

第三，全要素生产率有效提升，与发达国家差距逐渐缩小。根据世界银行公布的数据计算，中国 TFP 与美国 TFP 的比值从 1997 年的 18% 上升到 2021 年的 41%，总体差距在逐渐缩小。在增长率方面，中国 2013—2021 年 TFP 年均增长率为 2.35%，高于美国的 1.72%，呈现出赶超趋势。在贡献率方面，2012 年以来中国 TFP 贡献率几乎每年都高于美国，2013—2021 年年均贡献率高于美国约 8 个百分点，呈现出更加高质量的推动作用。从高技术行业来看，2022 年中国新能源车企的全要素生产率约为 9.7%，十年间与德国传统车企间的差距从 17% 缩小至 6%。总体而言，我国全要素生产率有效提升，但仍需进一步发展。

二、科技创新成果丰硕，创新驱动发展成效日益显现

在创新驱动发展战略的指引下，我国科技发展已经取得诸多成效，且已经展现出在生产力的发展与经济的推动方面的巨大作用。

第一，总体来看，我国科技创新已达到发展中国家领先水平。从创新指数来看，《2023 年全球创新指数》[②]报告显示，中国位列第 12 位，其中 6 个指标排名世界第一。从发明专利来看，据国家知识产权局统计，2023 年 6 月，中国有效发明专利

[①] 数据来源：CEIC 数据库。
[②] 赵颖编译. WIPO 发布《2023 年全球创新指数》[J]. 世界科技研究与发展，2023，45(05):542-542.

量累计达到456.8万件,居世界第一。① 从科研经费投入来看,中国已经是世界第二的水平,与美国差距逐年缩小(见图2—3)。从技术创新运用生产来看,以数字经济转型规模为例,据《中国数字经济发展研究报告(2024年)》②,2023年我国数字经济规模达到53.9万亿元,占GDP比重达到42.8%,数字经济增长对GDP增长的贡献率达66.45%。

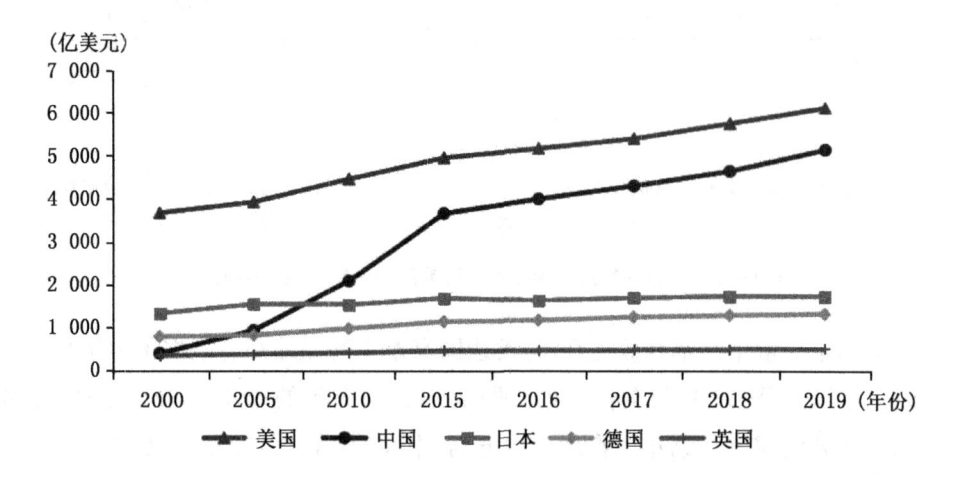

图2—3 历年全球主要国家研发投入(R&D)总额变化情况③

第二,从高新技术产业来看,我国在某些领域已达到世界领先水平,并在高质量发展过程中展现出巨大的推动作用。以5G与人工智能为例,在5G方面,中国已建成全球规模最大的5G网络,截至2023年9月底,累计建成开通5G基站318.9万个,5G标准必要专利声明数量全球占比达42%④,在研发和标准制定方面具有重要话语权,推动了全球5G技术的发展。同时,5G应用已广泛融入97个国民经济大类中的67个,为国家经济发展提供了有力支撑。在人工智能方面,根据斯坦福大学发布的《人工智能索引报告2021》⑤,2020年我国在人工智能领域的论文发表总量、引用总量均已超过美国,成功登顶世界第一。据《2021—2022全球计算力指

---

① 数据来源:国家知识产权局。
② 数据来源:中国信息通信研究院.中国数字经济发展研究报告:2024[EB/OL]. http://www.caict. ac.cn/kxyj/qwfb/bps/202408/t20240827_491581.htm.
③ 数据来源:OECD数据库。
④ 谷业凯.新材料产业进入发展加速期[EB/OL]. http://m2.people.cn/news/default.html.
⑤ Stanford University. Artificial Intelligence Index Report[EB/OL]. 2021. https://www.baidu.com/link? url=J1veH93wpUJH8KTlRvb_mxVRN-jFUmETq-Yk_zcIg5WKhzFWmvDwUuqrVGvqQWLv4myW8LG0YH7J48NM6z-q&wd=&eqid=a918b0580006e9e5000000046703a3fa.

数评估报告》显示,过去5年,中国人工智能算力首次超越美国成为全球第一,人工智能服务器支出规模同比增长44.5%,在15个国家人工智能算力支出的增长中,中国贡献了近60%。同时,据报告预测,全球AI计算市场规模将从2022年的195.0亿美元增长到2026年的346.6亿美元,且算力指数平均每提高1点,数字经济和GDP将分别增长3.5‰和1.8‰,揭示了人工智能对经济发展的巨大推动作用。①

第三,中国尚存在一些科技创新困境与难题,需要进一步发展与推动。一方面,面临种种"卡脖子"问题。例如在芯片制造领域,2020年,美国与其他国家对中国半导体领域实施全方位制裁,限制向中国出口关键的半导体设备和技术,严重限制了中国半导体芯片行业的发展。据调研机构TechInsights公布的2023年全球前二十五大半导体供应商榜单,中国大陆仅一家企业上榜。另一方面,一些具备"先发优势"的高技术产业仍落后于发达国家。例如在软件领域,据IDC公布的2022年统计数据显示,2022年,美国软件及服务支出约为7 890亿美元,而中国的软件及服务支出为77亿美元,落后较多,仍需进一步发展与推动。②

三、生产力要素不断优化,组合质量显著提升

生产力要素及其组合的优化体现了生产力水平的质变。十八大以来,我国已在劳动力、劳动资料、劳动对象及组合的质量提升方面取得了诸多成效。

(一)我国劳动者素质显著提升

根据国家统计局第七次全国人口普查数据显示,2023年我国劳动年龄人口平均受教育年限从2012年的9.9年增至2023年的11.05年,新增劳动力平均受教育年限为14年,接受高等教育的人口达到2.5亿人,在学研究生388万人,其中在学博士生、硕士生数分别为61万人和327万人。③ 从劳动力就业来看,据《中国科技人才发展报告(2022)》,我国研发人员全时当量由2012年的324.7万人/年提高到2022年的635.4万人/年,稳居世界首位,顶尖科技人才入选世界高被引科学家数

---

① 清华全球产业院.全球计算力指数评估报告[EB/OL]. https://www.inspur.com/lcjtww/resource/cms/article/2734773/2734784/2022122613493315670.pdf.
② IDC. 2022年中国数据中心服务市场仍处于缓慢修复阶段[EB/OL]. https://www.idc.com/getdoc.jsp?containerId=prCHC51148523.
③ 教育部.稳步扩大研究生人才培养规模[EB/OL]. http://www.moe.gov.cn/fbh/live/2024/55831/mtbd/202403/t20240301_1117751.html.

量从2014年的111人次增至2022年的1 169人次,排名世界第二。① 我国技能人才总量超过2亿,高技能人才超过6 000万。②

当前,我国在高端劳动者方面仍面临缺口,需要进一步发展。据2022年华为与安永联合发布的《中国ICT人才生态白皮书》预测③,2021年至2025年间,人才缺口年复合增长率将达到11.7%,人才缺口将从2021年的1 371万人增至2025年的2 135万人。

(二)我国劳动对象逐步拓展与丰富

在有形物质资料方面,据中国工业和信息化部的数据显示,2023年1月至9月,我国新材料产业总产值超过5万亿元,保持两位数增长。截至2023年10月,我国新材料领域建立了7个国家制造业创新中心,布局建设了35个新材料重点平台,一批重大关键材料取得突破,涌现出高温超导材料、钙钛矿太阳能电池材料等一批前沿技术;新材料规上企业超过2万家,专精特新"小巨人"企业1 972家、制造业单项冠军企业248家,同时培育形成了7个国家先进制造业集群。④ 在无形物质资料方面,根据《国家信息化发展报告(2023年)》数据显示,2023年全国数据生产总量达32.85ZB,同比增长22.44%,累计数据存储总量1.73ZB,存储空间利用率达59%。大数据产业规模达1.74万亿元,同比增长10.45%。⑤

同时,也需注意到目前我国在劳动对象方面仍有较大发展空间,存在着关键材料掣肘及转化率不足等问题。在关键材料方面,根据中国工业和信息化部对全国30多家大型企业130多种关键基础材料的调研结果显示,中国关键材料领域32%为空白市场,52%依赖进口,95%用于通用处理器的高端专用芯片、70%以上的智能终端处理器依赖进口。⑥ 在转化方面,据《全国数据资源调查报告(2023年)》,2023年,全国数据产存转化率为2.9%,企业一年未使用的数据占比为38.93%,数

---

① 胡喆.我国研发人员全时当量达635.4万人年[EB/OL]. www.gov.cn/lianbo/bumen/202312/content_6920471.htm.
② 邱超奕.我国技能人才总量超过2亿人[EB/OL]. https://www.gov.cn/yaowen/liebiao/202409/content_6976840.htm.
③ 联合国教科文组织.2022中国ICT人才生态白皮书[EB/OL]. https://e.huawei.com/cn/material/service/880481f0c28b4a6c99f383723d533ce5.
④ 谷业凯.新材料产业进入发展加速期[EB/OL]. http://m2.people.cn/news/default.html?s=M18zXzIwOTcxNjk3MTIwNDg0Nl8xNzA4OTEyNTIz.
⑤ 国家互联网信息办公室.国家信息化发展报告:2023[EB/OL]. https://www.gov.cn/lianbo/bumen/202409/content_6973030.htm.
⑥ 中国工业和信息化部,130多种关键基础材料中32%在中国仍空白[EB/OL]. https://www.thepaper.cn/newsDetail_forward_2271086.

据产品成交率为17.9%[①],我国数据潜力仍有待释放。

(三)我国劳动资料先进性得到极大提升

在新设施方面,据中国工业和信息化部发布的2023年通信业统计公报,我国已累计部署5G基站数达337.7万个,占移动基站总数的29.1%,同比上升7.8个百分点,千兆端口2302万个,5G定制化基站与轻量化技术已实现商业化部署,工业级5G芯片、模组、网关等关键部件已取得重大突破。[②] 在新工作手段方面,截至2023年,我国已有226个省级和城市的地方政府上线数据开放平台,开放的有效数据集达34万个,数据集数量增长达22%,上下联动、横向协同的数据工作体系基本形成。[③] 在新技术方面,如人工智能,《2023全球人工智能创新指数报告》显示,目前全球人工智能发展方面中国总分为52.69分,排名第二,比第三的英国高出近15分,与美国保持为第一梯队[④];同时,根据《国家信息化发展报告(2023年)》,截至2023年底,我国已完成备案的生成式人工智能服务达60余款,全力服务于人工智能的发展。在新能源方面,国家能源局最新数据显示,截至2024年6月底,我国可再生能源装机突破13亿千瓦,历史性超过煤电。其中,风电装机3.89亿千瓦,连续13年位居全球第一;光伏发电装机4.7亿千瓦,连续8年位居全球第一。[⑤]

同时,我国也在某些关键技术领域面临着技术封锁、资源封锁等制裁。自2018年起,美国联合其他国家对中国发起"芯片战争",全球领先的芯片制造工艺已经达到5纳米甚至更小的制程,而中国的芯片制造企业如中芯国际等,其量产的最先进工艺为14纳米,虽然研发能力早已实现,但由于关键设备"光刻机"被封锁无法实现,需要进一步发展,因此习近平同志强调要"加快科技自立自强步伐,解决外国'卡脖子'问题"[⑥]。

[①] 国家工业信息安全发展研究中心.全国数据资源调查报告:2023[EB/OL]. https://cics-cert.org.cn/web_root/webpage/articlecontent_101006_1793458699935682562.html.

[②] 运行监测协调局.2023年通信业统计公报解读通信业全年保持稳中有进发展态势[EB/OL]. https://wap.miit.gov.cn/gxsj/tjfx/txy/art/2024/art_c3f0194a3a8141488885fc26ca5c98fd.html.

[③] 国家互联网信息办公室.国家信息化发展报告:2023年[EB/OL]. https://www.gov.cn/lianbo/bumen/202409/content_6973030.htm.

[④] 云上.《2023全球人工智能创新指数报告》发布中国AI综合水平保持第二[EB/OL]. https://www.cnii.com.cn/gxxww/rmydb/202407/t20240710_583937.html.

[⑤] 戴小河.中国光伏风电产业何以领跑全球——中国高质量发展透视之三[EB/OL]. https://www.gov.cn/yaowen/liebiao/202308/content_6899173.htm.

[⑥] 习近平.加快构建新发展格局 把握未来发展主动权[N].人民日报,2023-04-16.

（四）我国生产力要素的优化组合日益显著，并显示出对新质生产力发展的强力推动

一方面，三要素组合跃升所带来的推动作用巨大。以华为为例，其生产模式可谓集合了先进劳动力、劳动资料、劳动对象三者组合的最佳案例，据华为发布的2023年年度报告显示，2023年华为实现全球销售收入7 042亿元人民币，净利润870亿元人民币。2023年华为研发投入达到1 647亿元人民币，占全年收入的23.4%，而且全球5G专利排名华为也稳居第一，这不仅对经济的发展带来了巨大的推动作用，也是要素组合跃升带来生产力极大发展的典范。另一方面，组合跃升仍需进一步发展。从人才分布来看，高层次劳动者分布不均衡，以数字人才为例，根据《2023中国数字人才发展报告》，数字人才主要集中在华东地区，人才呈逐年增长态势，2022年比2019年增加了7.03%。从行业分布来看，目前传统产业数字化转型进度较慢，《中国数字经济发展研究报告（2024）》显示，2023年我国一、二、三产业数字经济占行业增加值比重（数字经济渗透率）分别为10.78%、25.03%和45.63%，第一、二产业进展较慢，这都阻碍了优化组合跃升的实现，有待进一步发展。①

四、现代产业体系逐步完善

现代产业体系是现代化国家的经济基础，是一个国家实现经济现代化和体现发展实力的重要标志。党的十八大以来，党中央高度重视产业体系建设问题，引领我国产业体系取得了巨大成就。

（一）制造业实现跨越式增长

党的十八大以来，制造业迎来高质量发展的机遇期，中国制造绘就"飞跃式"增长曲线。2012年至2022年，制造业增加值从16.98万亿元增长到31.38万亿元，年均增长7.31%，规模以上工业企业由34.4万家增加至40.5万家，占全球比重从22.5%提升到30%以上。同时，高端制造业占比逐渐提高。2023年上半年高技术制造业增加值占规模以上工业增加值的比重约为16.4%，远超2012年9.4%的增长。② 新能源汽车、太阳能电池、汽车用锂离子动力电池等"新三样"成为我国制造业的新增长点，2023年"新三样"相关产品产量较快增长，比2022年分别增长

---

① 中国通信院. 中国数字经济发展研究报告（2024）[EB/OL]. http://www.163.com/dy/article/JB161UQP0511B3FV.html.

② 数据来源：中国统计局。

30.3%、54.0%、22.8%。此外,在全球产业链、供应链和价值链中的位势也持续攀升,出口产品结构持续优化。例如,2012年机电产品出口占比为49.3%,出口额约为1.01万亿美元;而到2023年机电产品在出口总额中占比达58.5%,其中,汽车出口522万辆,首次成为全球第一大汽车出口国。[1] 然而,正如习近平同志所言,我国制造业整体水平与世界先进水平仍存在差距,特别是在高端制造、关键核心技术等领域,必须加快提升,需要以新质生产力推动制造强国建设。

(二)战略性新兴产业发展势头强劲

党的十八大以来,党中央将创新放到国家发展战略的核心位置,实施创新驱动发展战略,推动一系列战略性新兴产业快速发展。自2012年至2023年,战略性新兴产业总产值从约12万亿元跃升至近40万亿元,占比从17%提升至27%,实现了两倍多的增长。在此期间,战略性新兴产业的企业规模与就业贡献亦显著提升。截至2023年,规模以上工业战略性新兴产业企业数量已超过4万户,直接创造就业岗位约1 800万个。值得一提的是,信息技术产业、机器人产业及高端生物产业在这一波增长浪潮中表现尤为抢眼。截至2023年,信息技术产业的总产值超过15万亿元,同比增长约15%;工业机器人年产量达到约23.4万台,同比增长16.9%;生物医药产业总值达到约5万亿元,同比增长约10%。[2]

(三)数字经济持续向好

党的十八大以来,以习近平同志为核心的党中央将发展数字经济上升为国家战略,数字经济取得了从跟跑到并跑到部分领域领跑的历史性成就。在扩量方面,2012年到2023年,我国数字经济规模从11.2万亿元上升至53.9万亿元,实现了近五倍的增长。网民规模也显著扩大,从5.64亿增长到10.32亿,互联网普及率从42.1%提升到73%。具体来看,2023年,我国数字产业化规模为10.09万亿元,同比名义增长9.57%,产业数字化规模为43.84万亿元,同比名义增长6.90%。在提质方面,2023年数字经济核心产业增加值估计超过12万亿元,其中,以云计算、大数据、物联网等为代表的新兴业务收入逐年攀升。与此同时,数实融合趋势加快,各产业数字经济渗透率提升。2023年,我国一、二、三产业数字经济占行业增加值比重(数字经济渗透率)分别为10.78%、25.03%和45.63%;一、二、三产业数字经济渗透率同比分别提升0.32、1.03和0.91个百分点。[3]

---

① 数据来源:中国海关总署、中国汽车工业协会。
② 数据来源:国家发改委、国家统计局。
③ 数据来源:国家统计局、中国信息通信研究院《中国数字经济发展研究报告(2024年)》。

五、新发展理念贯彻有效

经济总量稳步增长,全要素生产率提升,科技创新成果丰硕,生产力要素及其组合不断优化,现代产业体系逐步完善,表明我国新质生产力已逐渐形成,并与新发展理念相辅相成,推动了经济社会的转型升级和高质量发展。新发展理念包括创新、协调、绿色、开放和共享。党的十八大以来,我国全面贯彻新发展理念,推进科技创新、区域协调、绿色转型、对外开放和社会共享,取得显著成果。创新发展的成效已在本节第二部分论述,此处不再赘述。

一是推动协调发展。在区域协调发展方面,在新质生产力的发展过程中有利于发挥区域比较优势,区域差距逐步缩小。从经济增长看,1953年至2023年,东部、中部、西部、东北地区生产总值按不变价格计算年均分别增长9.1%、7.9%、8.3%、7.5%;从人均地区生产总值看,1952年四个区域间极差比(最大值与最小值的差异比例)为2.54∶1;1978年缩小到2.09∶1;2023年进一步缩小至1.86∶1。[①] 这一系列数据反映出新质生产力在区域协同中的有效应用,推动了全国经济的协调发展。此外,新质生产力还推动城乡协调发展。截至2023年,中国的城镇化率达到66.83%,比2012年提升了约11.61个百分点,农村居民人均可支配收入达到22 900元,比2012年的7 200元大幅提升了约218%。[②]

二是推动绿色发展。新质生产力就是绿色生产力,在推动绿色发展方面成效显著。截至2023年,中国非化石能源在一次能源消费中占比达到约18.6%,较2012年的9.8%几乎翻了一番,全国单位GDP能源消耗和碳排放强度分别比2012年下降26%和35%以上[③],是全球能耗强度降低最快的国家之一。同时,可再生能源领域取得了显著进展。截至2023年,可再生能源发电装机容量已突破15亿千瓦,位居全球第一,显著高于2012年的4.5亿千瓦。此外,生态文明建设方面取得了显著成效,空气质量、水质、自然保护区面积等方面均得到了显著改善。据统计,2012年至2023年,PM2.5浓度下降了约50%,全国地表水体优良水质断面比例上升了25.3个百分点,国家级自然保护区面积增加了71%。[④]

---

① 数据来源:国家统计局《新中国75年经济社会发展成就系列报告》。
② 数据来源:国家统计局。
③ 数据来源:国家能源局、生态环境部。
④ 数据来源:生态环境部。

三是加强开放发展。新质生产力的提升也促进了中国对外开放的深化。截至2023年,中国的外贸总额达到41.76万亿美元,较2012年增长50%以上,其中,知识密集型服务贸易占服务贸易总额的比重提升至41.4%[1],出口竞争力和"含金量"都不断提高。[2] 此外,共建"一带一路"取得丰硕成果,"一带一路"倡议参与合作的国家和地区达到了约140个,涉及的合作项目超过3 000个[3],中欧班列累计开行超5万列,通达欧洲24个国家。这些数据表明,新质生产力的提升不仅推动了国内经济的发展,也为全球经济的复苏贡献了力量。

四是保障共享发展。新质生产力的提升使经济增长的红利能够更广泛地惠及社会各阶层。居民生活水平显著提高,扣除价格因素,2023年居民人均可支配收入比2012年实际增长94%,其中农村居民收入增长快于城镇居民,城乡居民收入倍差从2.88降至2.39。[4] 基本公共服务均等化不断推进,截至2023年,国家对教育的财政投入达到了约5万亿元,同比增长约11%,九年义务教育的巩固率达到96.1%,高等教育的毛入学率超过60%[5],教育公平和普及化进一步推进。社会保障水平不断提升,2023年中国农村最低生活保障水平比2017年提高了73.3%,城市低保平均标准提高了45.4%;基本养老保险覆盖近11亿人,医保参保人数超过13亿[6]。这些措施充分体现了发展为了人民、发展依靠人民、发展成果由人民共享的理念。

---

[1] 数据来源:海关总署。
[2] 数据来源:商务部。
[3] 数据来源:国家发展和改革委员会。
[4] 数据来源:国家统计局。
[5] 数据来源:教育部。
[6] 数据来源:财政部。

第三章

新质生产力是符合新发展理念的先进生产力质态

2024年1月31日,习近平同志在中央政治局第十一次集体学习时全面回答了什么是新质生产力和如何发展新质生产力的问题。深入理解新质生产力的内涵,有助于明确新质生产力的发展目标和方向,并为实际举措提供理论依据和行动指南。

第一节 新质生产力的特点是创新

新质生产力由"创新起主导作用"。发展新质生产力的语境下,要求对"创新"进行多层次、多维度的理解。首先是科技创新,这是发展新质生产力的核心要素,也是推动生产力质态跃升的关键动力。催生新质生产力的科技创新需要具备颠覆性的"技术革命性突破",实现根本性变革,为新质生产力奠定技术基础。其次是实现路径创新。发展新质生产力将遵循"技术革命性突破、生产要素创新性配置、产业深度转型升级"的协同作用,催生相应"新产业、新模式、新动能"。最后是系统性创新。这是发展新质生产力的重要组成部分。习近平同志指出:"新质生产力的显著特点是创新,既包括技术和业态模式层面的创新,也包括管理和制度层面的创新。"[①]创新是一个系统工程,不能仅局限于科技层面,而是要通过科技创新与制度创新"双轮驱动",共同推动新质生产力发展。

---

① 习近平.发展新质生产力是推动高质量发展的内在要求和重要着力点[J].求是,2024(11):4—8.

一、新质生产力主要由技术革命性突破催生而成

"新质生产力主要由技术革命性突破催生而成。"①这一论述表明,新质生产力的形成,不是依赖于渐进式技术改良,而是由"颠覆性技术"和"技术革命性突破"推动,开启了生产力新质态的全新篇章。

技术革命性突破不同于传统的技术创新。一是具有根本性和颠覆性。"革命性突破"彻底改变现状,打破了原有的技术边界,而非现有技术的优化和提升。它标志着从量变到质变的飞跃,是推动生产力质态升级的重要力量。二是将带来整个技术体系的系统性变革。技术革命性突破后,要求从基础技术到应用技术,从生产组织到市场应用等多方面的协同推进,形成一个完整的创新生态系统。这种系统性变革将推动整个产业的转型升级,使生产力具备整体提升的可能性。三是技术革命性突破应当具有引领未来的能力。这一突破不仅要解决当下的技术"瓶颈",更应为未来的发展奠定基础,开创全新的技术和产业方向,即能够引领科技和经济的发展潮流,催生新的产业形态和经济增长点。四是技术革命性突破将推动生产力的全方位重构。不仅要求劳动者技能提升和素质变革,还包括劳动资料的质变与升级,例如新材料的出现和新设备的应用。此外,技术革命性突破还会改变劳动对象的性质和转化方式,促使生产组织形式发生变革,实现劳动资料、劳动对象、劳动者三者的全面升级。通过这些变化,生产力的整体水平将得到大幅提高,推动整个社会生产力体系的重构与优化。

历次工业革命的核心在于技术革命性突破,并催生了新的生产力质态。例如,第一次工业革命以蒸汽机的发明和广泛应用为标志,实现了机械化生产,开创了工厂制度,推动了生产力从手工劳动向机械化生产的飞跃。第二次工业革命通过电力的普及和内燃机的应用,实现了大规模的流水线生产,使生产力大幅提高,社会进入了电气化时代。第三次工业革命则以电子信息技术和自动化为特征,带来了计算机和互联网的应用,实现了生产力的信息化和自动化提升。当前,新一轮科技革命与产业革命以人工智能、大数据、5G 等技术革命为核心,推动了智能化、绿色化的新质生产力的形成。

需要指出的是,技术革命性突破是一个动态的、不断发展的过程。新一轮科技

---

① 习近平.加快发展新质生产力 扎实推进高质量发展[N].人民日报,2024−02−02.

革命虽然已经发生,相关技术已经在许多方面取得了显著进展,但仍然处于不断演进和升级的阶段。新质生产力的形成也不是一蹴而就的,而是将伴随着技术突破的持续推进而不断发展。

把握"技术革命性突破"的重要作用,要求我们首先密切关注技术革命性突破的最新进展,不断将最新的技术成果应用到实际生产中。同时要增强创新能力,"加强原创新、颠覆性科技创新"[①],使我国新质生产力发展具备应对未来挑战的能力。

二、以科技创新催生新产业、新模式、新动能

新质生产力由"技术革命性突破、生产要素创新性配置、产业深度转型升级而催生"。这一论断指明了新质生产力的形成路径,体现了三大机制在其形成过程中的协同作用。这三者相辅相成,共同塑造了现代经济中不断涌现的新产业、新模式、新动能。理解新质生产力的形成路径及其催生的新产业、新模式和新动能,有助于更加全面地认识创新在新质生产力中的核心作用。

(一)新质生产力形成的新路径

"技术革命性突破、生产要素创新性配置、产业深度转型升级"高度概括了新质生产力形成的完整而动态的过程,这三者之间呈现出逐层递进、相互促进的关系。

首先,技术革命性突破是新质生产力的原动力。第四次工业革命以人工智能、大数据、5G通信、物联网等技术的突破性发展为特征,打破了既有的生产可能性边界,产生新的技术范式,并从根本上改变了生产方式和资源利用方式。例如,人工智能和自动化系统的应用大大降低对传统人工劳动依赖的同时,显著提升了企业生产效率。自动驾驶技术的快速发展不仅重新定义了交通运输行业,也为相关新产业创造了巨大的市场空间。这些技术革命性突破为新质生产力奠定了基础,并使得生产要素的协同关系被重新界定,推动生产活动的边界扩展和深度创新。

其次,生产要素的创新性配置是新质生产力形成的桥梁。要将技术革命性突破转化为现实生产力,要求对生产要素进行创新性配置。一方面,新型生产要素的引入将逐渐取代传统物质要素,成为推动生产力发展的核心。如大数据和物联网正成为现代生产中的关键要素,推动制造过程实现高度的智能化和可视化管理。

---

① 习近平. 发展新质生产力是推动高质量发展的内在要求和重要着力点[J]. 求是,2024(11):4—8.

另一方面，技术突破促使劳动力结构发生变化，如在自动驾驶、无人仓储等领域，对操作人员的要求从简单操作转向复杂的系统控制和数据分析技能。高技术和创新性的工作岗位将逐渐取代传统职业，成为生产的主导。此外，资本配置方式也在发生变化，更多的创新资本与风险投资将集中于高技术含量较高的企业，推动其快速成长。例如，新能源车企（如比亚迪、宁德时代等）通过吸引大规模资本，迅速占据了市场并推动了电动汽车和储能产业的发展。总体而言，科技创新的实际应用要求生产要素的创新性配置，从而提升全要素生产率。

最后，产业的深度转型升级是新质生产力全面落实的基础。技术突破和生产要素创新性配置推动了整个产业链的升级和重构。一方面，企业的生产模式从传统的线性流程转向更加灵活和智能的生产方式，例如柔性生产系统通过物联网和人工智能进行实时调度与控制，提高生产效率和响应市场的速度。另一方面，新技术的应用模糊了产业之间的界限，推动了跨行业的协同效应。例如，智能家居产业就是将信息技术、制造业和服务业深度融合的产物，通过物联网技术实现家居产品的智能化和相互联通。此外，绿色化的产业链转型也得益于生产要素的创新性配置，例如新能源技术的广泛应用和循环经济的发展，将降低生产的环境成本，同时创造新的市场机会，如新能源汽车和绿色建筑等领域的兴起。

可见，新质生产力的形成与发展本质上是由实现路径的新变化所驱动。技术革命性突破提供了技术基础，生产要素的创新性配置是桥梁，通过产业链的深度升级与重构，推动了新兴产业的崛起，并实现了产业结构的全面优化和经济的高质量发展。

（二）新产业、新模式、新动能

新质生产力的形成机制直接催生了新产业、新模式和新动能，它们分别体现了创新在不同层次和领域中的具体作用。

首先，新产业的形成是技术革命性突破带来的直接成果。第四次工业革命中的新技术突破开辟了全新的经济空间，催生了以新技术为核心的新产业。例如，5G通信技术的应用催生了超高速互联网相关的新产业，支持了远程医疗、智能城市管理和虚拟现实等新领域的快速发展。根据熊彼特的创新理论，新产业的诞生往往伴随"创造性破坏"，即新技术的出现淘汰旧技术，重塑经济生态。智能设备产业、量子通信产业和清洁能源产业等，正是在这种基础上涌现出来的，这些新兴产业不仅扩展了经济活动的边界，也重塑了社会的生产方式。

其次，生产要素的创新性配置推动了新型商业模式的形成。新模式的产生源于生产要素的相互替代和组合优化。通过对生产要素的创新配置,传统的资源利用方式得以根本性改造,形成更高效的经济运行模式。例如,平台经济的兴起是要素配置创新的重要表现。互联网平台利用大数据和算法优化,高效对接供需两端,提升了资源配置效率。共享经济模式同样基于要素的创新性配置。通过对闲置资源的共享,诸如车辆、房屋等原本未被充分利用的资源得到了最大化利用,这不仅为拥有闲置资源的人提供了新的收入来源,还为有需求的消费者提供了更便捷的服务。这些新模式大大提升了资源配置效率,体现了创新在社会生产力中的重要作用,并改变了人们的生产和消费行为。

最后,产业深度转型升级是新动能形成的重要基础。新动能主要来源于对传统生产方式的颠覆与重构,是基于新技术和新模式的系统性变化。例如,工业互联网的应用连接了生产设备与供应链,实现了全流程的智能化和数据化管理,极大地提高了生产效率。新能源的发展,如风能、太阳能等,可再生能源的广泛应用也为经济提供了新的增长动力,减少了对传统化石能源的依赖,提高了经济的可持续性。新动能不仅体现为生产效率的提高,也体现为产业结构的绿色化和可持续发展能力的增强。这都为经济注入了新的活力与韧性。

三、创新是一个系统工程

习近平同志指出,"创新是多方面的,包括理论创新、体制创新、制度创新、人才创新等"[1],"创新是一个系统工程,创新链、产业链、资金链、政策链相互交织、相互支撑,改革只在一个环节或几个环节搞是不够的,必须全面部署,并坚定不移推进。科技创新、制度创新要协同发挥作用,两个轮子一起转"[2]。

科技创新是推动新质生产力形成的核心要素,但要使创新成果全面转化,还需要体制、制度、管理等方面的协同配合。科技创新为新质生产力的形成提供技术基础,而制度创新则确保科技成果能够有效转化并为社会所用,如完善的知识产权保护制度与市场机制,有助于激发科研人员和企业的创新活力,推动技术转化为现实生产力。

首先,要强调创新链与产业链的协同配合,创新链涵盖从基础研究到应用推广

---

[1] 中共中央文献研究室. 习近平关于科技创新论述摘编[M]. 北京:中央文献出版社,2016:4.
[2] 习近平. 为建设世界科技强国而奋斗[M]. 北京:人民出版社,2016:13—14.

的完整过程,而产业链是将创新成果转化为新质生产力的重要途径。习近平同志强调,"技术要发展,必须要使用。在全球信息领域,创新链、产业链、价值链整合能力越来越成为决定成败的关键……核心技术脱离了它的产业链、价值链、生态系统,上下游不衔接,就可能白忙活一场"[1]。例如,依托于技术革命性突破的人工智能与物联网技术,在创新链和产业链的有效结合下催生了智能制造产业,并在生产力层面实现了突破性进展。

其次,要重视资金链的保障作用。资金链是新质生产力形成过程中的核心支撑之一。创新活动从研发到市场推广,需要大量资金投入,尤其是在科技创新的初期阶段,面对较高的成本与风险,资金的保障至关重要。"当务之急是要健全激励机制、完善政策环境,从物质和精神两个方面激发科技创新的积极性和主动性,坚持科技面向经济社会发展的导向,围绕产业链部署创新链,围绕创新链完善资金链,消除科技创新中的'孤岛现象',破除制约科技成果转移扩散的障碍,提升国家创新体系整体效能"[2],确保资金链能够有效支撑创新活动,从而推动新质生产力的形成。

最后,要加强政策链的引导和激励作用。政策链是确保新质生产力形成的外部保障。习近平同志提出,"要改善科技创新生态,激发创新创造活力,给广大科学家和科技工作者搭建施展才华的舞台,让科技创新成果源源不断涌现出来"[3]。要通过创新政策,如知识产权保护、企业研发投入激励等,确保科技创新能够得到应有的支持,并形成良好的创新生态。这些政策不仅为创新提供了外部条件,也为新质生产力的实现提供了重要的制度支持。

因此,发挥创新的主导作用,应遵循习近平同志的以下指导:"既要坚持全面系统的观点,又要抓住关键,以重要领域和关键环节的突破带动全局。"[4]"继续做好创新这篇大文章,推动新质生产力加快发展。"[5]应以"技术革命性突破"为关键,通过技术的根本性进步,推动生产方式和资源利用的质的飞跃;以"生产要素的创新性配置"和"产业深度转型升级"为重要领域和关键环节,形成新产业、新模式和新动能。通过上述努力,带动经济和社会变革,实现社会生产力质态飞跃这一全

---

[1] 习近平.在网络安全和信息化工作座谈会上的讲话[N].人民日报,2016-04-26.
[2] 习近平.敏锐把握世界科技创新发展趋势 切实把创新驱动发展战略实施好[N].人民日报,2013-10-02.
[3] 习近平.在科学家座谈会上的讲话[N].人民日报,2020-09-12.
[4] 中共中央党史和文献研究院.习近平论科技自立自强[M].北京:中央文献出版社,2023:116.
[5] 习近平:发展新质生产力是推动高质量发展的内在要求和重要着力点[J].求是,2024(11):4-8.

局目标。

第二节 新质生产力的关键在质优

新质生产力"关键在质优"。这一论断意味着发展新质生产力要实现从量的扩张到质的提升。质优,一方面体现在新质生产力所具备的高科技、高效能、高质量的显著特征上;另一方面体现在生产力各要素及其优化组合的全面提升上,最终以全要素生产率的大幅提高为标志。通过推动生产力要素的质变及协同优化,新质生产力将推动经济从传统的粗放型增长向集约化、内涵式增长的转变。

一、具有高科技、高效能、高质量特征

新质生产力的"质优"表现在高科技、高效能和高质量三方面。通过高科技的应用,新质生产力实现了技术的突破和创新;通过高效能的管理和运营模式,资源的利用效率得以极大提升;通过高质量的产品和服务,市场竞争力显著增强。这些特征共同构成了新质生产力的内在优势。

(一)高科技含量是新质生产力的首要特征

新质生产力在创新驱动下,通过前沿性、颠覆性技术的大规模应用和推广,推动了各个产业的快速发展。

首先,人工智能、大数据、物联网等前沿技术的广泛应用使得新质生产力具备极高的科技含量。人工智能技术在制造业中,通过智能机器人和自动化生产线等手段,大幅提升生产效率并显著降低成本,在服务业中,通过客户行为分析和智能客户系统提升客户体验和服务质量。大数据技术则通过分析和处理海量数据,帮助企业更好理解市场需求、优化生产流程、提升决策效率。物联网技术的应用则使生产设备和产品实现智能互联,形成更加高效、智能的生产和管理系统。

其次,战略性新兴产业的崛起进一步强化了新质生产力的高科技特征。新能源、新材料、生物技术、电子信息等战略性新兴产业的快速发展,成为新质生产力的重要支撑。这些产业不仅代表了技术创新的前沿,也引领了全球经济的发展方向。例如,在新能源领域,太阳能、风能等可再生能源技术的不断进步,使得清洁能源的利用率大幅提高;在生物技术领域,基因编辑、精准医疗等技术的突破,为健康产业

的发展开辟了新的道路。习近平同志在多次讲话中强调,"抓紧布局战略性新兴产业、未来产业,提升产业基础高级化、产业链现代化水平"[①]。这一论述强调了高科技在新质生产力中的核心地位。

(二)高效能是新质生产力的重要体现

高效能不仅体现在资源利用效率的提高上,更体现在管理创新对企业运营效率的提升上。

首先,资源利用效率的提高是新质生产力高效能的直接表现。在新质生产力的框架下,通过技术创新和管理优化,资源利用效率得到了显著提升。例如,通过引入循环经济模式,企业可以实现生产过程中的废料再利用,减少资源消耗和环境污染。再如,通过应用诸如3D打印等先进生产技术,企业可以实现按需生产,减少原材料浪费,提高生产效率。

其次,管理创新对企业效率的提升也是新质生产力高效能的重要体现。传统的管理模式往往依赖于大量的人工操作和多层级复杂的管理结构,效率低且成本高。在新质生产力的背景下,通过诸如精益生产模式的应用,可以优化生产流程、减少浪费和降低库存,提高生产效率和产品质量。供应链管理的优化则通过提升各环节的协同效应,减少资源浪费和时间延误。信息化管理系统的引入极大地提高了企业运营效率,使企业能够对生产、销售、库存等各环节进行实时管理和精准决策。

(三)高质量是新质生产力的基本要求

在激烈的市场竞争中,产品和服务的质量直接决定了企业的市场地位和竞争优势。新质生产力通过技术和管理创新,大幅提升了产品和服务的质量,为企业赢得了市场竞争的主动权。

首先,产品质量的提升是新质生产力高质量特征的核心表现。通过引入先进的生产技术和质量管理体系,企业可以大幅提高产品的精度和一致性,减少次品率和返工率,从而提升产品的整体质量。例如,在智能制造领域,通过智能制造技术实时监控产品质量,可以确保每件产品均符合高质量标准;又如,消费电子领域,可通过自动化检测和智能生产线,确保产品从设计、生产到交付的每个环节都达到预定的质量目标。

其次,服务质量的提升也是新质生产力高质量特征的重要体现。新质生产力

---

① 中共中央政治局常务委员会召开会议[N].人民日报,2020-05-15.

通过技术创新和服务模式的优化，将极大地提升服务质量。例如，通过应用大数据分析和客户关系管理系统，企业可以更好了解客户需求，提供更加个性化和定制化的服务；又如，通过智能客服系统和线上服务平台，企业可以为客户提供更加便捷和高效的服务体验，从而提升客户的满意度和忠诚度。

最后，高质量发展理念的贯彻为新质生产力的高质量特征提供了制度保障。习近平同志多次强调，"我国经济发展的基本特征就是由高速增长阶段转向高质量发展阶段"①。这一理念要求企业在追求经济效益的同时，必须高度重视产品和服务的质量，通过技术和管理创新，不断提升质量水平，为实现经济的高质量发展作出贡献。

二、基本内涵是生产力要素及其优化组合的跃升

"新质生产力……以劳动者、劳动资料、劳动对象及其优化组合的跃升为基本内涵。"②结合新质生产力的创新主导和质优特征，可以将新质生产力对生产力实体要素的跃升及其组合的内涵概括为高素质劳动者、高智能劳动资料、高价值劳动对象和高效协同要素组合。

（一）高素质劳动者

劳动者是生产力的核心要素，在生产过程中起着关键作用。他们通过使用劳动资料，作用于劳动对象，创造价值并推动生产力的发展。劳动者不仅是劳动资料的使用者，更是其创新者。通过研发和创新，劳动者能够改进现有的生产工具和技术，甚至发明新的生产资料。马克思曾指出劳动是财富的源泉，也是社会进步的基础。习近平同志也强调，"人才是创新的第一资源"③，"科技是第一生产力、人才是第一资源、创新是第一动力"④。这些论述清楚地表明，劳动者素质的提升是发展新质生产力的关键所在。

新质生产力催生了新型劳动形态，同时要求传统劳动过程对科技创新等进行适应性变革，因此推动了劳动形态的多样化发展，如远程工作、自由职业、项目工作

---

① 中共中央召开党外人士座谈会征求对经济工作的意见和建议[N].人民日报，2017－12－09.
② 习近平.加快发展新质生产力 扎实推进高质量发展[N].人民日报，2024－02－02.
③ 习近平.深入实施新时代人才强国战略 加快建设世界重要人才中心和创新高地[J].求是，2021(24)：4－15.
④ 习近平.高举中国特色社会主义伟大旗帜 为全面建设社会主义现代化国家而团结奋斗[N].人民日报，2022－10－16.

制等。为了适应新型工作方式,灵活应对工作环境变化,并推动创新进程可持续,对劳动者素质提出了更高的要求。

一是学习能力更强大。新质生产力的发展要求劳动者具备强大的学习能力,能够迅速掌握新知识、新技术。劳动者必须具备较强的学习动机和学习能力,以应对快速变化的科技环境。这种学习能力不仅包括技能的更新,还要求劳动者能够灵活应对多变的工作环境,持续为提升劳动生产力贡献力量。

二是科技素养更深厚。在新质生产力的背景下,劳动者需要具备深厚的科技素养,能够熟练掌握和应用新技术,如编程、数据分析、人工智能操作等。这不仅要求劳动者掌握新技术的操作技能,还需要理解技术背后的原理和发展趋势,以便更好地应用和创新。科技素养的提高,使得劳动者能够迅速适应技术变化,将其有效融入生产过程,提升效率和质量。

三是创新精神更卓越。卓越的创新精神是新质生产力发展的核心驱动力。劳动者需具备持续创新的意识,敢于解放思想,主动求新求变,并能够将新想法付诸实践。创新精神不仅体现在产品和服务的开发上,还在流程优化和管理创新中发挥重要作用,是企业在竞争中保持领先的重要因素,进而推动生产力的持续提升。

四是自我管理更高效。随着工作方式的多样化和灵活化,劳动者需要具备更高效的自我管理能力。这包括时间管理、任务优先级设置、自我激励和压力管理等方面。同时,劳动者还需具备工匠精神,精益求精,在平凡岗位上创造不平凡的价值。只有通过有效的自我管理,劳动者才能在新质生产力环境中保持高效,确保工作质量的持续提升。

五是团队协作更紧密。虽然新质生产力的发展使劳动形态更加分散化,但这对团队协作提出了更高要求。劳动者不仅要在独立工作中表现出色,还需具备新型团队合作能力,以实现更紧密和实时的合作。良好的团队协作能力要求劳动者具备有效的沟通技巧、理解和包容多元化的能力,并能推动团队合作,以实现技术改进和生产效率的提升,进而推动新质生产力的发展。

(二)高智能劳动资料

劳动资料,也称为劳动手段,是指在生产过程中用于改变或影响劳动对象的形状、性质、位置的一切物质资料和物质条件。包括设备、工具、容器、检验手段以及厂房、生产用房屋等设施。

马克思曾指出,生产工具是衡量生产力发展水平的重要标志。生产工具的变革不仅推动了生产力的发展,也深刻影响了社会结构和经济形态。而在当今时代,劳动资料的智能化程度已经成为新质生产力的重要标志。习近平同志在多次讲话中强调，技术装备的现代化和智能化是推动高质量发展的重要途径。他指出，要通过强化产业基础和技术装备的智能化升级，推动制造业的高端化和智能化发展，以提升产业链供应链的韧性和安全性。通过智能技术的应用，劳动资料的角色已经从单纯的生产工具，转变为具备高度自主性的智能系统，在生产力提升中发挥着越来越重要的作用。

新质生产力对劳动资料的智能化提出了以下几个方面的要求：

一是更高的智能感知与决策能力。新质生产力要求劳动资料具备更高的智能感知和决策能力。通过集成人工智能、大数据和传感技术，劳动资料能够自主监测生产环境，实时分析数据，进行智能决策，并自动优化生产流程。这种智能感知与决策能力极大地提高了生产的精准性和效率，减少了人工干预，降低了生产过程中出现的误差和资源浪费。

二是更强的自适应与灵活性。智能化劳动资料能够根据生产需求的变化，快速进行自我调整和优化，具有高度的适应性和灵活性。这种自适应能力使得生产系统能够应对不同产品规格、生产批次和客户需求的变化，支持多品种、小批量的生产模式。劳动资料的智能化使得企业能够更快速地响应市场变化，提高生产线的灵活性和响应速度。

三是更高效的资源利用与环保节能。智能化劳动资料通过先进的优化算法和智能控制技术，能够显著提升资源的利用效率，并减少能源消耗和环境污染。智能化的能源管理系统可以在保障生产效率的同时，最大限度地降低能耗，实现绿色生产。智能化劳动资料不仅提高了生产效率，还推动了可持续发展目标的实现。

四是效能提升与生产过程优化更突出。劳动资料的智能化进一步推动了生产效率的提升。通过智能控制系统和自动化技术，劳动资料能够更加高效地利用资源，降低能耗，并显著提高生产速度和产品质量。这种效能提升使得生产过程更加高效和可控，尤其是在面对定制化和多样化生产需求时，智能化劳动资料能够迅速适应并优化生产流程，从而提高整个生产体系的竞争力。

在新质生产力的背景下，劳动资料的智能化升级成为提升生产力的关键。这种智能化体现在劳动资料能够借助人工智能、大数据、物联网等先进技术，实现自主感知、分析、决策和自我调节，从而支持和优化生产过程，极大地提高生产效率、产品质量及资源的利用效率。

(三)高价值劳动对象

劳动对象指生产过程中被劳动者加工和改造的物质资料,包括自然界中的原材料和经过初步加工的材料。马克思在《资本论》中指出:"劳动过程的简单要素是:有目的的活动或劳动本身,劳动对象和劳动资料。"[1]这一论述强调了劳动对象在生产过程中不可或缺的作用。随着生产力的发展,劳动对象的种类和复杂性也在不断增加,其性质和种类直接影响生产力的发展水平。

新质生产力的发展对劳动对象提出了更高的要求,不仅在传统物质形态上提升其科技含量和环保特性,还通过大数据、新能源、新材料等新型要素的融入,使劳动对象的种类和复杂性显著增加。这种高价值劳动对象不仅能提升生产效率,还能推动整个生产体系的升级与创新,从而带动经济的高质量发展。

习近平同志在多次讲话中阐明了新型劳动对象在现代生产中的重要性。他强调,大数据、新能源、新材料等新型要素的出现,标志着劳动对象的跃升,并推动了生产力的全面提升。

第一,提出大数据作为新型生产要素对推动生产力发展的重要作用。习近平同志指出:"数据作为新型生产要素,是数字化、网络化、智能化的基础,已快速融入生产、分配、流通、消费和社会服务管理等各个环节,深刻改变着生产方式、生活方式和社会治理方式。"[2]"数据作为新型生产要素,对传统生产方式变革具有重大影响。"[3]数据要素能够推动科技创新,促进产业深度转型升级,催生新产业、新模式、新动能。"要按照发展新质生产力要求……激发劳动、知识、技术、管理、资本和数据等生产要素活力。"[4]"发展数字经济意义重大,是把握新一轮科技革命和产业变革新机遇的战略选择。一是数字经济健康发展,有利于推动构建新发展格局。构建新发展格局的重要任务是增强经济发展动能、畅通经济循环。数字技术、数字经济可以推动各类资源要素快捷流动、各类市场主体加速融合,帮助市场主体重构组织模式,实现跨界发展,打破时空限制,延伸产业链条,畅通国内外经济循环。二是数字经济健康发展,有利于推动建设现代化经济体系。数据作为新型生产要素,对传统生产方式变革具有重大影响。数字经济具有高创新性、强渗透性、广覆盖性,不仅是新的经济增长点,而且是改造提升传统产业的支点,可以成为构建现代化经

---

[1] 马克思.资本论:第一卷[M].北京:人民出版社,2004:208.
[2] 习近平.加快构建数据基础制度 加强和改进行政区划工作[N].人民日报,2022-06-23.
[3] 习近平.不断做强做优做大我国数字经济[J].求是,2022(02):4-8.
[4] 习近平.加快发展新质生产力 扎实推进高质量发展[N].人民日报,2024-02-02.

济体系的重要引擎。三是数字经济健康发展,有利于推动构筑国家竞争新优势。当今时代,数字技术、数字经济是世界科技革命和产业变革的先机,是新一轮国际竞争重点领域,我们一定要抓住先机、抢占未来发展制高点。面向未来,我们要站在统筹中华民族伟大复兴战略全局和世界百年未有之大变局的高度,统筹国内国际两个大局、发展安全两件大事,充分发挥海量数据和丰富应用场景优势,促进数字技术和实体经济深度融合,赋能传统产业转型升级,催生新产业新业态新模式,不断做强做优做大我国数字经济。"[①]

数据要素通过与其他生产要素融合,可以有效提升全要素生产率,优化资源配置,降低交易成本。同时数据的非排他和可再生产性使其能在多个领域重复利用,产生乘数效应。因此,大数据生产要素本身就是一种新型劳动对象。数据的收集、处理和分析是现代生产过程中不可或缺的一部分。数据通过各种技术手段被加工和利用,创造新的价值。大数据生产要素还可以帮助优化传统劳动对象。例如,通过数据分析,可以提高资源利用效率,减少浪费,提高生产效率。

第二,重视新能源发展。习近平同志指出,发展新能源是推动能源革命的重要内容,是实现碳达峰、碳中和目标的关键举措。他强调要加快构建清洁低碳、安全高效的能源体系,大力发展风能、太阳能、生物质能、地热能等新能源。新能源也是一种新型劳动对象。新能源利用既可以减少对传统能源的依赖,也可以通过清洁能源的使用推动生产方式绿色转型,提升生产效率,促进经济可持续发展。

第三,强调新材料研发。新材料是一种创新劳动对象,高性能合金、纳米材料等是现代工业中的重要原材料。习近平同志强调,新材料是高新技术产业的基础和先导,是推动产业结构升级和技术进步的重要支撑。新材料是现代工业中的重要劳动对象。这些新材料的研发和应用,不仅提升了产品性能和质量,还推动了技术进步和产业升级,满足了现代社会对高性能产品的需求。习近平同志指出,要加大新材料研发力度,推动新材料产业化应用,提升新材料在国民经济中的比重。

与新质生产力相适应的劳动对象具有更高的价值含量,这些劳动对象中蕴含了更多人类复杂劳动并积累了更多知识型劳动。除此之外,劳动对象价值的进一步提升,还体现在其推动产业升级和经济结构优化中的重要作用。因此,这些高价值的劳动对象不仅能提升生产效率,还能在价值分配中占据更有利的地位。

一是劳动对象的创新性和未来性。新质生产力要求劳动对象具备高度的创新

[①] 习近平.不断做强做优做大我国数字经济[J].求是,2022(02):4-8.

性和前瞻性。通过大数据、新能源、新材料等新型要素的融入，劳动对象不再仅仅是简单的物质资料，而是通过创新性应用推动生产方式和产业结构的深刻变革。例如，大数据作为劳动对象，能够通过数据分析和智能化应用，促进生产过程的优化和产业的深度升级。这种创新性和前瞻性的劳动对象蕴含了更复杂的劳动和更高的知识含量，从而在价值体系中具有更高的地位。

二是劳动对象的高价值转移性。新型劳动对象的采用节约了社会必要劳动时间，从而在部门内部竞争中获得更多的超额剩余价值。通过产业创新，新质生产力下的劳动对象在部门间竞争中还能转移更多的超额剩余价值，从而在价值分配中占据有利地位。例如，新能源和新材料的应用不仅提升了产品性能，还通过创造高附加值的产品，显著增加了其市场竞争力和资本化预期。

三是多样化与复杂化要求。新质生产力的发展使劳动对象的种类和形态变得更加多样化和复杂化。劳动对象不再局限于传统的原材料，还包括了数字资源、生物基因、虚拟空间等新型要素。这些多样化和复杂化的劳动对象代表了更高层次的分工和更复杂的劳动过程，使其在生产过程中能够更有效地节约社会必要劳动时间，并在市场竞争中获得更高的溢价。通过满足多样化的市场需求，这些复杂劳动对象不仅为生产力的发展提供了新的动力，还在全球价值链中占据了更重要的位置。

总体而言，劳动对象的高价值在新质生产力背景下得到了充分体现。这种价值的提升不仅来源于更高的科技含量和复杂劳动的积累，还通过推动产业升级、节约社会必要劳动时间，以及在部门间和部门内部竞争中获得更多超额剩余价值，进一步巩固了其在价值分配中的优势地位。通过这种高价值劳动对象的应用，新质生产力实现了生产力更为高效的提升，并推动了经济的高质量发展和社会的深刻变革。

（四）高效协同要素组合

根据马克思的生产力理论，生产力不仅包括劳动者、劳动对象、劳动资料三大实体性要素，还包括科技、管理、教育三大渗透性要素。各类渗透性要素和实体性要素的优化组合，被视为推动生产力发展的关键。前文论述的"高素质的劳动者、高智能的劳动资料和高价值的劳动对象"，本身已经部分体现了渗透性要素与实体性要素的优化组合。此外，渗透性要素的优化不仅是提升生产力的关键，还在更高效的协同中发挥着核心作用。

技术要素的优化是生产要素组合中最具活力的部分。新技术应用于生产，不仅能驱动生产效率的提升和产品质量的改善,还能通过与其他要素的协同,开创全新的商业模式和市场机会。管理要素的优化则是生产要素组合中最具协调功能的部分。通过科学的管理方法和先进的管理理念,管理要素能够有效协调各要素之间的关系,促进技术与劳动、资源等要素的高效协同,实现生产要素的优化配置和有序运作。教育要素的优化则为这一高效协同提供了坚实的基础支撑。通过系统的教育和培训,教育要素不仅能够直接提升劳动要素的质量,还能通过与技术和管理的紧密结合,为技术创新和管理提升提供必要的人力资本支撑,从而促进生产力的长期可持续发展。

在此基础上,新质生产力的进一步发展要求更深入的要素协同,特别是在以下几个方面:

一是技术与数据的深度融合。新质生产力发展的一个重要因素是技术进步与数据的深度融合。通过大数据、人工智能和物联网等技术的引入,生产过程实现了数字化管理与优化。例如,在智能制造中,物联网技术实现了设备间的互联,大数据分析则优化了生产流程,大幅提升了生产效率和产品质量。这种技术与数据的融合不仅提高了生产力,还开创了新的商业模式,注入了产业发展的新动力。

二是管理与信息化的创新融合。现代管理模式与信息技术的结合,使得企业运营更加高效、透明。通过企业资源计划(ERP)系统和供应链管理系统的引入,企业可以对生产、销售和财务环节进行全方位管理,提升决策的科学性与效率。例如,大型制造企业通过 ERP 系统实现了全球供应链的实时管理与协调,大大提升了生产和物流效率。管理与信息化的创新融合,为生产要素的高效配置提供了有力保障,推动了整体生产力的提升。

三是资源与环保的协调融合。现代生产日益强调资源的高效利用和环境保护。新质生产力通过引入清洁能源和环保技术,实现了资源的可持续利用。例如,新能源企业开发的太阳能、风能等清洁能源,不仅减少了对化石能源的依赖,还实现了环保与经济效益的双赢。资源与环保的协调发展,既符合可持续发展的理念,也推动了生产力的绿色转型。

四是未来生产要素的新组合。随着科技的进步和经济结构的演变,未来生产要素的组合将会更加多样化。例如,人工智能与人类智慧的深度协同,使人工智能不再仅仅是辅助工具,而是成为人类的智能伙伴,助力更高效的决策和创新解决方案。此外,生物技术与信息技术的融合、量子计算与传统计算的结合、社会资本与创新文化的融合,以及分布式能源与智能电网的结合,都将为新质生产力的发展提供强大的推动力。展望未来，这些新型组合有望推动生产力迈向新的高峰。

生产要素的优化组合是新质生产力发展的重要动力。通过科技、管理、教育等多方面要素的整合与创新，生产要素的协同效应被最大化利用，推动了生产力的全面提升。

三、核心标志是全要素生产率的大幅提升

新质生产力的"质优"以全要素生产率（Total Factor Productivity，TFP）的大幅提升为核心标志。全要素生产率代表了在某个时点经济体利用全部生产要素推进经济发展的能力和水平。全要素生产率包含了技术进步、制度优化、管理改进、教育和技能改进、规模经济等，在实践中被划分为技术进步率和技术效率两大部分。聚焦到科技创新，全要素生产率也可以理解为有效利用全部科技知识推进经济发展的能力和水平，本质是科技知识的生产能力与转化为经济价值的能力。[1] 习近平同志指出，古往今来，很多技术都是"双刃剑"。[2] 科技创新在带来巨大发展潜力的同时，也可能产生不利于生产力进步的负面影响，例如失业、资源错配、技术垄断等。同样的，组织创新、管理创新甚至协同创新也具有类似的双重作用。因此，衡量新质生产力是否真正实现，必须以全要素生产率的大幅提升为核心标志。这是因为全要素生产率能够综合反映技术、管理和制度创新对经济效率的正向贡献与综合影响，揭示出这些创新举措是否真正推动了生产力的质变和增长。

首先，全要素生产率的提升代表了技术创新在推动经济增长中的核心地位。

新质生产力的背景下，技术不再是单纯的生产工具，而是全面嵌入生产过程的各个环节之中，成为决定生产力质的提升的关键力量。科技创新可以通过提高生产的自动化水平、优化流程、减少资源消耗来显著提升生产效率。然而，科技创新也可能导致某些行业的低技能岗位被淘汰，进而引发失业问题。因此，仅依靠科技创新本身不足以衡量新质生产力的提升，必须通过全要素生产率来评估科技创新的真实效果，即创新是否带来了整体生产效率的提高，而不仅仅是局部的改进或负面影响。

其次，全要素生产率的提高意味着新质生产力中的生产要素得到了优化配置

---

[1] 杨洋.科学理解和运用全要素生产率促进新质生产力发展[J].科技中国，2024(08)：3.
[2] 习近平.在网络安全和信息化工作座谈会上的讲话[N].人民日报，2016-04-26.

和高效利用。组织创新是推动生产力发展的另一个重要因素。通过创新企业的组织结构，例如推动企业扁平化、采用网络化管理模式、改进供应链协作等，企业可以提高内部协调效率和决策速度，这有助于提高整体生产效率。但是，组织创新也可能因为管理架构调整不当或协作机制不完善，导致效率下降或内耗增加。因此，衡量组织创新的有效性，也需要通过全要素生产率的变化来体现。如果全要素生产率提高了，则表明组织创新在提升资源利用效率和整体产出上取得了成效。管理创新方面，通过改进管理模式，如精益管理、敏捷管理、信息化管理系统的引入等，企业可以减少浪费、优化生产流程、实现资源的最优配置，从而提高生产效率。然而，管理创新如果实施不当，可能引发组织混乱或增加管理成本，甚至影响员工的工作积极性。因此，管理创新的有效性也应以全要素生产率的提升为标志，这能够综合反映管理创新对资源配置效率和整体生产力的积极作用。

最后，全要素生产率的提升还是衡量生产系统整体协同效应的核心指标。习近平同志多次强调要"提升国家创新体系效能"。因为协同创新是新质生产力发展的关键手段，通过政府、企业、高校等多方的协同合作，形成技术、资源和人才的合力，推动系统性创新。在协同创新中，各主体间的有效合作与知识共享，可以形成强大的协同效应，显著提升全要素生产率。然而，协同创新也面临信息不对称、合作成本高、利益分配不均等挑战，可能导致资源的浪费和创新失败。因此，衡量协同创新是否真正带来效益，仍需要观察全要素生产率是否得到了显著提升，以此证明多主体协作的投入产生了高效的产出增益。

总之，科技创新、组织创新、管理创新和协同创新等各类创新都可能带来生产力的提升，但也伴随着潜在的负面影响。因此，以全要素生产率的大幅提升为核心标志，是体现新质生产力"质优"的有效标准。全要素生产率能够全面反映各种创新举措对生产效率和资源利用的综合影响，揭示这些创新是否推动了经济增长方式从依赖要素投入到依赖效率与创新驱动的转变，从而实现生产力的质变和经济的可持续发展。

第三节　新质生产力的本质是先进生产力

"新质生产力本质是先进生产力。"[①]在马克思的生产力理论中,生产力是社会发展的根本动力,生产工具、科学技术和劳动者素质的不断提升,衡量了生产力的现代化水平。新质生产力本质上体现了生产工具的智能化、科学技术的创新应用和劳动者素质的全面提升,符合马克思对先进生产力的论述。邓小平同志指出,"科学技术是第一生产力"[②],表明科技进步在推动生产力发展中的核心地位。新质生产力强调技术创新和转变经济增长方式,以科技为基础来推动经济高质量发展。习近平同志指出,新质生产力"摆脱传统经济增长方式、生产力发展路径","符合新发展理念","是高质量发展的内在要求和重要着力点"[③],进一步解释了新质生产力作为先进生产力的本质。

一、新质生产力发展将摆脱传统经济增长方式与生产力发展路径

高度重视生产力的发展,将其视为建设社会主义的根本任务,是中国共产党人的一贯传统。由于中国是在"一穷二白"、生产力落后的基础上建设社会主义的,在中华人民共和国成立初期为尽快发展生产力,实施了"赶超"的发展战略,主要依靠投资扩张、资源消耗和廉价劳动力的大量投入,推动外延式扩大再生产。这一传统发展模式虽然推动了初期经济增长,但也带来了资源高强度消耗、环境污染和经济结构失衡等问题。

中华人民共和国成立初期,毛泽东同志提出,"社会主义革命的目的是为了解放生产力"[④]。他强调,通过土地改革和工业化,解放和发展生产力是社会主义建设的核心任务。党的八大提出了"全面发展生产力"的目标,强调要通过技术进步和经济改革,推动生产力的全面提升。在此阶段,中国实施了以发展重工业为主导的计划经济模式,通过大规模基础设施建设和重工业发展,建立了较为完整的工业体

---

① 习近平.加快发展新质生产力 扎实推进高质量发展[N].人民日报,2024-02-02.
② 邓小平.邓小平文选:第二卷[M].北京:人民出版社,1994:86.
③ 习近平.发展新质生产力是推动高质量发展的内在要求和重要着力点[J].求是,2024(11):4-8.
④ 毛泽东.毛泽东文集:第七卷[M].北京:人民出版社,1999:1.

系,奠定了工业化和社会主义建设的基础。但是在生产力发展路径上,过度集中于重工业,忽视了轻工业和农业的发展,导致经济结构失衡、资源配置效率不高,人民生活水平提升相对缓慢。

邓小平同志在改革开放初期,提出"社会主义的任务很多,但根本一条就是发展生产力"[1],从而开启了市场化改革和对外开放,极大地解放了生产力。通过引入市场机制和吸引外资,中国的经济增长速度大幅提升,人民生活水平显著提高。然而,虽然这一阶段奠定了中国市场经济的基本框架,生产力大幅提升,但经济增长仍主要依赖廉价劳动力投入和资源消耗,环境污染问题较为严重,城乡差距扩大,经济发展不平衡。

到了20世纪90年代和21世纪初期,江泽民同志强调,发展是硬道理,必须坚持以经济建设为中心,不断解放和发展生产力。他提出"三个代表"重要思想,其中之一就是代表先进社会生产力的发展要求。胡锦涛同志关注到了资源环境问题对生产力发展可持续性的约束作用,提出科学发展观,强调以人为本,全面协调可持续发展,进一步推动生产力的发展和社会的全面进步。这一阶段,中国以加入WTO为契机,进一步深化市场化改革,推动产业升级。中国成为全球制造业大国,经济总量迅速增长,科技创新能力逐步提升。但经济增长模式依然较为粗放,资源和环境压力加大,部分产业产能过剩,经济结构调整压力大。

生产力的不断进步使得传统经济增长方式的弊端不断凸显。一是资源枯竭与环境破坏成为生产力发展的主要障碍。过度开发和利用自然资源严重破坏了生态系统,削弱了生产力发展所需的自然基础,造成了长期的生态环境压力。二是依赖廉价劳动力的产业结构难以为继。随着劳动力成本的上升和人口红利的逐渐消失,依赖廉价劳动力的模式不再具有竞争优势。这种模式导致产业低附加值和低效率的困境,限制了经济的可持续发展。三是全球经济结构的深刻变化进一步加大了对技术创新和价值链升级的需求。随着全球竞争加剧,技术创新成为推动产业升级的核心驱动力,传统的经济模式无法应对日益复杂的全球竞争格局,必须通过技术进步和产业升级来提升竞争力和适应全球化的要求。

随着中国特色社会主义进入新时代,习近平同志提出新发展理念和高质量发展目标,强调经济增长必须从过去的速度优先转向质量和效益并重,使科技创新成为经济增长的核心动力,绿色发展理念成为新时期发展的重要导向。在此背景下,

---

[1] 邓小平.邓小平文选:第三卷[M].北京:人民出版社,1993:137.

习近平同志提出发展新质生产力战略,明确提出要"摆脱传统经济增长方式、生产力发展路径",通过科技创新和绿色发展实现经济的可持续发展。这是中国经济从高速增长阶段迈向高质量发展阶段的必然选择。

新质生产力通过科技创新、绿色发展和产业升级,将构建起可持续的经济增长模式。例如,发展清洁能源和高科技产业,减少对化石能源的依赖,推动经济结构的优化和升级。这一转变不仅可以缓解资源压力,还能减少环境污染,实现经济与生态的协调发展。具体来看,新质生产力在"摆脱传统经济增长方式、生产力发展路径"上起到的作用,主要体现在与新发展理念的高度契合和高质量发展的内在要求统一上。

二、新质生产力是符合新发展理念的生产力

2015年10月29日,习近平同志在党的十八届五中全会上提出了创新、协调、绿色、开放、共享的新发展理念。① 新发展理念是中国在全球经济低迷、保护主义抬头及国内经济进入新常态的背景下提出的,旨在解决发展不平衡不充分的问题,推动经济社会的全面进步。2021年1月11日,习近平同志在省部级主要领导干部贯彻党的十九届五中全会专题研讨班上强调,必须全面贯彻新发展理念。他指出,"党的十八大以来我们对经济社会发展提出了许多重大理论和理念,其中新发展理念是最重要、最主要的。新发展理念是一个系统的理论体系,回答了关于发展的目的、动力、方式、路径等一系列理论和实践问题,阐明了我们党关于发展的政治立场、价值导向、发展模式、发展道路等重大政治问题。全党必须完整、准确、全面贯彻新发展理念"②。

新质生产力作为推动高质量发展的关键引擎,充分体现了创新、协调、绿色、开放、共享的新发展理念。通过科技创新驱动生产力提升,强调产业结构的协调优化,推动可持续的绿色发展,实现资源的共享与高效利用,同时在全球化背景下促进经济的开放与融合,展现了新时代经济发展的全新方向。

第一,新质生产力契合了创新发展理念。"创新发展注重的是解决发展动力问题。"③习近平同志多次强调,创新是引领发展的第一动力,是建设现代化经济体系

---

① 中共十八届五中全会在京举行[N]. 人民日报,2015—10—30.
② 习近平. 把握新发展阶段,贯彻新发展理念,构建新发展格局[J]. 求是,2021(09):4—18.
③ 习近平. 在党的十八届五中全会第二次全体会议上的讲话[N]. 人民日报,2016—01—01.

的战略支撑。"创新是引领发展的第一动力,抓创新就是抓发展,谋创新就是谋未来。"①未来的经济增长必须依赖于技术创新和知识经济,而非传统的资源依赖型模式。新质生产力的显著特点是创新,既包括技术和业态模式层面的创新,也包括管理和制度层面的创新。其中,科技创新是新质生产力的核心要素,推动产业创新特别是以颠覆性技术和前沿技术催生新产业、新模式、新动能,是发展新质生产力的关键。技术创新驱动的科技密集型经济将替代资源密集型模式。强调通过技术进步、研发创新和知识积累,来提高生产效率和产品附加值,并且为企业提供更多创新空间和市场机会。智能化、自动化的管理创新转型是新质生产力摆脱传统模式的重要路径。新质生产力通过管理创新,引入精益生产、智能制造和供应链优化等现代管理理念,使得生产效率和资源利用效率大幅提升。智能制造不仅是新质生产力的重要组成部分,更是推动传统产业升级的重要手段。通过自动化技术的应用,企业可以减少对劳动力的依赖,提高生产的精确性和一致性,降低成本并提高产品质量。这种从劳动密集型向技术密集型、智能化的转型,正是新质生产力摆脱传统模式的关键所在。

第二,新质生产力体现了协调发展理念。"协调发展注重的是解决发展不平衡问题。"②"必须牢牢把握社会主义事业总体布局,正确处理发展中的重大关系,不断增强发展整体性。"③在发展新质生产力时,习近平同志强调,要充分考虑各地区的资源禀赋、产业基础和科研条件,因地制宜地推动新产业、新模式、新动能的发展。这表明,新质生产力的发展需要各行业和区域的协调推进,形成完整、先进、安全的产业体系。习近平同志还指出:"要以科技创新推动产业创新,特别是以颠覆性技术和前沿技术催生新产业、新模式、新动能,发展新质生产力。"④这进一步强调了协调发展理念在新质生产力发展中的重要性,确保各类生产要素的合理配置和共享。

第三,新质生产力融合了绿色发展理念。"绿色发展注重的是解决人与自然和谐问题。"⑤"绿色循环低碳发展,是当今时代科技革命和产业变革的方向,是最有前途的发展领域。我国在这方面的潜力相当大,可以形成很多新的经济增长点。"⑥新

---

① 习近平.在全国科技大会、国家科学技术奖励大会、两院院士大会上的讲话[N].人民日报,2024—06—25.
② 习近平.在党的十八届五中全会第二次全体会议上的讲话[N].人民日报,2016—01—01.
③ 习近平.习近平谈治国理政:第二卷[M].北京:外文出版社,2017:198.
④ 洪银兴.发展新质生产力,建设现代化产业体系[J].当代经济研究,2024(02):7—9.
⑤ 习近平.习近平谈治国理政:第二卷[M].北京:外文出版社,2017:198.
⑥ 习近平.习近平谈治国理政:第二卷[M].北京:外文出版社,2017:198.

质生产力通过绿色发展实现可持续经济增长。习近平同志指出:"绿色发展是高质量发展的底色,新质生产力本身就是绿色生产力。"①他强调,要加快绿色科技创新和先进绿色技术推广应用,构建绿色低碳循环经济体系。这说明,新质生产力的发展必须以绿色发展为基础,推动经济社会的全面绿色转型。习近平同志还提到:"保护生态环境就是保护生产力,改善生态环境就是发展生产力。"②这进一步强调了绿色发展理念在新质生产力发展中的重要性,要求在发展生产力的同时,注重生态环境保护,实现人与自然和谐共生。

第四,新质生产力促进了开放发展理念。"开放发展注重的是解决发展内外联动问题。"③"现在的问题不是要不要对外开放,而是如何提高对外开放的质量和发展的内外联动性。"④为此,必须坚持对外开放的基本国策,发展更高层次的开放型经济。在开放发展的过程中,积极参与推动全球经济治理体系改革完善,体现我国大国的国际责任和义务。在发展新质生产力的语境下,习近平同志指出:"要扩大高水平对外开放,为发展新质生产力营造良好国际环境。"⑤这表明,新质生产力的发展需要通过高水平的对外开放来吸引全球先进技术和资源,推动国内产业的升级和创新。习近平同志还强调:"发展新质生产力,必须进一步全面深化改革,形成与之相适应的新型生产关系。"⑥这包括深化经济体制、科技体制等改革,建立高标准市场体系,创新生产要素配置方式,让各类先进优质生产要素向发展新质生产力顺畅流动。习近平同志还提到,要积极参与全球科技治理,推动构建开放、包容、普惠、平衡、共赢的全球科技治理体系。这说明,新质生产力的发展需要在国际合作与竞争中不断提升,通过开放合作实现共赢。

第五,新质生产力承载了共享发展理念。"共享发展注重的是社会公平正义问题。"⑦"让广大人民群众共享改革发展成果,是社会主义的本质要求,是社会主义制度优越性的集中体现。"⑧"为人民谋幸福、为民族谋复兴,这既是我们党领导现代化

---

① 习近平. 加快发展新质生产力 扎实推进高质量发展[N]. 人民日报,2024-02-02.
② 习近平. 加快国际旅游岛建设 谱写美丽中国海南篇[N]. 人民日报,2013-04-11.
③ 习近平. 习近平谈治国理政:第二卷[M]. 北京:外文出版社,2017:199.
④ 习近平. 习近平谈治国理政:第二卷[M]. 北京:外文出版社,2017:199.
⑤ 习近平. 加快发展新质生产力 扎实推进高质量发展[N]. 人民日报,2024-02-02.
⑥ 习近平. 加快发展新质生产力 扎实推进高质量发展[N]. 人民日报,2024-02-02.
⑦ 习近平. 习近平谈治国理政:第二卷[M]. 北京:外文出版社,2017:199.
⑧ 习近平. 习近平谈治国理政:第二卷[M]. 北京:外文出版社,2017:200.

建设的出发点和落脚点,也是新发展理念的'根'和'魂'。"①共享发展是实现共同富裕的基本路径,是中国特色社会主义的本质要求。习近平同志指出:"要健全要素参与收入分配机制,激发劳动、知识、技术、管理、资本和数据等生产要素活力,更好体现知识、技术、人才的市场价值,营造鼓励创新、宽容失败的良好氛围。"②这表明,新质生产力的发展需要共享发展理念的支持,确保各类生产要素的合理配置和共享。习近平同志还强调,"让现代化建设成果更多更公平惠及全体人民,坚决防止两极分化",且要"把发展成果不断转化为生活品质,不断增强人民群众的获得感、幸福感、安全感"③。这说明,新质生产力的发展目标是为了实现全社会的共同富裕,体现了共享发展的理念。

习近平同志的论述清晰地表明,新质生产力的发展目标与新发展理念是高度契合的。通过推动新质生产力的发展,中国经济将实现高质量、可持续的增长,为实现中华民族伟大复兴的中国梦提供坚实的物质基础。

三、新质生产力是推动高质量发展的内在要求和重要着力点

为适应国际国内变化新要求,2017年10月18日,习近平同志在党的十九大报告中首次提出:"我国经济已由高速增长阶段转向高质量发展阶段,正处在转变发展方式、优化经济结构、转换增长动力的攻关期,建设现代化经济体系是跨越关口的迫切要求和我国发展的战略目标。"④"必须坚持质量第一,效益优先,以供给侧结构性改革为主线,推动经济发展质量变革、效率变革、动力变革,提高全要素生产率,着力加快建设实体经济、科技创新、现代金融、人力资源协同发展的产业体系,着力构建市场机制有效、微观主体有活力、宏观调控有度的经济体制,不断增强我国经济创新力和竞争力。"⑤"高质量发展,就是能够很好满足人民日益增长的美好生活需要的发展,是体现新发展理念的发展,是创新成为第一动力、协调成为内生特点、绿色成为普遍形态、开放成为必由之路、共享成为根本目的的发展。"⑥可见,

---

① 习近平.深入学习坚决贯彻党的十九届五中全会精神 确保全面建设社会主义现代化国家开好局[N].人民日报,2021-01-12.
② 习近平.发展新质生产力是推动高质量发展的内在要求和重要着力点[J].求是,2024(11):4-8.
③ 习近平.开创我国高质量发展新局面[J].求是,2024(12):4-15.
④ 习近平.决胜全面建成小康社会 夺取新时代中国特色社会主义伟大胜利[N].人民日报,2017-10-18.
⑤ 习近平.决胜全面建成小康社会 夺取新时代中国特色社会主义伟大胜利[N].人民日报,2017-10-18.
⑥ 习近平.开创我国高质量发展新局面[J].求是,2024(12):4-15.

高质量发展要求经济效益、社会效益和生态效益的全面提升。习近平同志在参加十四届全国人大一次会议江苏代表团审议时强调,必须坚定不移深化改革开放、深入转变发展方式,以效率变革、动力变革促进质量变革,加快形成可持续的高质量发展体制机制。

高质量发展的实现,离不开新质生产力的推动和支撑。发展新质生产力,不仅是高质量发展的内在要求,更是其重要着力点。高质量发展本身是新发展理念的具体体现。前文已经论述了新质生产力与新发展理念的内在协调关系,在此进一步探讨发展新质生产力对高质量发展内在要求的具体体现和实现作用。

(一)新质生产力推动产业升级是高质量发展的关键路径

新质生产力通过技术创新、管理创新和市场导向,为传统产业的转型升级提供了强大的动力,显著提升了生产效率和产品质量,使企业能够更好地优化资源配置、减少浪费、降低成本,并灵活响应市场需求,从而在市场竞争中占据优势地位。

首先,新质生产力的技术创新为产业升级提供了坚实基础。新技术的引入和应用,例如大数据、人工智能和物联网等前沿技术,极大地提升了生产过程的自动化和智能化水平。企业通过采用这些新技术,不仅能够大幅提高生产效率和产品质量,还能更好地应对市场变化,开发出更具竞争力的产品。

其次,管理创新是推动产业升级的重要手段。新质生产力通过引入现代管理方法,如精益生产、敏捷管理和全面质量管理,帮助企业优化生产流程,减少浪费,提高资源利用效率。这些管理创新不仅提升了企业的生产效率和产品质量,还降低了运营成本,使企业在激烈的市场竞争中保持优势。

此外,市场导向是产业升级的关键因素。新质生产力通过精准分析市场需求和消费者偏好,为企业提供了更为科学的市场决策依据。企业能够根据市场需求,快速调整产品结构和生产策略,推出满足市场需求的高附加值产品。例如,智能制造技术的应用,使企业能够根据消费者的个性化需求,提供定制化产品和服务,从而提升市场竞争力和客户满意度。

(二)新质生产力推动发展方式转变体现了高质量发展的内在要求

发展方式的转变是高质量发展的核心内容之一。新质生产力通过推动效率变革、动力变革和质量变革,实现了经济发展方式从数量型向质量型的转变。

首先,新质生产力通过效率变革推动质量变革。效率变革是通过提升生产效率和资源利用效率来推动质量变革的关键手段。新质生产力通过引入自动化和智能化技术,减少了生产过程中的人工干预,生产速度加快,精度提高,从而大幅度提升生产效率。例如,智能制造技术可以实现生产线的全自动化,减少了人为操作的误差,提升了产品的一致性和质量。同时,通过精益生产等管理方法,企业可以识别并消除生产过程中的浪费和瓶颈,优化资源配置,提高生产效率和产品质量。通过新质生产力的发展,企业能够在生产过程中减少能源和资源的消耗,降低成本,同时减少污染物的排放,有利于实现可持续发展。例如,绿色制造技术的应用可以提高资源利用率,减少生产过程中的能源浪费。此外,通过新材料和新工艺的应用,企业可以提高材料的利用率,减少废料的产生,提升产品的质量和性能。

其次,新质生产力通过动力变革推动质量变革。动力变革是通过创新驱动和产业融合来推动质量变革的重要途径,其核心在于技术创新。通过不断的技术研发和应用,企业可以开发出具有高附加值和高竞争力的产品,提升产品质量。例如,人工智能、物联网等前沿技术的应用,可以大幅提升产品的智能化水平和用户体验,增强产品的市场竞争力。同时,企业通过增加研发投入,推动技术创新和产品研发,提升产品的技术含量和质量水平。动力变革还包括不同产业之间的跨界融合,例如信息技术与制造业的融合、生物技术与医药产业的融合,这种跨界融合可以形成新的产业形态,提升产品的附加值和质量。此外,动力变革推动了产业生态系统的构建,通过建立完善的产业链和创新生态系统,企业可以更好地整合资源,提升产品研发和生产的协同效率,进而提升产品质量。

再次,新质生产力发展将实现效率变革和动力变革的有效融合。效率变革和动力变革之间存在紧密的逻辑联系,二者相互作用,共同推动质量变革和高质量发展。动力变革中的技术创新为效率变革提供了强大的推动力,例如,人工智能、物联网、区块链等前沿技术的应用显著提升了生产过程的自动化和智能化水平,提高了生产效率,并减少了人为操作的误差,提升了产品的一致性和质量。同时,动力变革也涉及管理创新,如精益管理、六西格玛等现代管理方法,帮助企业优化资源配置、减少浪费、提升运营效率。反过来,效率变革带来的高效资源配置,使企业能够将更多的资源和精力投入技术研发和创新中。生产效率的提升节约了成本和时间,使得企业有更多的资金和人力资源进行技术创新,推动动力变革。通过优化生产流程和资源配置,企业能够减少不必要的开支,将节省下来的资金用于研发新技术和新产品。此外,效率变革提升了生产效率,使得企业能够更快速地响应市场需求和产业变化,从而促进产业融合。

综上所述,新质生产力通过推动效率变革、动力变革和质量变革,全面提升了生产效率、资源利用效率、技术创新和产业融合,推动了高质量发展的实现。

(三)发展新质生产力将实现高质量发展要求的多重综合效益

首先,发展新质生产力将带来显著的经济效益。通过提升生产力和竞争力,企业能够实现经济增长和利润的增加。新质生产力通过科技创新和管理创新,显著提升了企业的生产力和整体效益。例如,通过智能制造技术的应用,企业能够在生产过程中实现自动化和信息化,提升生产效率和产品质量,从而增加企业利润。此外,新质生产力还提升了企业的竞争力。通过引入先进的科技创新和管理模式,企业能够推出具有高附加值和高竞争力的产品,提升市场竞争力和企业品牌的市场影响力。

其次,发展新质生产力将带来显著的社会效益。通过提升人民生活质量、增加就业机会和促进社会和谐发展,新质生产力为社会发展做出了重要贡献。例如,通过信息技术和智能制造技术的应用,企业能够生产出更加优质和个性化的产品,提升人民的生活质量。同时,新质生产力的发展带来了大量的就业机会,通过新兴产业的发展,企业能够提供大量的新型就业岗位,提升人民的生活质量。此外,新质生产力的发展还促进了社会的和谐发展,通过企业的社会责任实践,企业在经济发展中注重社会效益,推动社会和谐发展。

最后,发展新质生产力还将带来显著的生态效益。通过绿色发展和环保措施,新质生产力为生态环境的保护和可持续发展做出了重要贡献。新质生产力通过科技创新和管理创新,推动了绿色发展,例如通过引入先进的环保技术和绿色制造技术,企业能够在生产过程中减少污染,提升资源利用效率。同时,企业注重生态环境的保护,通过环保技术和绿色制造技术的应用,减少污染物的排放,保护生态环境,实现可持续发展。

综上所述,新质生产力作为推动高质量发展的内在要求和重要着力点,通过技术创新、管理创新和市场导向,实现了产业升级和发展方式的转变,带来了多重综合效益。通过效率变革、动力变革和质量变革,新质生产力不仅提升了生产效率和资源利用效率,还推动了技术创新和产业融合,促进了经济效益、社会效益和生态效益的全面提升。高质量发展的实现离不开新质生产力的强力支撑,为建设现代化经济体系提供了坚实保障。

第四章

因地制宜是发展新质生产力的重要遵循

"因地制宜发展新质生产力"是习近平同志在参加十四届全国人大二次会议江苏代表团审议时做出的重要论述。他强调，发展新质生产力要防止"一哄而上"和泡沫化，不能搞一种模式。"各地要坚持从实际出发，先立后破、因地制宜、分类指导，根据本地的资源禀赋、产业基础、科研条件等，有选择地推动新产业、新模式、新动能发展。"[1]这一重要论述明确了各地在推进新质生产力变革中的基本遵循，并且指明了工作方法。

"因地制宜"是加快形成和发展新质生产力的重要工作方法。《辞海》中对"因地制宜"的解释是：根据不同地区的具体情况采取适宜的措施，即能针对当地的实际，定出变通办法而不拘泥。此外，根据唯物史观，因地制宜还应包括"因事制宜"的理念，即根据不同事物的具体情况采取灵活适宜的措施。

从理论层面来看，"因地制宜"不仅是具体操作的工作方法，更是马克思主义唯物辩证法的生动体现。在经济工作中，习近平同志将"因地制宜"这一唯物辩证法应用于具体的经济实践中，彰显了其对生产力发展规律的深刻把握和对唯物史观的创造性运用。这种方法论的灵活性和实效性，为新质生产力的发展提供了强有力的指导，确保各地在推进高质量发展中能够根据自身条件充分发挥优势，精准施策，稳步前行。

---

[1] 习近平.因地制宜发展新质生产力[N].人民日报，2024—03—06.

第一节　因地制宜原则是唯物辩证法的具体体现

马克思主义唯物辩证法是理解和解释世界的本质及其发展规律的科学方法。其基本内容包括：(1)事物的普遍联系性，强调任何事物都不是孤立存在的，事物和现象之间存在普遍关联；(2)以矛盾分析法为核心工具，强调矛盾的对立统一性、普遍性与特殊性、主要矛盾和次要矛盾等；(3)事物的动态变化规律，包括质变与量变的关系、否定之否定规律和新生事物的不可战胜性；(4)以理论与实践的关系为重要原则，强调理论必须来源于实践，并通过实践来检验和发展，确保行动与现实紧密结合，从而有效推动社会的发展与进步。因地制宜原则正是唯物辩证法基本内容的具体体现。

一、因地制宜原则体现了实事求是的基本理念

因地制宜原则作为实事求是理念的具体体现，是推动政策制定与实施的重要方法。它要求根据各地实际情况进行灵活调整，从而确保政策的科学性和有效性。

一是要求基于实际情况制定政策。实事求是强调根据客观实际情况进行决策和行动，而非依赖主观臆测或教条主义。因地制宜正是这一原则的具体体现，它要求根据各地的资源条件、地理区位、经济发展阶段和历史文化传承等现实情况制定和实施政策。通过多方全面的调查和分析，深入了解各地现实、问题与发展需求，因地制宜能够制定出具有现实和问题针对性、可行性强的措施，从而确保政策有效。

二是要求灵活应对变化。实事求是的理念还强调对变化的现实环境做出灵活应对。因地制宜要求政策制定者在面对不同的环境和条件时，不拘泥于固定的模式或理论，而是根据实际情况进行灵活调整。这种灵活性保证了政策能够适应不断变化的现实，体现了对实际情况的尊重和科学分析。

三是以实践检验真理。实事求是要求通过实践来检验政策和理论的正确性，因地制宜在实施过程中，正是通过实际操作和反馈来检验和修正政策的。各地在执行因地制宜的策略时，通过具体实践来验证措施的效果，并根据实际效果进行调整和优化，从而确保政策的科学性和现实性。

四是避免一刀切。实事求是反对机械地、一刀切地应用政策,因为不同地区有着不同的实际情况。因地制宜正是根据这些差异来制定政策,避免了将同一种政策强加于所有地区的弊端。通过这种方式,因地制宜保证了政策的适用性和有效性,体现了实事求是的精神。

二、因地制宜原则要求把握矛盾的普遍性和特殊性

唯物辩证法认为,矛盾具有普遍性,是事物发展的根本动力。任何事物都包含相互对立的方面,这些对立面在斗争中推动事物的发展和变化。矛盾的普遍性还表现在,不同事物中的矛盾在某些层面上具有相似的特征或表现形式。例如,任何社会在发展过程中都会遇到生产力与生产关系的矛盾,这种矛盾在不同的国家和地区可能表现出一定的共性特征,如生产关系与现有经济发展模式的冲突,或生产力发展产生变革现有社会结构的需求。矛盾的特殊性指在具体事物、具体时间、具体环境中的矛盾具有其独特的表现形式和解决方式。因此,唯物辩证法主张具体问题具体分析。

因地制宜原则主要应对矛盾的特殊性范畴。一是要求针对具体情况,强调把握每个地区所面临的独特矛盾和问题,要求在解决这些问题时采取不同的方法和措施;二是要求灵活应对,正是出于对矛盾特殊性的尊重和理解,因地制宜要求根据地方的特殊情况,灵活调整和适应,而不是试图用一种普遍使用的方法解决所有地区的问题。

尽管因地制宜主要体现在矛盾的特殊性上,但它并不否定矛盾的普遍性。实际上,因地制宜的具体措施往往是在普遍性原则的指导下,通过结合地方的特殊性来制定和实施的。因地制宜在实践中,应依据"识别普遍性—分析特殊性—结合普遍性与特殊性"的步骤推行。

首先是识别普遍性。这要求以把握国家宏观政策框架为前提,首先识别和理解更大范围内存在的普遍矛盾,如经济发展中的产业结构调整和环境保护等共性问题,为制定政策的基本框架提供指导;还要求参照全球趋势和国家战略,在此中识别普遍问题。例如,全球范围内,经济的数字化转型和绿色发展成为共同趋势,这为发展新质生产力提供了战略方向。

其次是在实践中分析特殊性。一是通过深入调研与实地考察,分析地方的特殊矛盾。包括自然条件、经济基础、社会文化方面的独特性等。通过实地考察,了

解每个地区面临的具体挑战和机遇,从而在普遍性原则的指导下,制定出符合地方实际的具体措施。二是精准定位主要矛盾。在特殊性分析中,因地制宜应特别关注当地的主要矛盾。在生产力发展的不同阶段,每个地区面临的主要矛盾不同,例如,资源枯竭型地区可能要求产业转型更新,发展落后地区主要要推动产业升级,而另一些地区则可能面临生态环境保护的主要矛盾。通过精准定位不同地区的不同主要矛盾,可以更有效地集中资源和力量,解决关键问题。

最后是将普遍性与特殊性相结合进行统筹分析。制定政策时,普遍性提供了政策的基本框架,而特殊性决定了具体实施的路径和方式。政策制定者应在普遍性原则的指导下,根据地方的特殊性进行调整。例如,虽然发展新质生产力的普遍性要求全国推进科技创新,但在实施时,各地可以根据自己的科技基础和产业结构,制定不同的科技发展策略。为了结合普遍性与特殊性,需要建立动态调整与反馈机制。矛盾的特殊性和普遍性不是一成不变的,因地制宜要求建立动态调整与反馈机制,及时根据地方发展的实际变化进行政策调整。通过定期评估政策实施效果,调整不适应地方实际的政策措施,以确保政策的有效性和适应性。

因此,因地制宜要求把握矛盾的普遍性和特殊性。通过识别普遍性,深入分析特殊性,并将二者有机结合,因地制宜的政策才能既符合整体发展战略,又能有效解决地方的实际矛盾,推动新质生产力的发展。

三、因地制宜原则要求遵循事物的动态发展规律

唯物辩证法认为,事物的发展是一个动态变化的过程,通过量变的积累最终引发质变,促使事物发生根本性质的飞跃。这个过程还体现为否定之否定的规律,新事物通过否定旧事物而产生,并在发展中继承旧事物的合理成分,推动事物在螺旋式上升或波浪式前进中向前发展。此外,唯物辩证法强调新生事物的不可战胜性,认为尽管新事物在初期会面临抵制,但由于其符合历史发展规律,最终将战胜旧事物,推动社会和自然的持续进步。

因地制宜原则要求遵循事物的动态发展规律,要把握新事物的不可战胜性,同时要顺应质量互变规律,并结合否定之否定规律。

因地制宜首先意味着要识别符合时代发展潮流和历史必然要求的新事物。在敏锐洞察趋势的基础上,进行前瞻性布局,积极引导和推动新事物的发展。其次,新事物的不可战胜性虽然普遍存在,但不同地区的表现形式可能不同。因地制宜

需要根据地方具体情况,推动新事物的本地化适应,使其更好地融入当地的发展框架。尤其是根据当地的资源禀赋、产业结构、社会文化等进行调整和优化。最后,通过利用质量互变规律和否定之否定规律,引导新事物逐步取代旧事物。此时需要注意,新事物在取代旧事物时可能会引发社会风险,如传统产业衰退引发就业结构变化,从而产生结构性失业等冲击。需要因地制宜地进行政策调控、健全社会保障、提供再就业培训等措施,帮助受冲击的群体顺利过渡,防止社会动荡。

因地制宜的方法强调根据具体情况进行逐步调整和优化,把握量变到质变的转换规律,依循"逐步积累量变—识别质变临界点—质变后推动新量变"的步骤进行。一是逐步积累量变,奠定质变基础。在采取大规模行动前,因地制宜的方法可以先在小范围内进行试点和实验,逐步积累试点经验,帮助决策者观察效果。同时不断进行小幅度的调整和优化,逐渐积累量变,为将来的质变做准备。二是识别量变临界点,推动质变。当量变积累到一定程度时,因地制宜的方法要求把握时机,推动质的飞跃。通过对量变过程的持续观察,因地制宜的方法可以识别出质变临界点,一旦临界点到达,可以采取更大规模、更具影响力的措施来推动质变。三是质变后继续积累新的量变。质变后的新状态并非发展的终点,而是新一轮量变积累的起点。因地制宜的方法在实现质变后,继续推动量的积累,以实现进一步的发展,亦即持续改进和创新,保持发展的连续性。

因地制宜的方法还将遵循否定之否定规律。第一步,是打破旧有模式。因地制宜首先需要识别当地的旧有政策或发展模式中的不足之处,然后在此基础上推动改革和创新;第二步,是构建新模式。既继承旧模式中合理的成分,又超越旧模式,实现更高层次的发展。在推翻旧有模式之后,因地制宜的方法不会完全抛弃所有旧的做法,而是会保留其中合理的部分,并在此基础上进行改进,同时推动新模式的发展和壮大。第三步,通过持续改进与再发展,推动事物的螺旋式上升。在新模式的发展中,通过上述方法不断总结经验,识别其中的不足和需要改进的地方,同时,随着新模式的发展和完善,因地制宜的方法将推动新的量变积累,最终实现更高层次的质变。通过这种螺旋式上升的发展方式,既体现了对旧模式的否定,也确保了新模式在不断进步中实现更高的发展。

四、因地制宜原则强调了事物的普遍联系性

因地制宜原则深刻体现了事物普遍联系性的辩证法思想,因为它要求在制定

和执行政策时,既关注地区差异,又充分考虑各地区、环境和条件之间的相互联系和影响,因而注重政策的整体协调性和多维度综合施策。

一是地区差异存在相互依赖与影响。因地制宜原则要考虑不同地区在资源禀赋、经济发展水平、文化背景等方面的差异,但这些差异并非孤立存在,而是相互影响的。各地区的发展现状,既是自身禀赋和历史文化的现实表现,又受到自身条件的影响,还会受其他地区和整体环境的影响与制约。因此,在因地制宜的过程中,必须考虑到各地区之间的联系和相互作用。例如,深圳以科技创新见长,拥有华为、大疆等大量高科技企业,主要集中在研发、设计和市场推广等高附加值环节,而东莞拥有完善的制造业配套系统,在产品加工制造和生产环节具有强大竞争力。二者之间相互依赖与影响,许多深圳的高科技产品,如无人机、手机等,在东莞完成大规模生产和制造,通过这样的合作,可以使深圳专注于技术创新和产品开发,实现创新与制造的高效衔接。

二是政策的协调与整体性。因地制宜不仅强调地方性和灵活性,还必须在全国或更大范围内保持政策的整体协调性。这要求各地区不能孤立地进行决策,而是要考虑地方的政策措施与国家整体发展战略之间相互配合。尤其是在经济全球化和区域一体化的背景下,更要考虑地方与整体、局部与全局之间的紧密联系。

三是多维度综合施策。因地制宜要求在制定政策时,不仅考虑经济因素,还要综合考虑社会、文化、生态等多维因素。这正是对事物的普遍联系性的体现。因为任何政策的制定和实施,都会在不同层面产生影响,因而必须系统、全面地考量各种联系和相互作用。

第二节 因地制宜原则秉承了习近平经济思想的一贯方法

习近平同志将马克思唯物辩证作为指导中国特色社会主义建设的方法论基础。他说:"马克思主义理论的科学性和革命性源于辩证唯物主义和唯物主义的科学世界观和方法论,为我们认识世界、改造世界提供了强大的思想武器,为世界社会主义指明了正确前进方向。"[1]同时,他在工作中强调结合中国的现实发展马克思

---

[1] 习近平.习近平新时代中国特色社会主义思想的世界观和方法论专题摘编[M].北京:党建文物出版社、中央文献出版社,2023:57.

的方法论,指出:"解决中国的问题,提出解决人类问题的中国方案,要坚持中国人的世界观、方法论。"①为此,他提出新时代建设中国特色社会主义的六个"必须坚持",即"必须坚持人民至上、必须坚持自信自立、必须坚持守正创新、必须坚持问题导向、必须坚持系统观念、必须坚持胸怀天下"。在经济工作方面,他指出,要"坚持稳中求进工作总基调、坚持系统观念、坚持目标导向和问题导向相结合、坚持集中精力办好自己的事、坚持以钉钉子精神抓落实"②。因地制宜的原则秉承了上述思想方法。

一、从实际出发谋划事业和工作

习近平同志指出:"稳中求进工作总基调是我们治国理政的重要原则,也是做好经济工作的方法论。"③稳和进是辩证统一的,要作为一个整体来把握,稳是主基调。稳中求进不是无所作为,而是要在把握好度的前提下有所作为。

因地制宜原则体现了稳中求进的工作总基调,主要体现在其对事物发展规律的把握上。

首先,因地制宜通过从实际出发坚持和体现稳中求进的内涵。稳中求进的工作总基调强调在发展的过程中要保持稳定,同时在稳定的基础上不断推进进步和创新。这一基调要求在制定和实施政策时,既要避免冒进,防止不切实际的激进措施带来的风险,又要在稳定的基础上有计划、有步骤地推动发展。因地制宜则强调根据具体情况、资源禀赋和发展阶段,制定符合实际的政策措施。这种方法论本质上是对事物发展规律的尊重和把握,要求在制定政策时考虑到各地的实际情况,因势利导,避免盲目照搬或过于激进的措施。

其次,因地制宜通过尊重和把握事物发展规律体现"稳"。一方面,因地制宜尊重地方实际,立足对地方具体条件的深入理解,这种理解不仅包括当地的资源禀赋、经济结构和社会状况,还包括对历史和文化的尊重与继承。通过尊重地方实际,能避免政策与现实的冲突,保障发展的稳定性。另一方面,因地制宜可以避免

---

① 习近平.习近平新时代中国特色社会主义思想的世界观和方法论专题摘编[M].北京:党建文物出版社、中央文献出版社,2023:57.
② 中央宣传部、国家发展改革委.习近平经济思想学习纲要[M].北京:人民出版社、学习出版社,2022:161—170.
③ 中央宣传部、国家发展改革委.习近平经济思想学习纲要[M].北京:人民出版社、学习出版社,2022:161—170.

盲目和冒进。因地制宜能够避免一刀切或照搬其他地区的发展模式,从而避免了由此带来的经济、社会和环境风险,是一种稳健的发展策略。

再次,因地制宜通过促进渐进式发展体现"进"。因地制宜遵循质量互变规律,通过逐步积累量变,推动地方经济和社会的质变。也尊重否定之否定规律,在否定旧模式的同时,继承原有模式的合理之处,稳步探索和推进新模式的发展。在因地制宜的发展策略中,创新和改革措施是逐步推进的。这种有计划的进步,确保了地方在保持基本稳定的前提下不断进步和迎接新的发展机遇。

可见,在迎接经济变革的过程中,因地制宜的方法会充分考虑地方经济的承受能力和社会稳定因素,采取逐步推进、试点先行的策略,确保进步的同时,有效控制系统性风险。这种对风险的防范与控制是稳中求进的重要体现。

二、坚持系统观念

习近平同志强调,"系统观念是具有基础性的思想和工作方法",因此要从系统论出发优化经济治理方式,运用辩证法、统筹兼顾、综合平衡、突出重点、带动全局,提高统筹谋划和协调推进能力,在多重目标中寻求动态平衡。为此,必须加强前瞻性思考、全局性谋划、战略性布局和整体性推进。[1]

坚持系统观念和因地制宜,表面上看具有对立性,体现了局部与全局的矛盾,但实际具有内在统一性,因为局部与全局是相互依存、互相影响的。

一方面,因地制宜的局部性和系统观念的全局性之间存在对立。因地制宜关注局部问题,强调具体问题具体分析。要求根据具体地区的特殊条件、资源禀赋和实际需求,制定符合当地发展的策略和政策。这意味着因地制宜更加关注地方的特殊性和个别性,注重解决具体区域的具体问题。地方间因地制宜的策略往往体现出一定的局部性,会与其他地区的策略存在差异。系统观念关注整体平衡,强调全局的协调和统一。要求统筹考虑各个部分之间的相互联系和相互作用,确保整体系统的协调发展。系统观念注重全局的平衡和协调,要求在制定政策时要考虑整体利益,避免因为地方的局部性决策而损害全局的发展目标。

另一方面,因地制宜和系统观念在实践中相互依存,表现出统一性。因地制宜

---

[1] 中央宣传部、国家发展改革委. 习近平经济思想学习纲要[M]. 北京:人民出版社、学习出版社,2022:164-165.

需要在系统观念的指导下进行。因地制宜虽然注重局部问题的解决,但它并不是孤立进行的,而是在整体系统框架下展开的。系统观念为因地制宜提供了宏观指导,确保地方政策的制定和实施不偏离整体战略方向。例如,在国家整体经济发展战略下,某个地区可以根据自身条件选择重点发展的产业,但这一选择必须与国家的整体产业布局和经济政策相协调,避免局部政策与全局目标的冲突。系统观念需要因地制宜的支撑。系统观念虽然强调全局的协调性,但全局的发展必须依赖于各个局部的发展和协调。因地制宜通过解决地方性问题,推动地方经济和社会的发展,从而为全局的发展提供支持和动力。地方的繁荣和稳定是国家整体发展的基石,因此系统观念需要依赖因地制宜的具体实践来实现全局目标。

因此,因地制宜原则要求与坚持系统观念实现在实践中的辩证统一。在制定区域发展政策时,决策者需要同时考虑地方的实际需求和整体发展的需要。在某些情况下,可能需要在地方利益和全局利益之间进行权衡,通过协调和调节来实现两者的统一。因地制宜与系统观念的统一性还体现在政策的动态调整过程中。在政策实施过程中,如果发现地方政策与全局目标产生了矛盾,系统观念可以提供调整和纠偏的机制,确保地方发展始终在全局框架内进行。反过来,地方的发展经验和成功案例也可以为全局的政策调整提供反馈和参考。

三、抓住主要矛盾和中心任务带动全局工作

坚持系统观念,意味着要着重处理好局部与全局的关系,习近平同志强调要抓住主要矛盾和中心任务带动全局工作。要"积极面对矛盾,解决矛盾,还要注意把握好主要矛盾和次要矛盾、矛盾的主要方面和次要方面的关系。……在任何工作中,我们既要讲两点论,又要讲重点论"[1]。"整体推进不是平均用力、齐头并进,而是要注重抓主要矛盾和矛盾的主要方面,注重抓重要领域和关键环节,努力做到全局和局部相配套、治本和治标相结合、渐进和突破相衔接,实现整体推进和重点突破相统一。"[2]

因地制宜的原则和遵循,体现了抓住主要矛盾和中心任务带动全局工作的指导思想。

---

[1] 习近平.辩证唯物主义是中国共产党人的世界观和方法论[J].求是,2019(01):4—8.
[2] 习近平.论坚持党对一切动作的领导[M].北京:中央文献出版社,2019:33.

一方面，因地制宜是抓住主要矛盾和中心任务的方法和策略。体现在：第一，因地制宜是抓住主要矛盾和中心任务的手段和策略。通过根据不同地区的具体情况，识别和分析地方的主要矛盾，并围绕这一矛盾制定具体的中心任务和发展目标。第二，因地制宜提供了解决主要矛盾和落实中心任务的切实可行的路径，通过量身定制的政策和措施，有针对性地解决地方的关键问题，从而实现全面发展的目标。第三，抓住主要矛盾和中心任务要求行为决策能灵活适应不同的环境和条件，这正是因地制宜的主要特征所在。

另一方面，抓住主要矛盾和中心任务是因地制宜的关键方法之一。在因地制宜的过程中，首先要识别和分析地方发展的主要矛盾。主要矛盾是指在特定时期和特定环境下，对发展起决定性作用的矛盾。例如，在一个资源丰富但基础设施薄弱的地区，主要矛盾可能是如何有效开发资源并提升基础设施水平。因地制宜的政策需要首先解决这一主要矛盾，从而带动整体发展的进步。抓住主要矛盾的同时，因地制宜需要围绕这一矛盾制定具体的中心任务。中心任务，是指为解决主要矛盾而确立的核心工作目标和重点发展方向。例如，在经济结构单一的地区，中心任务可能是通过产业升级和多元化来推动经济转型。因地制宜的策略和措施应围绕这一中心任务展开，通过集中资源和力量解决关键问题，带动地方经济和社会的全面发展。

总体而言，因地制宜通过抓住主要矛盾和中心任务，不仅能解决地方关键问题，还能有效推进全局工作的进展。一是形成全局发展的联动效应。当地方的主要矛盾得到有效解决时，往往会产生联动效应，推动其他相关问题的解决。例如，某地的产业升级成功后，不仅能提升地方经济，还能带动就业、改善民生、提高社会服务水平，从而促进整体社会的发展。二是形成可持续发展模式。通过因地制宜地解决主要矛盾，地方可以形成一套可持续的发展模式。这种模式不仅能够应对当前的主要矛盾，还能够为未来的发展奠定基础，推动地方的持续进步，并为其他地区提供经验和借鉴。

可见，因地制宜与抓住主要矛盾和中心任务带动全局工作的关系是紧密而相互依存的。因地制宜以抓住主要矛盾和中心任务为核心，通过制定针对性政策和优化资源配置，有效解决地方发展的关键问题，从而带动全局工作的全面推进和发展。这种方法确保了地方政策的科学性和有效性，推动了地方经济和社会的持续进步，同时为全局的发展做出了重要贡献。

四、坚持目标导向和问题导向相结合

"进入新时代,习近平同志鲜明指出,要坚持目标导向和问题导向相结合,既要以目标为着眼点,在统筹谋划、顶层设计上下功夫,以增强方向感、计划性;又要以问题为着力点,在补短板、强弱项上持续用力,以增强精准性、实效性。"[1]坚持目标导向,要坚持中长期目标和短期目标相协调。坚持问题导向,要把解决实际问题作为打开工作局面的突破口。因地制宜策略与坚持目标导向和问题导向相结合存在紧密而互补的关系。

首先,因地制宜是实现目标导向和问题导向相结合的具体实践。一方面,因地制宜在实践中通过分析和识别各地的具体情况,制定切合实际的发展目标。这些目标既要符合国家的中长期战略,又要考虑地方的实际发展能力和资源禀赋。因此,因地制宜的方法可以确保在不同地区推动发展时,始终围绕既定的目标进行。通过因地制宜,地方政府能够根据自己的具体条件,灵活地制定和调整发展路径,从而在国家总体目标框架内实现地方发展的目标导向。另一方面,问题导向强调以解决现实问题为出发点,而因地制宜则通过对地方特殊情况的深入分析,找出这些地区面临的主要问题,并采取针对性的措施加以解决。因地制宜的方法确保了政策和措施能够直击问题的核心,提供具体的解决方案,从而推动地方经济和社会的持续发展。

其次,因地制宜通过具有一定灵活性的政策和适应性施策,确保目标导向与问题导向的有机结合。一方面,因地制宜的方法要求灵活调整工作目标和策略。要求地方根据具体实际情况,在目标导向的基础上,结合当前面临的现实问题,进行灵活适配。例如,在制订经济发展计划时,地方政府可以根据区域资源优势和产业基础制定特殊的目标;同时,针对当前面临的突出问题,如产业结构单一、基础设施薄弱等,采取相应的措施和策略,确保问题得到有效解决,逐步实现目标。另一方面,因地制宜策略可以同步推进目标与问题的解决。通过因地制宜的方法,地方能够在明确发展目标的方向和时间表的同时,积极识别和解决问题,从而实现两者的同步推进。

---

[1] 中央宣传部、国家发展改革委.习近平经济思想学习纲要[M].北京:人民出版社、学习出版社,2022:166.

最后，因地制宜方法可以在统筹与平衡问题导向和目标导向上发挥积极作用。一是协调短期目标与长期目标。因地制宜的方法在实际操作中，可以帮助地方政府在制定短期目标和长期目标时，找到适合自己的平衡点。地方政府可以根据现有资源和能力，分阶段实现中长期目标，并在此过程中不断调整短期策略，以确保每个阶段的目标都能够顺利达成。二是应对复杂环境中的挑战。问题导向要求政策制定者随时关注新出现的问题，而因地制宜则提供了在复杂环境中有效应对这些问题的方法。通过因地制宜，地方政府能够根据新出现的挑战，及时调整策略，解决发展过程中的突发问题，同时保持对既定目标的追求。

第三节　因地制宜发展新质生产力是一套整体协同的行动方案

"因地制宜发展新质生产力"是一套系统的行动方案，体现了对生产力发展内在规律的深刻把握。新质生产力的发展是推动经济高质量发展的重要引擎，其核心在于通过科技创新、产业深度转型升级和把握包括绿色发展在内的新发展理念，实现生产力的质态提升。相比于传统生产力理论，"新质生产力"不仅强调技术变革和产业转型，还更加注重经济发展模式的多样性与地方差异。因此，"因地制宜"不仅是具体工作方法的创新，更是对唯物辩证法在经济实践中的高度运用。通过从实际出发，结合地方的经济基础、资源禀赋与科技水平，因地制宜的行动方案将各地的发展潜力转化为推动新质生产力的现实动力，从而实现经济的整体转型与升级。

一、从实际出发是因地制宜发展新质生产力的基础起点

"从实际出发"作为推动新质生产力发展的基础起点，体现了"实事求是"的思想。生产力发展的过程不是一成不变的，而是与各地区的物质条件、社会需求和发展阶段密切相关。因此，推动新质生产力首先需要立足于地方的实际，充分考虑经济基础、资源禀赋及技术条件的多样性，形成符合当地特点的创新路径。

首先，从实际出发是对地方资源禀赋和经济条件的尊重。唯物辩证法强调，物质是事物发展的基础，生产力的提升必须依赖物质条件的支撑。各地区的资源禀

赋差异是决定其生产力发展方向的关键因素。发展新质生产力的核心在于将资源优势转化为经济优势,通过科技创新和产业升级,实现经济高质量发展。因此,从实际出发意味着地方政府在制定新质生产力发展战略时,必须充分考虑本地的资源状况。例如,能源丰富的地区可以依托其资源优势发展新能源产业,而科技创新基础较好的地区则可以以技术研发为驱动,推动高新技术产业的发展。

其次,从实际出发反映了对生产力发展阶段性的把握。生产力的发展是一个长期的历史过程,不同地区处于不同的生产力发展阶段,这要求在推动新质生产力时,不能简单地照搬其他地区的发展模式。马克思主义认为,生产力与生产关系之间存在着矛盾运动,这种矛盾的解决方式在不同发展阶段表现出不同的特征。因此,从实际出发不仅是对现有条件的尊重,也是对生产力与生产关系互动规律的动态把握。例如,东部沿海地区生产力高度发达,具备较强的自主创新能力,可以通过推动前沿科技产业的发展来引领新质生产力的升级。而中西部欠发达地区,生产力尚处于发展的相对落后阶段,应当优先解决基础设施建设和资源利用效率问题,逐步引入科技创新,以实现区域经济的平衡发展。

再次,从实际出发也是对经济社会整体发展需求的回应。新质生产力的形成不仅依赖于技术变革,还必须与社会的各类需求相契合。新发展理念强调,生产力的发展应服务于社会整体利益。因此,在推动新质生产力时,地方政府必须考虑本地的社会经济结构、人口构成及市场需求,从而制定适应性强、可操作性高的产业发展策略。具体而言,地方政府在推动经济转型过程中,必须平衡新兴产业与传统产业的关系,既要通过科技创新推动新兴产业发展,又要确保传统产业在新质生产力引领下逐步实现转型升级。

"从实际出发"在推动新质生产力中的应用,是对生产力发展规律的科学把握。各地应通过深入调研和数据分析,充分了解自身的资源条件、科技水平和市场需求,制定符合地方实际的创新路径和发展战略。这种方法不仅避免了"一刀切"政策的弊端,更确保了经济发展的可持续性和社会稳定性。通过从实际出发,地方政府可以将资源优势转化为生产力优势,将发展潜力转化为现实动力,从而为新质生产力的全面提升提供坚实的基础。

二、先立后破是因地制宜发展新质生产力的策略顺序

"先立后破"是因地制宜发展新质生产力的策略顺序,深刻契合了中国渐进式

改革的思路。这一思路注重合理的社会结构对生产力发展的支撑作用,强调工作方法的系统性。发展新质生产力要求推动社会经济结构的整体变革。但是在创新和改革的过程中,应该首先建立起稳固的制度基础和发展条件,然后在此基础上有序推进变革,从而有效统筹发展与稳定。可以在有效避免改革带来的"阵痛"基础上,确保经济基础的逐步优化,实现稳中求进的改革路径。

为实现新质生产力的有序发展,"立"的内涵至少应包括两方面。

一是先"立"健全的制度保障。这意味着要为新质生产力的形成和发展建立稳固的制度基础。制度作为生产关系的具体体现,反映了社会经济结构对生产力发展的适应性,并提供了支持作用。在新质生产力的发展过程中,政府应当制定一系列政策和法规,确保科技创新顺利进行,并能顺利转化为现实生产力,包括推动制定科技创新的法律框架、知识产权保护机制、市场准入规则等。制度建设的目的是为技术创新、产业升级提供保障,同时也能为市场主体营造一个公平竞争的环境。制度的"立"并非一蹴而就的,需要与地方的经济基础和产业结构相适应。各地政府在推动新质生产力发展时,必须根据当地的实际情况,制定符合地方特色的制度体系。例如,科技创新能力较强的地区应优先建立科技成果转化机制和研发激励制度,而资源型地区则应建立资源利用效率提升的政策体系,推动资源型产业实现高效率、智能化和绿色化转型。

二是"立"基础设施,以此推动发展物质条件的完善。新质生产力的形成离不开现代化的基础设施。唯物辩证法强调,物质条件是生产力发展的基础,没有完备的物质基础,任何生产力提升的目标都难以实现。因此,"先立"的一个重要方面是加强基础设施建设,特别是在信息化、智能化、能源和交通等领域。首先,信息基础设施是新质生产力发展的核心支撑。推动数字经济、智能制造等新质生产力的形成,依赖于高速互联网、大数据中心和云计算平台等技术设施的建设。地方政府应当根据本地的实际情况,优先完善相关的基础设施建设,确保技术创新和数字产业的发展具备充分的物质基础。例如,5G网络的广泛覆盖不仅为智能制造提供了技术支持,也为其他产业的数字化转型创造了条件。其次,能源和交通基础设施建设也是推动新质生产力的关键。新能源的发展需要大规模的能源基础设施建设,而产业链的流通和升级则依赖高效的交通网络。因此,地方政府应根据自身的资源禀赋和产业需求,有针对性地加强能源和交通基础设施的建设,为新质生产力的发展奠定坚实的物质基础。

后"破"意味着有序淘汰落后的生产方式。"破"是指在"立"稳基础之后,对旧有经济模式和落后的生产方式进行有序的淘汰。唯物辩证法强调,否定是发展的必要环节,任何新生事物的成长都伴随着对旧事物的否定性超越。然而,这种"破"并不是简单的破坏,而是通过科学规划和有序引导,逐步实现产业的转型升级和资源的重新配置。在新质生产力的发展过程中,一些传统产业由于技术水平低、资源消耗高、污染严重,已经无法适应经济发展的要求,因此需要进行有计划的淘汰。例如,地方政府在推动供给侧结构性改革时,必须通过政策引导和市场调节,逐步淘汰高污染、高耗能的产业,推动资源配置向高效、绿色的产业转移。"破"的过程是对旧有生产方式的否定,但否定并不是彻底摒弃。在淘汰落后产业的过程中,地方政府应当注重保留和发展旧产业中的合理因素。例如,传统制造业虽然在某些方面落后,但其在产业链和就业方面仍具有重要价值。政府应通过技术改造和创新,推动传统产业的智能化升级,使其逐步适应新质生产力的发展要求。

可见,先立后破不仅是推动新质生产力的策略顺序,更是保证经济稳定性和可持续性的关键。通过先"立"稳基础,先行构建健全的制度基础、完善的基础设施和市场机制,各地可以为发展新质生产力奠定坚实的基础。在此基础上,通过"破"除旧有经济模式中的弊端,逐步淘汰落后的生产方式,实现从量变到质变的跃升。只有通过"立"与"破"的有机结合,才能确保新质生产力在地方经济中的稳步成长,推动地方经济向高质量发展迈进。

三、分类指导是因地制宜发展新质生产力的行动关键

分类指导是因地制宜发展新质生产力的行动关键,体现了"具体问题具体分析"的思想。各地在推动新质生产力的过程中,面临的资源条件、产业结构和发展阶段存在显著差异,地方政府需要根据地方的具体情况进行政策的差异化设计和实施,确保政策能够有效适应地方的实际需求和发展阶段。

分类指导的核心在于政策的精细化和针对性,这要求地方政府在政策实施中不仅要考虑本地的资源禀赋和经济基础,还要灵活调整政策的实施方式。政策的设计不能局限于宏观框架,必须充分考虑地方经济发展的具体特征。例如,某些地区可能具有较强的资源禀赋,但其产业结构过于单一,缺乏技术创新的支撑,这些地区在发展新质生产力时,应重点通过政策引导和技术引进,推动资源型产业的智能化和高效化转型。而那些科技创新能力较强的地区,则应通过政策激励推动高新技术产业的发展,促进技术成果的转化和市场化。

分类指导要求地方政府在政策实施过程中保持高度的灵活性和动态调整能力。生产力的发展是一个动态的过程，不同地区的经济发展水平、科技创新能力和市场需求随时可能发生变化。因此，地方政府在制定政策时，必须对地方经济环境的变化保持高度的敏感性，及时调整政策方向和策略。例如，一些地区可能在初期通过发展资源型产业获得了较快的经济增长，但随着资源枯竭或市场需求的变化，产业发展面临"瓶颈"，此时地方政府应及时调整政策，推动产业的转型升级，避免资源依赖带来的经济风险。

分类指导不仅体现了政策的针对性，还要求政府在政策实施过程中注重政策的协同性。新质生产力的发展往往涉及多个产业、多个领域的协调发展，因此，地方政府在分类指导中，不仅要考虑单一产业的发展路径，还应当根据地方的实际情况，制定综合性的政策措施。例如，推动制造业转型升级时，地方政府应同时推动配套服务业的发展，特别是与制造业相关的物流、金融、信息技术等服务业，这样才能形成产业链的协同效应，提升整体经济的竞争力。

此外，分类指导还要求地方政府在政策实施中充分考虑地方的资源限制和可持续发展问题。新质生产力的发展不仅是经济增长的手段，还必须符合地方的可持续发展要求。例如，某些地区可能在发展新能源产业时，面临资源过度开发或环境破坏的风险，地方政府在制定政策时，必须确保新质生产力的发展不会以牺牲环境为代价，而是通过技术创新和产业优化，实现经济增长与环境保护的双赢。

总之，分类指导的核心在于精准施策。通过对地方资源、经济基础和科技水平的精准分析，地方政府可以制定具有针对性的政策措施，确保新质生产力的发展具有科学性和实效性。分类指导不仅能够避免政策的盲目性，还能提高政策实施的效率和效果，推动各地根据自身实际情况实现高质量发展。

四、有选择地推动新产业、新模式、新动能发展是实践路径

有选择地推动新产业、新模式和新动能的发展，是因地制宜推进新质生产力的重要实践路径。习近平同志多次强调，在发展新质生产力时，必须根据地方的资源禀赋和经济基础，有选择地推动符合地方实际的产业和模式，不能盲目跟风或追求"一刀切"的发展模式。这一原则体现了唯物辩证法中对事物多样性和动态性的深刻理解，强调在不同条件下采用不同的路径，实现新质生产力的多样性发展。

第一，有选择地推动新产业发展，实现经济发展路径多样化。新产业的发展是

推动新质生产力的重要动力,但并非所有的新产业都适合各地的发展条件。地方政府在选择新产业时,必须根据地方的资源禀赋、经济基础和市场需求,选择最适合本地发展的产业。例如,数字经济、智能制造和生物技术等产业在科技基础较好的地区具有较大的发展潜力,而新能源、新材料等产业则更适合资源丰富地区的发展。同时,事物的多样性是发展的必要条件。新质生产力的发展并不要求所有地区都按照统一的标准推动同样的新兴产业发展,而是根据地方的实际情况,有选择地推动那些最有可能带动地方经济发展的产业的发展。通过这种多样化的发展路径,各地可以在符合自身条件的前提下,实现经济的高效转型和生产力的提升。

第二,有选择地创新和推广新模式,提升地方经济的适应性。新模式的推广并非简单的技术引入,还需要通过创新的经济组织与运作模式来优化资源配置和提高生产效率。在新模式的选择上,地方政府可以根据地方实际,选择那些最适合本地经济特点的新模式。以下是一些实际中适合不同地区的新模式。一是平台经济模式,指依托互联网和数字技术,通过搭建信息平台,直接连接生产者与消费者、服务提供者与用户,减少中间环节,提升资源配置效率。这种模式已经在电子商务领域取得巨大成功,并且逐渐扩展到物流、金融、教育、医疗等多个行业。这种模式特别适合数字基础设施较为完善、信息化水平较高的地区。二是共享经济模式,指通过共享资源(如交通工具、住房、办公空间等)提升资源利用效率,减少闲置资源的浪费。这种模式适合城市化水平较高、资源分配不均衡的地区。政府可以鼓励共享经济平台的发展,通过政策支持推动共享经济模式的扩展和应用,提升资源配置效率,推动地方经济的绿色发展。三是分布式经济模式。这是一种去中心化的经济组织方式,通过网络化的协同和分散化的生产活动,实现更灵活的资源配置和生产组织。与传统的集中式生产方式不同,分布式经济可以将生产活动分散到多个独立的小型生产单元中,利用信息技术实现生产过程的实时协调。这种模式特别适合中小企业较多、产业链结构复杂的地区。地方政府可以通过扶持中小企业,推动分布式制造、分布式能源等新兴业态的发展,提升区域经济的弹性和创新能力。因此,地方政府在推动新模式发展时,必须优先考虑地方产业的结构特点和发展潜力,通过有针对性的政策引导,推动地方经济模式的创新和优化。

第三,有选择地培育新动能,推动地方经济可持续发展。新质生产力的发展离不开新动能的培育。新动能是推动地方经济可持续发展的核心力量,而地方政府在培育新动能时,必须根据地方的资源禀赋和经济条件,有选择地引导和支持那些最有潜力的新兴产业和新动能。例如,新能源产业在资源丰富的地区具有巨大的发展潜力,而智能制造和高端服务业则更适合在技术基础较好的地区发展。新动能的培育不仅依赖于技术创新,还需要政府政策的引导和支持。地方政府应通过财税政策、产业政策和科技创新政策,鼓励企业加大研发投入,推动新动能的形成和发展。同时,地方政府还应通过人才引进和创新平台的建设,为新动能的发展提供智力支持和技术支撑。

总之,发展新质生产力应利用创新性培育多样化的经济模式。地方政府应根据地方的实际情况,鼓励经济模式和发展路径的多样化创新。

五、防止泡沫化、不搞一种模式是因地制宜发展新质生产力的重要内涵

防止泡沫化、不搞一种模式是因地制宜发展新质生产力的重要内涵。过度投资、盲目跟风将导致资源浪费、市场失衡,甚至经济泡沫化。因此,推动新质生产力的过程中,必须保持理性规划,避免盲目追求短期效益,尤其要防范产业的过热和泡沫化。同时,各地区经济条件、资源禀赋、发展阶段不同,发展新质生产力不能搞"一刀切"的模式,必须根据地方实际情况选择适合的发展路径。

首先,应通过理性规划和市场调控,防止经济泡沫化。

泡沫化是市场经济中常见的风险,尤其是在新兴产业快速发展的过程中,过度投资、资源错配和市场过热现象常常导致泡沫的形成。防止泡沫化首先要避免盲目跟风发展新兴产业。例如,数字经济、人工智能等产业具有极大的发展潜力,但如果各地不顾实际情况一哄而上,短时间内投入大量资金和资源,可能会导致产能过剩、技术落后和市场饱和,进而形成经济泡沫。

防止泡沫化的关键在于政府的理性引导和科学规划,通过合理的产业政策和市场调控,确保新质生产力的发展具有可持续性和理性。新兴产业的发展必须建立在真实的市场需求基础上,而不是盲目追求产业的高大上和科技前沿。一方面,要通过政策引导,确保新兴产业的发展与市场需求相适应,避免过度投资。另一方面,政府应加强对市场的监控,通过宏观调控、税收政策和信贷管控等手段,防止市场过热。同时,政府还需对产业进行严格的技术审查,确保新质生产力的发展具有真实的市场需求和技术支撑。

其次,应注意推动新质生产力的多样化路径,不搞一种模式。

不搞一种模式意味着在推动新质生产力发展时,各地不能简单照搬其他地区的成功经验,而是应根据自身的资源禀赋、经济基础和市场需求,选择适合本地的

发展路径。习近平同志多次强调，推动新质生产力不能"一刀切"，各地的发展模式必须因地制宜、体现地方差异性。推动新质生产力发展，有多种可选择的模式。一是科技创新驱动模式，适用于科技创新基础雄厚、研发能力强的地区。通过自主创新、技术研发，推动高新技术产业发展，提升区域竞争力。二是资源驱动与生态转型模式，适用于资源丰富但经济结构单一的地区。依托资源优势，通过科技创新推动资源的高效利用和绿色转型，形成资源型经济的可持续发展路径。三是数字经济与智能制造模式，适用于制造业基础强、信息化水平高的地区。通过信息技术与制造业深度融合，推动智能制造和数字经济的发展，提升产业附加值。四是服务业驱动模式，适用于服务业基础雄厚、消费需求旺盛的地区。通过现代服务业和高端服务业的发展，推动经济结构向服务型转变，实现新的经济增长。五是区域合作与协调发展模式：适用于多个区域协同发展，通过跨区域合作推动新质生产力的互补性发展，实现区域经济的协调和联动发展。不同地区发展新质生产力时，可以因地制宜，选取一种模式重点发展，或者多种模式融合推进，从而为中国经济整体转型提供多样化的实践路径。

防止泡沫化和不搞一种模式本质上是为了确保经济发展的稳定性和可持续性。市场经济的发展是一个充满不确定性的过程，各地政府在推动新质生产力时，必须通过多样化的发展路径，避免过度集中于某一个行业或产业链条，以防范市场波动带来的经济风险。通过鼓励多样性发展，各地可以在经济波动中保持相对的稳定，避免单一产业或行业的衰退对整体经济造成重大影响。

第四节　因地制宜发展新质生产力实践探索

习近平同志以高度的历史使命感和责任感，坚持一切从实际出发，具体分析不同地区经济社会发展问题，对症下药，提出了一系列新理念、新观点和新论断。通过在东部、中部和西部等区域提出的一系列有针对性的差异化部署，真正践行了"因地制宜"的工作原则，充分体现了各地的资源禀赋、区位优势和经济科技发展差异，推动各地区在生态保护、优势产业发展、脱贫攻坚、产业升级等方面实现有效突破。

一、率先实现东部地区优化发展

东部地区凭借其得天独厚的地理位置、深厚的经济基础及丰富的创新资源,长期以来在我国经济发展中占据领先地位,不仅是国家经济发展的重要支柱,更是新质生产力发展的先锋阵地。习近平同志高度重视东部地区发展,多次深入东部地区进行考察调研,并基于东部地区领头羊身份提出了一系列旨在推动新质生产力发展的重要部署。

其一,打造自主创新高地。习近平同志认为东部具有良好的创新基础和人才优势,应致力于成为全球自主创新的高地。党的十九大报告指出,"创新引领率先实现东部地区优化发展"①,为东部地区的发展指明了方向。习近平同志在东部地区的多次考察调研中,始终将自主创新能力建设放在首位。2018年在上海调研时,他提出,希望"上海继续当好全国改革开放排头兵、创新发展先行者,勇于挑最重的担子、啃最难啃的骨头"②,并强调"要以全球视野、国际标准推进张江综合性国家科学中心建设,集聚建设国际先进水平的实验室、科研院所、研发机构、研究型大学,加快建立世界一流的重大科技基础设施集群"③。2019年4月,他在深圳考察时又指出,东部地区要聚焦人工智能、芯片、生物医药等关键领域,加快攻坚,补短板,解决"卡脖子"问题,真正实现科技自立自强。

其二,大力发展海洋经济。海洋是东部地区重要的战略资源,也是新质生产力发展的重要来源。习近平同志高度重视海洋经济发展,强调"发展海洋经济,保护海洋生态环境,加快建设海洋强国"④。2024年在山东考察时,他指出"海洋经济发展前途无量。建设海洋强国,必须进一步关心海洋、认识海洋、经略海洋,加快海洋科技创新步伐",并强调山东"要发挥海洋资源丰富的得天独厚优势,经略海洋、向海图强,打造世界级海洋港口群,打造现代海洋经济发展高地"⑤。

---

① 习近平.在中国共产党第十九次全国代表大会上的报告[N].人民日报,2017-10-28.
② 习近平.坚定改革开放再出发信心和决心 加快提升城市能级和核心竞争力[N].人民日报,2018-11-08.
③ 习近平.坚定改革开放再出发信心和决心 加快提升城市能级和核心竞争力[N].人民日报,2018-11-08.
④ 习近平.高举中国特色社会主义伟大旗帜 为全面建设社会主义现代化国家而团结奋斗[M].北京:人民出版社,2022:32.
⑤ 习近平.以进一步全面深化改革为动力 奋力谱写中国式现代化山东篇章[N].人民日报,2024-05-25.

其三，积极促进产业高端化、智能化、绿色化。东部地区具有良好的产业基础，在这一基础上，习近平同志强调东部地区更要注重"用新技术改造提升传统产业，积极促进产业高端化、智能化、绿色化"①。例如，在谈到江苏的发展时，他指出，江苏拥有产业基础坚实、科教资源丰富、营商环境优良、市场规模巨大等优势，要"突出构建以先进制造业为骨干的现代化产业体系这个重点，以科技创新为引领，统筹推进传统产业升级、新兴产业壮大、未来产业培育，加强科技创新和产业创新深度融合，巩固传统产业领先地位，加快打造具有国际竞争力的战略性新兴产业集群"②。

二、推动中部地区崛起再上新台阶

中部地区，拥有承东启西、连南接北的区位优势，丰富的劳动力资源，以及日益完善的交通网络。习近平同志对中部地区的发展寄予厚望，多次深入中部地区实地考察，强调要立足其显著的区位优势和坚实的产业根基等优势，加快中部新质生产力发展。

其一，推动制造业高质量发展。针对中部制造业大而不强问题，习近平同志提出，"推动制造业高质量发展，主动融入新一轮科技和产业革命，加快数字化、网络化、智能化技术在各领域的应用，推动制造业发展质量变革、效率变革、动力变革"③。2019年，在河南考察时，习近平同志要求"抓住促进中部地区崛起战略机遇，立足省情实际、扬长避短，把制造业高质量发展作为主攻方向"④。2024年在新时代中部地区崛起座谈会上，他再次提出"深入实施制造业重大技术改造升级和大规模设备更新工程，推动制造业高端化、智能化、绿色化发展，让传统产业焕发新的生机活力"⑤。

其二，坚持绿色发展，建设美丽中部。习近平同志认为，绿色发展和新质生产

---

① 习近平. 在参加江苏代表团审议时强调因地制宜发展新质生产力[N]. 人民日报, 2024—03—06.
② 习近平. 习近平在参加江苏代表团审议时强调因地制宜发展新质生产力[N]. 人民日报, 2024—03—06.
③ 习近平. 贯彻新发展理念 推动高质量发展 奋力开创中部地区崛起新局面[N]. 人民日报, 2019—05—23.
④ 习近平. 坚定信心 埋头苦干 奋勇争先 谱写新时代中原更加出彩的绚丽篇章[N]. 人民日报, 2019—09—19.
⑤ 习近平. 在更高起点上扎实推动中部地区崛起[N]. 人民日报, 2024—03—21.

力紧密相连,"坚持绿色发展……建设绿色发展的美丽中部"①是中部地区培育新质生产力的重要途径。早在2019年在江西考察时,他就提出,"要加快构建生态文明体系,做好治山理水、显山露水的文章,打造美丽中国'江西样板'"②。在河南考察时,他指出,"发展乡村旅游不要搞大拆大建,要因地制宜、因势利导,把传统村落改造好、保护好"③。2020年在山西考察时,他又提出,"希望把黄花产业保护好、发展好,做成大产业,做成全国知名品牌,让黄花成为乡亲们的'致富花'"④。2020年在湖南考察时,他提出"要深入推进农业供给侧结构性改革,因地制宜培育壮大优势特色产业,推动农村一、二、三产业融合发展"⑤。

其三,加快新旧动能转换。在新质生产力发展过程中,新旧动能转换尤为重要。习近平同志强调有两点很关键:一是"优化营商环境,对标国际一流水平,营造稳定公平透明的营商环境"⑥;二是"积极承接新兴产业布局和转移,加强同东部沿海和国际上相关地区的对接,吸引承接一批先进制造业企业"⑦。此外,习近平同志还寄语中部地区,希望在提高自主创新能力方面要下功夫,增强责任感和使命感,踔厉奋发,勇攀科研高峰,"走出一条创新链、产业链、人才链、政策链、资金链深度融合的路子"⑧。

三、推动新时代西部大开发形成新格局

习近平同志高度重视西部地区发展,多次强调"推动新时代西部大开发形成新

---

① 习近平. 贯彻新发展理念 推动高质量发展 奋力开创中部地区崛起新局面[N]. 人民日报,2019—05—23.
② 习近平. 贯彻新发展理念 推动高质量发展 奋力开创中部地区崛起新局面[N]. 人民日报,2019—05—23.
③ 习近平. 坚定信心 埋头苦干 奋勇争先 谱写新时代中原更加出彩的绚丽篇章[N]. 人民日报,2019—09—19.
④ 习近平. 全面建成小康社会 乘势而上书写新时代中国特色社会主义新篇章[N]. 人民日报,2020—05—13.
⑤ 习近平. 在推动高质量发展上闯出新路子 谱写新时代中国特色社会主义湖南新篇章[N]. 人民日报,2020—09—19.
⑥ 习近平. 贯彻新发展理念 推动高质量发展 奋力开创中部地区崛起新局面[N]. 人民日报,2019—05—23.
⑦ 习近平. 贯彻新发展理念 推动高质量发展 奋力开创中部地区崛起新局面[N]. 人民日报,2019—05—23.
⑧ 习近平. 贯彻新发展理念 推动高质量发展 奋力开创中部地区崛起新局面[N]. 人民日报,2019—05—23.

格局,事关全局,意义重大"①。他多次深入西部地区进行实地考察调研,基于西部地区特殊的战略地位及生态环境脆弱多样、自然资源丰富的特点,提出了一系列促进西部地区加速新质生产力培育与壮大的重要部署:

其一,注重生态文明,环境保护先行。习近平同志明确指出,西部地区在国家生态建设上扮演着关键角色,"不仅关系自身发展质量和可持续发展,而且关系全国生态环境大局"②。为此,他多次强调"要坚持高水平保护,深入推进美丽西部建设"③,并针对各地的现实情况提出不同的生态环境保护任务。2019年在内蒙古考察时,他强调,"保护草原、森林是内蒙古生态系统保护的首要任务"④。2024年,在青海考察时,习近平同志强调,"青藏高原生态系统丰富多样、也十分脆弱,加强生态环境保护,实现生态功能最大化,是这一区域的主要任务"⑤,"重中之重是把三江源这个'中华水塔'守护好,保护生物多样性,提升水源涵养能力"⑥。2024年,在宁夏考察时,习近平同志强调"保护好黄河和贺兰山、六盘山、罗山的生态环境,是宁夏谋划改革发展的基准线"⑦。

其二,发展优势产业,提升内生动力。习近平同志高度重视产业在西部大开发中的作用,反复强调各地要因地制宜地走符合实际的发展道路。2021年在广西考察时,他强调"要立足特色资源,坚持科技兴农,因地制宜发展乡村旅游、休闲农业等新产业新业态,贯通产加销,融合农文旅,推动乡村产业发展壮大,让农民更多分享产业增值收益"⑧。2022年在新疆考察时,他强调"南疆发展要因地制宜……丝绸、地毯、和田玉,都是发展方向","兵团农业机械化程度高,农业规模化生产、产业

---

① 习近平.推动新时代西部大开发形成新格局 保障国家安全和发展利益[N].人民日报,2020-05-18.
② 习近平.扎实做好"六稳"工作 落实"六保"任务 奋力谱写陕西新时代追赶超越新篇章[N].人民日报,2020-04-24.
③ 中共中央政治局召开会议审议《进一步推动西部大开发形成新格局的若干政策措施》[N].人民日报,2024-08-24.
④ 习近平.保持加强生态文明建设的战略定力 守护好祖国北疆这道亮丽风景线[N].人民日报,2019-03-06.
⑤ 习近平在青海考察时强调持续推进青藏高原生态保护和高质量发展 奋力谱写中国式现代化青海篇章[N].人民日报,2024-06-21.
⑥ 习近平在青海考察时强调持续推进青藏高原生态保护和高质量发展 奋力谱写中国式现代化青海篇章[N].人民日报,2024-06-21.
⑦ 习近平.建设黄河流域生态保护和高质量发展先行区 在中国式现代化建设中谱写好宁夏篇章[N].人民日报,2024-06-22.
⑧ 习近平.解放思想 深化改革 凝心聚力 担当实干 建设新时代中国特色社会主义壮美广西[N].人民日报,2021-04-28.

化经营条件好,在粮棉油、果蔬生产等方面优势明显"[1]。在黄河流域生态保护和高质量发展座谈会上,习近平同志明确指出,"沿黄河各地区要从实际出发,积极探索富有地域特色的高质量发展新路子"[2]。2024年在重庆考察时,习近平同志指出,"重庆制造业基础较好,科教人才资源丰富,要着力构建以先进制造业为骨干的现代化产业体系"[3]。

其三,坚持精准扶贫,打赢脱贫攻坚。西部地区是中国贫困集中地区,脱贫攻坚任务艰巨,对此,习近平同志强调,"扶贫开发成败系于精准,要找准'穷根'、明确靶向,量身定做、对症下药,真正扶到点上、扶到根上"[4]。2020年在参加内蒙古代表团审议时,习近平同志又指出,扶贫攻坚要与乡村振兴相结合,"要巩固和拓展产业就业扶贫成果,做好易地扶贫搬迁后续扶持,推动脱贫攻坚和乡村振兴有机衔接"[5]。他还进一步强调,"对居住在自然条件特别恶劣地区的群众加大易地扶贫搬迁力度,对生态环境脆弱的禁止开发区和限制开发区群众增加护林员等公益岗位,对因病致贫群众加大医疗救助、临时救助、慈善救助等帮扶力度,对无法依靠产业扶持和就业帮助脱贫的家庭实行政策性保障兜底,就完全有能力啃下这些硬骨头"[6]。

四、奋力谱写东北全面振兴新篇章

"东北地区是我国重要的工业和农业基地,维护国家国防安全、粮食安全、生态安全、能源安全、产业安全的战略地位十分重要,关乎国家发展大局。"[7]

正是在2023年新时代推动东北全面振兴座谈会上,习近平同志首次提出发展新质生产力的理念,旨在奋力谱写东北全面振兴新篇章。为此,他多次深入实地考

---

[1] 习近平.完整准确贯彻新时代党的治疆方略 建设团结和谐繁荣富裕文明进步安居乐业生态良好的美好新疆[N].人民日报,2022-07-16.
[2] 习近平.进一步全面深化改革开放 不断谱写中国式现代化重庆篇章[N].人民日报,2024-04-25.
[3] 习近平.进一步全面深化改革开放 不断谱写中国式现代化重庆篇章[N].人民日报,2024-04-25.
[4] 习近平.落实创新协调绿色开放共享发展理念 确保如期实现全面建成小康社会目标[N].人民日报,2016-01-07.
[5] 习近平.坚持人民至上 不断造福人民 把以人民为中心的发展思想落实到各项决策部署和实际工作之中[N].人民日报,2020-05-23.
[6] 习近平.在深度贫困地区脱贫攻坚座谈会上的讲话[M].人民出版社,2017:14.
[7] 习近平.解放思想 锐意进取 深化改革 破解矛盾 以新气象新担当新作为推进东北振兴[N].人民日报,2018-09-29.

察东北发展现状,为东北地区把脉定向,提出一系列差异化部署,推动东北地区将传统优势与新质生产力的发展深度融合,为东北的全面振兴注入了新的活力与动力。

其一,深度融入共建"一带一路"。东北地区地处东北亚中心,与俄罗斯、朝鲜、韩国等国家接壤或邻近,拥有得天独厚的地理位置优势,为其在新质生产力的发展上提供了广阔的空间和机遇。2015年在吉林调研时,习近平同志就指出,"设立长吉图开发开放先导区是中央一项重要部署,对于扩大沿边开放、加强面向东北亚的国际合作,对于振兴东北地区等老工业基地,具有重要意义"[1]。此后,习近平同志进一步指出,"要加快落实辽宁自由贸易试验区重点任务,完善重点边境口岸基础设施,发展优势产业群,实现多边合作、多方共赢"[2]。东北地区应充分发挥其地理位置优势,加强与周边国家的经济合作,形成优势互补、资源共享的产业格局,为新质生产力的发展提供源源不断的动力。

其二,放大绿色发展优势。新质生产力就是绿色生产力,习近平同志在多次讲话和会议中都强调了东北地区要充分利用独特的自然资源和环境条件,放大绿色发展优势。面对东北独特的冰雪资源,习近平同志指出,"要贯彻绿水青山就是金山银山、冰天雪地也是金山银山的理念,落实和深化国有自然资源资产管理、生态环境监管、国家公园、生态补偿等生态文明改革举措,加快统筹山水林田湖草治理,使东北地区天更蓝、山更绿、水更清。要充分利用东北地区的独特资源和优势,推进寒地冰雪经济加快发展"[3]。在考察东北时,他还对企业因地制宜发展蓝莓产业、通过精深加工增加产品附加值、吸纳林场职工就业的做法表示肯定,勉励他们再接再厉。[4] 此外,他还强调东北地区是中国的重要粮食产区,发展绿色农业具有得天独厚的优势,要"加大投入,率先把基本农田建成高标准农田,同步扩大黑土地保护实施范围"[5]。未来,东北地区应继续坚持绿色发展理念,充分发挥自身资源和环境优势,推动产业转型升级和高质量发展。

其三,发挥老工业基地优势。东北资源条件较好,产业基础比较雄厚,区位优

---

[1] 保持战略定力 增强发展自信 坚持变中求新变中求进变中突破[N]. 人民日报,2015-07-19.

[2] 习近平. 解放思想 锐意进取 深化改革 破解矛盾 以新气象新担当新作为推进东北振兴[N]. 人民日报,2018-09-29.

[3] 习近平. 解放思想 锐意进取 深化改革 破解矛盾 以新气象新担当新作为推进东北振兴[N]. 人民日报,2018-09-29.

[4] 习近平. 深化改革开放 优化发展环境 闯出老工业基地振兴发展新路[N]. 人民日报,2016-05-26.

[5] 习近平. 牢牢把握东北的重要使命 奋力谱写东北全面振兴新篇章[N]. 人民日报,2023-09-10.

势独特,发展潜力巨大。对此,习近平同志提出,"老工业基地要抢抓机遇、奋发有为,贯彻新发展理念,深化改革开放,优化发展环境,激发创新活力,扬长避短、扬长克短、扬长补短,闯出一条新形势下老工业基地振兴发展新路"[1]。他还进一步提出改造升级"老字号",深度开发"原字号",培育壮大"新字号"三篇大文章。2020年,习近平同志在东北三省考察时进一步提出,"要把实体经济特别是制造业做实做优做强,把提升全产业链水平作为主攻方向,加强新型基础设施建设,加快建设产学研一体化创新平台"[2]。在2023年新时代推动东北全面振兴座谈会上,他强调"积极培育新能源、新材料、先进制造、电子信息等战略性新兴产业,积极培育未来产业,加快形成新质生产力,增强发展新动能"[3]。

习近平同志在各地考察时提出的一系列发展论述,充分体现了因地制宜发展新质生产力的工作原则,为各地把握发展优势和精准施策,提供了战略指引和可借鉴的思考样板。首先要坚持系统观念,把握发展新质生产力的整体性、协调性和长远性。各地均要积极践行推动科技创新、业态模式创新、管理创新、制度创新的大政方针。其次要因地制宜探索符合地域禀赋优势的新产业、新模式、新动能,以差异化发展和区域优势联动推动中国新质生产力的多样化和高质量发展,实现发展新质生产力的多维模式。

---

[1] 习近平. 深化改革开放 优化发展环境 闯出老工业基地振兴发展新路[N]. 人民日报,2016-05-26.
[2] 习近平. 坚持新发展理念 深入实施东北振兴战略 加快推动新时代吉林全面振兴全方位振兴[N]. 人民日报,2020-07-25.
[3] 习近平. 牢牢把握东北的重要使命 奋力谱写东北全面振兴新篇章[N]. 人民日报,2023-09-10.

第五章

大力推进科技创新，培育发展新动能

科技创新是发展新质生产力的核心要素。习近平同志指出，要"坚持'四个面向'"[①]，并"强化国家战略科技力量，有组织推进战略导向的体系化基础研究、前沿导向的探索性基础研究、市场导向的应用性基础研究"[②]，"充分发挥新型举国体制优势"[③]，以培育发展新质生产力的新动能。这些论述清晰地指明了科技创新的实施路径，以及落实科技创新与制度创新协同作用的"双轮驱动"战略思想。其中，"四个面向"明确了科技创新的内在要求和需求导向，是推动创新的外部牵引力，"国家战略科技力量"形成科技创新的内部推动力，而"新型举国体制优势"保障创新生态，是科技创新的制度保障。

第一节 坚持"四个面向"加快实施创新驱动发展战略

发展新质生产力、大力推进科技创新要坚持"四个面向"，即要"坚持面向世界科技前沿、面向经济主战场、面向国家重大需求、面向人民生命健康，不断向科学技术广度和深度进军"[④]。"四个面向"充分体现了提升国家创新体系整体效能进程中

[①] 习近平. 切实加强基础研究 夯实科技自立自强根基[N]. 人民日报，2023—02—23.
[②] 习近平. 切实加强基础研究 夯实科技自立自强根基[N]. 人民日报，2023—02—23.
[③] 习近平. 充分发挥新型举国体制优势 一以贯之善始善终久久为功 努力实现我国高端装备制造更多重大突破[N]. 人民日报，2022—10—01.
[④] 习近平. 习近平论科技自立自强[M]. 北京：中央文献出版社 2023：239.

"以问题为导向,以需求为牵引"①的主旨,涵盖了从全球竞争到国家发展,从国家宏观战略到人民微观需求的广泛领域,明确对应了新质生产力发展不同层面的需求,为中国的科技创新指明了战略方向和发展目标,也为推动科技创新提供了需求牵引,为创新驱动发展提供了强大的外部动力。

一、面向世界科技前沿

"面向世界科技前沿"是中国科技创新体系中的最高战略目标,在"四个面向"中具有引领性和基础性的逻辑地位。它决定了中国科技创新的方向和高度及能否实现从"跟跑者""并行者"向"领跑者"的转变。② 在全球科技竞争日益加剧的背景下,中国必须在关键领域实现持续突破,以确保在全球科技版图中的领先地位,同时实现高水平科技自立自强的国家战略目标。"面向世界科技前沿"还为其他三个"面向"提供技术支撑和理论基础。科技前沿的突破通常会带来革命性技术,从而推动经济高质量发展,确保国家在全球经济和战略领域的竞争优势,并通过科技创新成果提升人民生活质量和健康水平,充分体现科技创新服务于人民的根本宗旨。

要实现"面向世界科技前沿",中国必须在基础科学、关键核心技术、新兴技术等领域进行全面的科技创新。首先,基础科学研究是推动科技进步的源泉,也是"面向世界科技前沿"的重要基石。中国必须加大对基础科学的投入,尤其是物理、化学、生物等领域,力求在这些领域取得重大突破。基础科学的深入研究不仅为应用技术提供理论支持,还将为未来技术的发展开辟新的路径。例如,量子信息、基因编辑、人工智能等领域是基于基础科学的前沿研究,这些领域的研究成果决定了中国在未来科技竞争中的战略地位,并将直接影响全球科技格局的演变。其次,关键核心技术的攻关是"面向世界科技前沿"的另一重要任务。当前,全球科技竞争日益激烈,掌握关键核心技术已经成为国家间竞争的核心要素。中国必须在人工智能、量子计算、半导体、新材料、先进制造等关键领域取得突破,确保这些领域的技术自主可控。这不仅关系到中国的科技自立自强,还决定了中国能否在未来的全球科技版图中占据主导地位。此外,新兴技术的发展也是"面向世界科技前沿"

---

① 习近平. 瞄准世界科技前沿 引领科技发展方向 抢占先机 迎难而上 建设世界科技强国[N]. 人民日报,2018—05—29.
② 习近平. 在中国科学院第十七次院士大会、中国工程院第十二次院士大会上的讲话[N]. 人民日报,2014—06—10.

的重要内容。随着数字经济、绿色技术、智能制造等新兴产业的崛起,世界各国都在抢占这些领域的制高点。新兴技术的发展不仅为经济增长提供了新动能,还将引发新一轮的产业革命,为全球经济发展带来新的机遇。中国必须加大对这些新兴技术的研发投入,推动其产业化应用,从而在未来的国际竞争中获得先发优势。

综上所述,"面向世界科技前沿"提出了保持全球科技竞争力和领先地位的迫切需求,既是应对全球科技竞争压力的外部驱动力,也是实现科技强国目标的内在动力。它通过推动基础科学、关键核心技术和新兴技术的全面发展,形成了引领中国科技创新不断前行的强大动力,是确保科技创新体系成功运转的关键前提和基础。

二、面向经济主战场

"面向经济主战场"强调科技创新要与经济发展紧密结合,推动产业升级与结构优化,突出其在推动经济高质量发展中的关键作用。一方面,"面向经济主战场"是科技创新的应用层面,通过将前沿科技成果应用于经济领域,推动科技优势转化为经济优势。强调前沿科技成果的经济应用,为科技前沿突破提供了大规模的实际应用场景和反馈机制,确保科技创新成果能够迅速落地并产生实际经济效益,从而推动形成科技创新与经济发展的良性循环。另一方面,"面向经济主战场"通过推动经济高质量发展,为满足国家重大需求、面向人民生命健康提供物质基础和经济支撑。经济稳步增长和产业升级,不仅保障了国家在关键领域技术攻关所需的资源与资金支持,还将直接促进公共卫生、环境保护、食品安全等领域的进步。这种相互支撑的关系,使得科技创新在经济主战场中的应用成果,能够反哺国家重大需求和人民生命健康的目标,实现科技创新效益的全面提升。

"面向经济主战场"对科技创新提出了具体的要求,主要集中在推动传统产业升级、新兴产业发展和经济结构优化上。首先,围绕推动传统产业升级进行科技创新,提升制造业的智能化、数字化水平,提高生产效率和附加值;同时通过环保和绿色技术的应用,实现传统能源、化工和冶金等行业的绿色化和可持续发展。其次,要依靠科技创新加快新兴产业的发展。新兴产业发展是经济主战场的重要内容,代表着未来经济增长的新动力。中国必须在生物医药、新能源、新材料、信息技术等领域加大科技研发投入,推动新兴产业快速崛起。此外,科技创新面向经济主战场在实现经济结构优化中也起到了重要作用。通过在农业、服务业等领域的技术进步,提升这些行业的技术含量和附加值,实现从数量型增长向质量型增长的转变。

"面向经济主战场"提出了增强中国经济竞争力和推动经济高质量发展的具体需求,这一需求为中国的科技创新系统注入了强大的驱动力。全球经济竞争日益加剧,要求中国通过科技创新提升自身的经济实力,确保在国际市场中保持领先地位。这种外部压力,结合国内实现经济强国目标的迫切性,推动了科技创新在经济领域的广泛应用。与"面向世界科技前沿"主要侧重全球竞争中的科技领先性不同,"面向经济主战场"更多强调科技创新如何直接满足国内经济发展的实际需求,并通过技术突破和广泛应用,提升经济韧性和竞争力,从而确保中国经济在全球格局中的战略优势。

三、面向国家重大需求

"面向国家重大需求"是"四个面向"中的战略支柱,主要集中在保障国家安全和满足战略性需求的科技创新领域,涵盖了国防安全、能源安全、粮食安全、生态保护等多个方面。"面向国家重大需求"强调通过科技创新,确保国家在关键领域的自主可控,抵御外部风险,为其他三个"面向"的实施提供安全保障与技术支撑。

"面向国家重大需求"意味着科技攻关要从国家急迫需求和长远需求出发,解决最紧急、最紧迫的问题。首先,在国防安全方面,科技创新必须集中力量攻克高端武器装备、网络安全、空间技术等核心技术领域的瓶颈。人工智能、量子信息技术、无人作战系统等新兴技术的自主可控,直接关系到国家军事力量的建设和战略地位的提升。其次,在能源安全方面,科技创新需要实现能源的自主与可持续发展,包括可再生能源技术的突破、能源储存与传输技术的创新,这些都是减少对外部能源依赖、确保国家能源安全的关键。再次,粮食安全也是重要组成部分,要求通过现代农业技术的创新,提升粮食生产效率,增强应对自然灾害的能力,保障国家粮食供给的稳定性。最后,在生态保护领域,面对全球气候变化带来的挑战,科技创新必须在碳捕集与储存、气候监测与预警、生态修复等方面取得突破,以确保中国在生态环境保护和可持续发展方面的全球领导力。

"面向国家重大需求"不仅是对科技创新的要求,更是推动中国科技创新的重要动力来源之一。国家安全和战略利益的紧迫性,使得科技创新在国防、能源、粮食和生态等领域的投入成为国家发展的优先任务。这种紧迫需求促使中国在相关领域集中资源,进行技术攻关和创新突破,从而为整体科技创新系统注入强大动力。通过对这些关键领域的技术瓶颈进行攻克,"面向国家重大需求"不仅确保了国家在面对外部挑战时的自主可控能力,还为其他领域的科技创新提供了宝贵的经验和基础设施支持。此外,这一战略的实施也有助于形成国家层面的创新生态系统,提升国家的综合科技实力,并为实现中华民族伟大复兴提供坚实的保障。

四、面向人民生命健康

"面向人民生命健康"体现了"人民至上、生命至上"的发展理念,强调科技创新的最终目标是改善民生,是科技创新的最终落脚点。它强调科技创新应以人民为中心,致力于提升公共卫生、改善生活环境、保障食品安全,并应对人口老龄化等现实挑战。与其他三个"面向"相比,"面向人民生命健康"更关注科技创新如何服务人民生活,确保科技成果惠及全体人民,进而保障社会发展的和谐与共享。同时,人的健康是科技和社会发展的保障,"面向人民生命健康"不仅直接提升了人民的生活质量,还为"面向世界科技前沿"的技术突破提供了应用场景,为"面向国家重大需求"的战略保障提供了社会稳定性,为"面向经济主战场"的产业升级和经济增长提供了动力源泉。

"面向人民生命健康"要求科技创新涵盖医疗健康、环境保护、食品安全和应对人口老龄化等多个关键领域。在医疗健康领域,科技创新需要突破重大疾病的预防与治疗技术,提升医疗服务的可及性和质量,并推动远程医疗和健康大数据的发展,尽可能实现全民医疗保障。在环境保护方面,科技创新应着力改善生态环境,减少污染,通过生态修复技术等保障人民健康的生活环境。在食品安全领域,科技创新应通过智能农业、基因编辑、生物防治等技术,提高农产品的质量和安全性,确保人民食品健康等。面对人口老龄化挑战,科技创新必须在老年病治疗、智能护理系统和养老服务等方面取得突破,保障老年人享有安全和有质量的生活。

"面向人民生命健康"作为科技创新的重要动力来源之一,不仅设定了科技发展的目标,也推动了中国科技创新在多个领域的深化与应用。人民对健康、安全和美好生活的需要,直接驱动了医疗健康、环境保护和食品安全等领域的技术进步,而人口老龄化挑战将进一步要求相关技术快速发展。这种现实需求的推动作用,使科技创新能更好地回应社会发展的具体问题,确保科技进步真正惠及每一个人。

第二节　优化重大科技创新组织机制，
　　　强化国家战略科技力量布局

科技创新需要充足的资源、平台和政策支撑，从而实现高效的创新供给。为此，党的二十大报告对加快建设科技强国做出明确部署，指出要"强化国家战略科技力量，优化配置创新资源，优化国家科研机构、高水平研究型大学、科技领军企业定位和布局"[1]。党的二十届三中全会进一步指出，要"优化重大科技创新组织机制"[2]，从国家层面构建长期的、结构性的科技创新能力，保障技术突破所需的基础设施、资金和人才等。

重大科技创新组织机制是一个复杂的系统化概念，指如何有效组织和协调创新主体、资源和力量，以促进科技创新的高效运作。它关注创新活动的组织架构和分工协作机制，主要解决如何在全国范围内统筹配置科技资源问题，包括资金、人才和技术等。其包括：(1)国家战略科技力量合理布局及其有效协作机制；(2)央地协同机制，协调中央和地方的创新资源；(3)产学研合作机制；(4)科技安全与风险管理机制等。为避免重复论述，本节主要论述前两者如何优化，将后两者放到下一节论述。

一、明确国家战略科技主体力量分工，构建科技创新体系

"国家实验室、国家科研机构、高水平研究型大学、科技领军企业都是国家战略科技力量的重要组成部分。"[3]通过明确四者各自的定位与功能[4]，将推动上述国家战略科技力量有效协同合作，发挥科技创新合力。

"国家实验室是体现国家意志、实现国家使命、代表国家水平的战略科技力量，

---

[1] 习近平.高举中国特色社会主义伟大旗帜 为全面建设社会主义现代化国家而团结奋斗[N].人民日报,2022-10-26.
[2] 中共二十届三中全会在京举行[N].人民日报,2024-07-19.
[3] 习近平.习近平论科技自立自强[M].北京:中央文献出版社,2023:8.
[4] 习近平.高举中国特色社会主义伟大旗帜 为全面建设社会主义现代化国家而团结奋斗[N].人民日报,2022-10-26.

是面向国际科技竞争的创新基础平台,是保障国家安全的核心支撑。"[①]国家实验室是国家科技发展的顶层设计者,承担着制定战略规划和引领前沿技术发展的重任。它们负责前沿科技探索和重大技术攻关,集中在国家亟须突破的领域,如量子信息科学、先进材料和人工智能等。通过前瞻性的研究,确立国家在全球科技竞争中的领先地位。要"同国家重点实验室结合,形成中国特色国家实验室体系"[②],从而为新质生产力的发展提供战略指导、明确技术突破方向,并提供技术基础。此外,国家实验室通过与国家科研机构和高水平研究型大学的合作,推动科技快速发展。例如,量子信息科学国家实验室通过与多所高校和科研机构的合作,取得了量子通信技术的突破性进展,从而提升了中国在这一领域的国际竞争力。

国家科研机构"以国家战略需求为导向,着力解决制约国家发展全局和长远利益的重大科技问题,加快建设原始创新策源地,加快突破关键核心技术"[③]。它们作为国家实验室的延伸和执行者,专注于关键核心技术研发,承担着将国家实验室制定的战略规划转化为具体技术开发任务的重任。它们广泛分布于全国各地,涵盖农业、能源、信息技术等多个领域,不仅承担着国家在这些领域的关键核心技术的研发任务,还通过与地方部门和企业的积极联动合作,确保研究的应用性和实际效果。此外,它们还通过因地制宜的基础创新,为地方经济和产业提供了强有力的技术支撑。例如,中国农业科学院通过与地方农业部门和企业合作,将耐旱作物技术成功推广至实践中,直接提升了农业生产力。国家科研机构不仅推动了技术的应用性和实际效果,还在国家发展的关键领域加速了核心技术的突破,从而更好地服务于国家的长远利益和全局发展。

高水平研究型大学从事学术型基础研究,是"基础研究的主力军和重大科技突破的生力军"[④],并培养适应战略需求的创新人才,为各地区新质生产力发展提供中国特色的知识体系和人才支持。高水平研究型大学在国家科技发展中扮演双重角色:一方面,它们是基础研究和前沿科技探索的主要力量。大学的基础学术研究往

---

① 发改委规划司."十四五"规划《纲要》名词解释之10|国家实验室[EB/OL]. https://www.ndrc.gov.cn/fggz/fzzlgh/gjfzgh/202112/t20211224_1309259.html.
② 习近平. 在中国科学院第二十次院士大会、中国工程院第十五次院士大会、中国科协第十次全国代表大会上的讲话[N]. 人民日报,2021-05-29.
③ 习近平. 在中国科学院第二十次院士大会、中国工程院第十五次院士大会、中国科协第十次全国代表大会上的讲话[N]. 人民日报,2021-05-29.
④ 习近平. 在中国科学院第二十次院士大会、中国工程院第十五次院士大会、中国科协第十次全国代表大会上的讲话[N]. 人民日报,2021-05-29.

往产生新理论和引发技术突破,通过与国家实验室和科研机构合作,这些研究成果被进一步转化和应用,推动了学术创新。另一方面,这些大学致力于培养创新型人才,为国家科技发展提供智力支持。例如,清华大学在人工智能和信息技术领域的研究,为国家实验室的技术开发提供了重要的理论基础,同时还培养出一大批在中国科技发展中发挥关键作用的核心人才。

科技领军企业在技术转化和市场引领中发挥着关键作用。科技领军企业是2021年习近平同志在两院院士大会、中国科协第十次全国代表大会上提出的新概念。与一般企业不同,科技领军企业通常具有雄厚的经济实力、深厚的技术积累和知识产权储备,往往在某些关键技术领域拥有核心专利或特有技术优势;拥有高素质的技术研发团队,包括大量科学家、工程师和技术专家。因此,科技领军企业具有更强的创新能力,有能力通过持续的研发投入和技术突破,从而使自身一直处于行业前沿。它们应该以推动行业技术变革为使命,致力于通过科技创新来开辟新市场或重新定义行业规则。科技领军企业"要发挥市场需求、集成创新、组织平台的优势,打通从科技强到企业强、产业强、经济强的通道。"[①]在适应我国超大市场规模背景下,这些企业应通过"整合集聚创新资源,牵头建立跨领域、大协作、高强度的创新基地"[②]。具体措施包括:整合来自各行业的技术资源,构建强大的技术平台;建立开放的合作机制,通过与高校、科研机构、地方政府的合作,集聚创新要素;通过市场反馈机制,及时调整技术研发方向,以满足市场需求。同时,科技领军企业还应"开展产业共性关键技术研发、科技成果转化及产业化、科技资源共享服务"[③],确保创新成果迅速落地并产生实际效益。例如,华为和阿里巴巴等企业通过与高校和科研机构的协同合作,在5G通信和云计算等关键技术领域取得了快速发展,并在全球市场中保持了领先地位。

通过明确创新主体功能定位,加以制度化管理和协同化合作,各创新主体得以发挥各自优势,构成一个有机的创新系统。在因地制宜推动新质生产力发展的过程中,国家实验室通过顶层设计和前沿技术突破,为新质生产力的发展提供战略指导和技术基础;国家科研机构通过关键核心技术的研发和应用,为地方经济和产业

---

① 习近平. 在中国科学院第二十次院士大会、中国工程院第十五次院士大会、中国科协第十次全国代表大会上的讲话[N]. 人民日报,2021－05－29.

② 习近平. 在中国科学院第二十次院士大会、中国工程院第十五次院士大会、中国科协第十次全国代表大会上的讲话[N]. 人民日报,2021－05－29.

③ 习近平. 在中国科学院第二十次院士大会、中国工程院第十五次院士大会、中国科协第十次全国代表大会上的讲话[N]. 人民日报,2021－05－29.

发展提供技术支撑,促进因地制宜的技术创新;高水平研究型大学为各地区新质生产力发展提供知识和人才支持;科技领军企业通过市场导向的创新和应用,将各主体的研究成果转化为实际生产力,推动地方产业转型升级和经济现代化。在不同地区,根据各地的经济特点和资源优势,国家实验室和科研机构提供针对性的技术解决方案。科技领军企业根据这些解决方案,调整技术路线和产品开发策略,推动符合地方实际的新质生产力形成。高水平研究型大学则通过地方特色的研究项目和人才培养计划,支持地方的创新高地建设。

二、强化主体间动态反馈机制,推动协同创新

国家战略科技力量的有效发挥,依赖于四大主体紧密协同,而这种紧密协同的核心在于高效的信息反馈与调整机制。通过有效的信息流动,推动系列反馈和策略调整,国家实验室、国家科研机构、高水平研究型大学和科技领军企业能实现资源优化配置,确保科技创新与国家战略和市场需求的高度一致,实现创新进程动态且高效。

国家实验室作为国家科技战略的顶层设计者,承担着统筹与引领的重任。在反馈机制中,国家实验室不仅要处理来自其他三大主体的反馈信息,还要结合国家整体战略需求进行资源整合和战略调整。当国家科研机构反馈技术研发过程中的"瓶颈"问题时,国家实验室将重新评估现有技术路线,并进行资源整合,集中力量攻克关键问题。同时,高水平研究型大学的基础研究成果也将影响国家实验室的研究方向,促使其启动新的专项研究计划,以保持前沿技术领域的持续领先地位。科技领军企业在市场应用中遇到的新机会和市场需求变化,也会通过反馈机制传递到国家实验室,使其调整前瞻性学术研究战略,从而确保研究成果能快速转化为生产力。

国家科研机构在国家战略科技力量系统中既是执行者又是协调者。它们通过定期反馈研究进展和技术瓶颈,获取国家实验室的技术路线指导,并在此基础上进行技术优化和迭代。同时,科研机构还接收来自科技领军企业关于市场应用问题的反馈,如产品的市场适应性、生产成本或技术性能等,并根据这些反馈调整技术开发方向。此外,国家科研机构也会根据国家实验室的战略调整,重新分配资源,集中力量攻克新的技术难题,确保研究方向与国家战略保持一致。当高水平研究型大学的基础研究成果对应用研究产生重大影响时,科研机构会积极与大学开展

跨学科合作,推动技术开发进程。

高水平研究型大学在整个创新体系中承担着基础研究和人才培养的双重职责。通过反馈机制,大学的基础研究新突破能够直接影响国家实验室的战略方向。例如,当大学在量子物理研究中发现新的量子效应时,会将这些发现反馈给国家实验室,帮助其调整研究重点,甚至开辟新的研究领域。同时,大学也会接收来自科研机构和企业的反馈,调整研究课题,以解决应用研究中的理论难题。此外,大学还通过响应市场需求和技术应用中的反馈,加速基础研究的转化,确保研究成果能够迅速满足国家科技战略的需求。

科技领军企业既是整个创新链条的终端,又是推动创新发展的重要动力源。它们不仅通过市场应用将科研成果转化为实际生产力,还承担着创新需求的引导角色。首先,企业通过面对市场直接反馈技术应用中的问题,并将这些需求反馈给科研机构,帮助科研机构了解技术在实际应用中的瓶颈,推动科研进一步创新和改进。其次,企业根据国家实验室的前瞻性研究成果,提前布局新兴技术领域。例如,企业紧跟国家科技发展战略,积极投资新兴领域如人工智能、量子技术等,确保在未来竞争中占据优势。同时,企业通过产学研合作,与高校、科研机构紧密协作,获取最新基础研究成果,用于支持自身的技术开发。这种多维度的合作和反馈机制,不仅增强了企业的自主创新能力,还推动了技术的市场化进程,形成了创新与市场需求之间的良性互动,推动新质生产力的发展。

优化央地协同机制在增强反馈机制的效能中发挥着重要作用。通过中央与地方的协同合作,国家实验室和科研机构能够更好地整合地方资源,响应地方的实际需求,从而提高反馈机制的精准度与响应速度。尤其应发挥地方政府在这一过程中的桥梁角色,促进中央政策与地方实际需求,尤其是市场需求的衔接。地方政府不仅要传达国家战略科技力量方向,还要借助市场机制,激活地方创新资源与市场主体活力。一方面,地方政府将地方市场需求迅速反馈给中央;另一方面,地方政府可以通过激励机制,推动本地企业和科研机构的产学研合作,加速科技成果的市场化应用。通过央地协同,创新主体不仅能够更好地应对技术和市场的动态变化,还能够实现创新资源的合理配置与高效利用,推动国家科技实力的全面提升。

三、构建信息共享平台,助力创新发展

在国家战略科技力量布局中,信息流动是确保各主体有效协同合作的关键,信

息共享平台扮演了至关重要的角色。习近平同志指出要"建设规划管理信息平台"[①]。有效的信息平台构建能促进高效知识流动与信息共享,有助于国家在更大范围内整合资源,优化创新过程,加速技术进步。

当前,中国已经建立了多个国家级信息共享平台,如国家科技资源共享平台、国家科研云、国家科技计划信息系统等。这些平台整合了广泛的科研资源,包括科研设施、数据资源、科技文献和项目管理等,在推动科技创新和提升国家竞争力方面发挥着重要作用。

一是作为科技资源整合的枢纽,负责整合和优化全国范围内的科研资源。这些平台将分散在各个科研机构、高校、企业和政府部门的资源汇集在一起,形成统一、可共享的资源库,从而有助于各类创新主体高效获取所需资源,避免重复建设和资源浪费。

二是作为跨领域协同创新的基础。通过平台共享,不同领域的科研人员能共享数据、技术和研究成果,打破学科壁垒,促进知识的融合与创新。

三是充当科技成果转化的加速器。通过这些平台,科研成果可以迅速传递到企业和市场,缩短从实验室到市场的时间。同时,企业的市场反馈也能通过平台快速传回科研机构,帮助调整研究方向,优化技术成果。这种机制不仅加快了科技成果的商业化和产业化进程,还是实现科技与经济紧密结合的重要桥梁。

四是作为政策制定和资源配置的重要支撑。通过信息共享平台,政府可以实时掌握全国科技创新的最新动态和进展情况,从而做出更科学的政策决策。同时,信息共享机制也为资源的精准配置提供了依据,帮助政府将有限的资源投向最有潜力、最需要支持的领域。

尽管中国已经初步建立起了信息共享机制,但仍然存在一些不足之处:

一是存在平台割裂现象与"信息孤岛"。由于跨部门和跨领域协作的复杂性,信息共享平台建立过程中的协调和管理难度大,导致不同平台之间的信息互联互通性还有待提升,导致数据难以在平台之间无缝流动,阻碍了更广泛的协同创新。

二是数据质量与标准化不足。部分共享平台上的数据质量参差不齐,缺乏统一的数据标准和规范。科研人员需要投入大量时间进行数据清洗和处理,降低了信息共享的效率,影响了研究成果的准确性和可靠性。

三是平台使用便利性不高,用户体验有待提升。一些平台的操作复杂,系统稳

---

① 习近平.加强领导 总结经验 运用规律 站在更高起点谋划和推进改革[N].人民日报,2017-08-30.

定性差,降低了科研人员的使用积极性,进而影响了信息共享的实际效果。

四是数据隐私保护存在问题。尽管中国的信息共享机制在数据安全方面采取了严格措施,但在数据隐私保护方面仍有提升空间,尤其是涉及个人数据和敏感信息时,现有保护措施下仍存在隐私泄漏风险。

为进一步强化国家战略科技力量布局中的信息共享机制,可以从以下几方面着手:

一是加强平台互联互通,通过提升标准化和技术升级,增强信息共享平台之间的互操作性,实现信息无缝流动和共享,打破"信息孤岛"壁垒。

二是深化数据治理,制定更加严格和完善的数据治理框架,确保数据在共享中保持高质量,同时强化隐私保护措施,提升科研人员对信息共享的信任度。

三是推动全社会参与。扩大信息共享机制的覆盖范围,吸引更多企业、科研机构、高校及社会各界参与其中,形成更加广泛的创新网络,推动科技创新的全方位发展。

四、优化央地协同,因地制宜布局区域创新网络和创新高地

区域创新网络和创新高地是国家战略科技力量布局的重要组成部分。习近平同志指出,"各地要立足自身优势,结合产业发展需求,科学合理布局科技创新"①。这一论述不仅强调了因地制宜的重要性,也揭示了区域创新网络与国家创新网络之间的有机联系。各地通过科学合理的布局,不仅强化了自身的创新能力,也为国家整体创新网络的建设奠定了基础。区域创新网络的建设,是推动国家战略科技力量布局的关键举措。同时,习近平同志还指出,"要支持有条件的地方建设综合性国家科学中心或区域科技创新中心,使之成为世界科学前沿领域和新型产业技术创新、全球科技创新要素的汇聚地"②。这意味着,在区域发展的基础上,通过优化央地协同,结合区域实际情况,科学布局创新资源,打造具有全球竞争力的区域创新高地,从而进一步推动国家整体创新能力的提升。

区域创新网络是国家创新网络的有机组成部分,是指由特定区域内的高校、科

---

① 习近平.在中国科学院第二十次院士大会、中国工程院第十五次院士大会、中国科协第十次全国代表大会上的讲话[N].人民日报,2021-05-29.

② 习近平.在中国科学院第二十次院士大会、中国工程院第十五次院士大会、中国科协第十次全国代表大会上的讲话[N].人民日报,2021-05-29.

研机构、企业、政府等创新主体通过紧密协作和资源共享形成的创新系统。区域创新网络不要求每个节点都达到同样的创新水平，而是要求通过互补和合作，使得不同节点之间在创新要素的流动和配置上实现最优。与一般创新网络相比，区域创新网络不仅强调技术交流和知识转移，还更加注重地理集聚效应和地方政府的政策支持。这种网络依靠地方政策的强力推动和区域文化的深厚积淀，促进区域内创新主体的高度协同与合作，从而有效提升区域经济竞争力，推动产业升级。其发挥作用的主要机制包括：一是通过地理集聚效应和近邻合作，降低创新主体之间的协作成本，提升知识流动的效率；二是依托地方政府的政策支持，实现创新资源的整合与共享，确保科技成果快速转化与推广；三是利用区域特色和优势，打造具有竞争力的区域创新生态系统，提升区域在国家创新体系中的独特地位。通过上述机制，区域创新网络在推动区域经济发展和缩小区域发展差距方面发挥着不可替代的作用。

区域创新高地指在符合条件的区域内，通过集聚和整合高水平科研机构、科技领军企业、高水平研究型大学和优质人才，形成的具有全球影响力和竞争力的科技创新中心。区域创新高地的主要作用在于集中优势资源，实现关键技术的突破，并通过这些技术突破引领新兴产业的发展，进而推动区域经济的高质量增长和国家创新能力的提升。其发挥作用的机制包括：（1）高水平资源集聚推动创新能力提升。区域创新高地通过集聚顶尖的科研力量，能形成具有高度集聚效应的创新生态，从而使得创新要素高度集中，进而大幅提升区域内科研能力和技术创新水平。（2）引领性技术突破与产业规范效应。区域创新高地的一个核心目标是推动关键技术的突破，并通过这些突破引领新兴产业的发展。这些技术突破不仅推动了区域内相关产业的发展，还可通过示范效应带动全国甚至全球范围内的产业升级。（3）全球创新资源吸引与融合。区域创新高地通过国际合作和开放创新，吸引全球的顶尖人才、先进技术和资本进入，进而将国际先进技术和创新理念融入区域内，持续增强区域的全球竞争力和引领能力。上述机制使得区域创新高地不仅在国内具有重要的引领作用，也在全球科技创新网络中占据战略性位置。

区域创新网络和区域创新高地二者相互促进。区域创新网络是区域创新高地形成的基础与平台，而区域创新高地则是区域创新网络中的核心节点，起到引领和辐射作用。区域创新网络的互联互通，使得区域创新高地的成果能够迅速扩散到其他地区，推动全国范围内的科技创新能力提升。区域创新高地的技术突破和产业带动效应，又反过来增强了区域创新网络的整体竞争力。通过这种双向互动，区域创新网络和区域创新高地共同构成了国家战略科技力量布局的完整体系,推动了全国科技创新的协同发展。

因地制宜布局区域创新网络和区域创新高地,应当遵循以下原则:(1)资源禀赋原则。各地应依托本地区传统特色产业、科研力量、历史文化等,因地制宜布局科研力量区域创新高地建设。(2)协同创新原则。在布局过程中,应注重各创新主体之间的协同合作,推动资源共享和技术合作,通过建立跨区域的协同创新机制,打破行政区划的限制,形成全方位、多层次的创新网络。(3)市场导向原则。布局区域创新网络和区域创新高地时,应充分考虑市场需求,推动科技成果的市场化应用,通过促进产学研合作,推动科研成果向实际生产力转化,实现科技创新与市场需求的紧密结合。(4)绿色发展原则。在创新布局中,应注重绿色创新和可持续发展,通过推动节能环保技术、新能源技术的创新,促进产业结构调整,推动区域经济的绿色转型。因地制宜布局区域创新网络和区域创新高地的具体步骤包括:(1)识别区域优势资源,确定重点创新领域;(2)建立跨区域协同机制,推动创新主体的合作;(3)制定政策支持措施,促进科技成果的转化与应用;(4)定期评估创新布局的效果,动态调整布局策略。详细的具体步骤已在第三章论述过,在此不再赘述。

应当注意到,优化央地协同,是因地制宜布局区域创新网络和区域创新高地的关键。在这一过程中,政策联动是核心。中央政府应发挥顶层设计和资源配置的作用,为地方政府创新提供政策支持、资金保障和制度保障,确保各地在统一的国家战略框架下,合理布局科技创新资源。同时,中央政府还应加强对地方政府创新工作的指导与监督,确保国家战略的实施与落地。地方政府则应根据中央政府的战略指导,结合本地实际,制订符合地方特点的创新发展计划。通过灵活实施创新布局,地方政府能够因地制宜地配置科研力量和创新资源,推动本地的特色产业升级和经济发展。在这一过程中,地方政府不仅要积极吸引和利用中央政府的政策和资源,还要因势利导、主动作为,打造适合本地区的创新生态系统,确保国家战略在地方得到有效贯彻落实,从而实现全国范围内的协调发展和整体科技创新能力的提升。央地协同的有效运作,将为区域创新网络和区域创新高地的建设提供坚实的保障,推动国家科技创新战略目标的实现。

在实践中,中国已经稳步推进区域创新网络构建,并打造了一系列具有示范引领作用的区域创新高地。

2019年,中共中央、国务院印发《粤港澳大湾区发展规划纲要》,其中的第四章要求建设国际科技创新中心。[①]《粤港澳大湾区发展规划纲要》要求:(1)通过深化粤港澳大湾区协同创新,打造科技高地;(2)规划推动"广州—深圳—香港—澳门"科技创新走廊建设,集聚大湾区创新资源,促进创新要素跨境流动,支持大数据中心和重大科技基础设施布局;(3)以企业为主体,深化粤港澳产学研合作,共建协同创新平台,提升科技成果转化能力;(4)通过优化区域创新环境,推动科研合作便利化、知识产权证券化试点,促进科技成果转化与融资。粤港澳大湾区将成为国际科技创新高地,发挥香港在科技金融和知识产权保护领域的独特优势。经过5年建设,粤港澳大湾区科技创新成果显著:截至2024年,拥有6万多家国家级高新技术企业、9个国家重大科技基础设施、50家国家重点实验室;"深圳—香港—广州科技集群"连续4年位居全球创新指数第二;联合实验室达31家,广州超算中心已服务港澳地区用户近300家。预计到2030年,粤港澳大湾区战略性新兴产业规模将达万亿美元,独角兽企业超过100家,"专精特新"企业超过1 000家,形成全球顶级科技创新高地[②]。

2020年,科技部印发了《长三角科技创新共同体建设发展规划》[③],提出以下要求:(1)以"科创+产业"为主线,打造具有全球影响力的科技创新共同体;(2)通过共建高水平创新基地、打造科技基础设施集群、联合科技攻关、强化产业技术创新,推动长三角区域协同创新;(3)构建开放融合的创新生态环境,促进科技资源共享、创新主体协同,推动创新要素自由流动,联合推进G60科创走廊和沿海沿江创新发展,促进高质量发展和产业升级;(4)加强国际合作,吸引全球创新资源,提升科技开放水平,实现区域科技协同和高质量一体化发展。《2023长三角科技创新共同体年度发展报告》指出,长三角地区已成为国家创新策源地,拥有25个重大科研基础设施(占全国33.3%)、104家全国重点实验室(占全国20%)、2家国家技术创新中心(占全国16.7%)、50家国家工程研究中心(占全国14.3%),并有405位两院院士(占全国22.2%)、233家科创板上市企业(占全国46.5%)。3年内长三角地区共获137项国家科技奖项(在全国的占比超过50%),其中一等奖6项(在全国的占比超过40%)。在创新生态方面,长三角拥有461个国家级科技企业孵化器(占全国

---

① 中共中央、国务院. 粤港澳大湾区发展规划纲要[EB/OL]. https://www.gov.cn/zhengce/2019-02/18/content_5366593.htm.
② 任成琦. 科技创新,打造超级发展引擎——粤港澳大湾区高质量发展观察[EB/OL]. http://www3.xinhuanet.com/politics/20240304/f3a3a3d3395541d89bf6634d11b42924/c.html.
③ 科技部. 长三角科技创新共同体建设发展规划[EB/OL]. https://www.gov.cn/zhengce/zhengceku/2020-12/30/content_5575110.htm.

32.4%)、600个众创空间(占全国23.5%)、43个国家大学科技园(占全国30.5%)。长三角已形成国家级创新平台和科技资源共享平台,成为科技创新核心区域。[1]

2020年,科技部还印发了《关于加强科技创新促进新时代西部大开发形成新格局的实施意见》[2],推动西部地区加快实施创新驱动发展战略,大幅提升区域和地方科技创新效能。该实施意见要求:(1)通过支持成渝、西安等地科技创新中心建设,打造各具特色的区域创新高地,推动西部创新型省份和城市创建,形成"中心带动、多点支撑"的创新格局;(2)加大高新技术企业培育,支持西部高新区发展,提升区域产业协同创新能力;(3)深化东西部科技合作,推动西部与京津冀、粤港澳大湾区、长三角等合作,利用"一带一路"平台,促进西部与南亚、东南亚的科技合作,提升西部区域开放创新能力,支撑西部高质量发展。在此政策支持下,成渝地区科技创新成果显著。根据《2023成渝地区双城经济圈协同创新指数显示》,2022年成渝地区协同创新总指数较2020年增长57.07%,年均增速25.33%。其中,成果共享指标增幅最大,较2020年增长109.77%,年均增速44.83%;环境支撑指标增长82.36%,年均增速35.04%。与此同时,成渝地区2020—2022年技术合同成交额年均增速74%,专家共享数量增速73.21%,高速公路和铁路密度增速52.94%。[3]

此外,中国在京津冀地区、中原经济区等多个区域打造了协同创新共同体,具体不作论述。

第三节 优化科技创新生态

科技创新生态指在科技创新过程中,通过整合各种资源和要素,形成科技创新支持型环境与体系。其构成涵盖了创新主体、创新要素、创新功能、创新环境等内容。构建良好的科技创新生态对于实现科技自立自强、加快发展新质生产力、推动经济社会高质量发展具有重要意义。优化科技创新生态,除了明确创新主体功能与完善布局之外,还应通过推进科技体制机制改革,营造良好创新环境,推进人才、

---

[1] 上海科技.2023长三角科技创新共同体年度发展报告[EB/OL]. https://stcsm.sh.gov.cn/xwzx/mtjj/20240104/91aeba405e4e426aaf76148828ee796c.html.
[2] 科技部.关于加强科技创新促进新时代西部大开发形成新格局的实施意见[EB/OL]. https://www.gov.cn/zhengce/zhengceku/2021-02/26/content_5588978.htm.
[3] 重庆市科学技术研究院.稳步提升!成渝地区协同创新总指数三年增长57.07%[EB/OL]. https://www.cq.gov.cn/zt/cydqscjjq/chscjjhjjq/202401/t20240102_12775267.html.

资金、技术、信息等创新要素合理配置,并通过产学研合作与国际合作,形成广泛创新网络等。

为因地制宜做好创新大文章,加快发展新质生产力,当前优化科技创新生态还应至少做好以下四方面工作:(1)推进科技体制机制改革,为整个科技创新系统提供基础性保障。(2)建设高水平科研支撑平台,推动产学研一体化。(3)激发各类人才创新活力,实现科技创新人才的集聚和高效运作。(4)加强国际合作,构建开放创新生态,与产学研合作一起,形成广泛的创新网络。

一、推进科技体制机制改革,点燃高质量发展新引擎

推进科技体制机制改革是推动我国新质生产力加快发展的重要引擎。习近平同志多次强调,科技创新是我国发展的新引擎,改革则是点燃这个新引擎的关键。党的二十届三中全会明确指出,要将科技体制改革上升为国家战略,进一步深化科技体制的系统性改革。这一改革不仅需要在宏观层面上进行顶层设计和战略部署[1],还必须在中观和微观层面上进行深入推进,从而形成一个全方位、多层次的科技创新支持体系。

第一,改进科技计划管理,健全中央财政科技计划执行与专业机构管理体制。这是提升国家科技创新能力的关键措施。首先,科技计划的制订和执行应以科学性为核心,结合国家战略需求和科技前沿,制订合理的计划目标和实施路径。应进一步优化科技计划结构,尤其是促进稳定性支持和竞争性支持有机结合,解决基础研究领域支持的长期性和稳定性不足问题。其次,应明确各级管理主体的职责和权限,形成责任清晰的管理链条。国家级机构(如科技部、发改委和国家自然科学基金委员会等)负责科技计划的顶层设计和宏观管理,制定国家科技战略、确定优先支持的领域,并监督整体执行情况。部委级机构(如中国科学院和中国工程院等)在其管辖领域内具体执行和管理科技项目,负责制定实施细则,管理项目进展,并定期向国家级机构汇报。科研院所和工程技术研究中心作为科技计划的直接承载单位,承担具体的科研任务和技术开发,负责研究的具体操作、实验和应用推广。地方各级机构[(包括省、自治区、直辖市的科技厅(局)]则负责在地方层面落实国

---

[1] 这一改革的宏观层面顶层设计和战略部署,包括"优化科技创新组织机制"和"强化国家战略科技力量"等,已在本章第二节阐述,在此具体阐述改革的中观和微观层面。

家科技政策,管理地方科技经费,推动区域科技创新与产业发展。最后,应加强科技计划执行过程中的科学评估与动态调整,确保计划目标与执行进程保持一致,从而最终实现国家科技战略的预期目标。

第二,优化科研资金管理。这是确保科技创新资源有效配置的重要环节。要针对现有科研资金管理模式在一定程度上存在使用效率不高、配置不合理,从而制约科技创新积极性的问题,进行系统性改革。习近平同志提出,"要深化科研经费管理改革"[1],"赋予科学家更大技术路线决定权、更大经费支配权、更大资源调度权"[2]。首先,应制订科学合理的预算分配方案。中央财政科技经费的分配应以国家科技战略为导向,优先支持对国家发展具有重要战略意义的科研项目和领域,特别是在基础研究、前沿技术和重大科技攻关等方面加大投入。同时,预算分配还应考虑区域间的科技发展不平衡现象,对经济欠发达但具有较大科技潜力的地区予以更多倾斜,确保这些地区能够在国家创新体系中发挥更大的作用。其次,扩大"包干制"范围,将科研项目的资金使用权下放给科研团队,让科学家和科研人员能够自主决定资金的使用路径。这样的安排将有助于减少行政干预,增强科研人员在创新过程中的自主性。再次,应简化科研资金的审批流程,减少不必要的行政干预,允许科研人员根据项目的实际需求灵活调度资金。加快科研资金的拨付进度、确保资金及时到位是保障科研项目顺利进行的关键。此外,还应加强科研经费使用的监督与评估,确保资金真正用于科研创新活动。与此同时,利用信息化管理工具,实现科研资金使用的全流程数字化管理和透明化,既能提高管理效率,又能防止资金滥用,确保每一笔科研经费都能为科技创新发挥最大效益。

第三,深化科技评价体系改革。这是推动科技体制改革的重中之重。针对传统科技评价体系侧重于量化指标,忽视科研成果的质量、实际贡献和社会影响,导致科研人员追求短期成果产出,忽视基础研究和创新探索的不足,习近平同志指出,要建立健全符合科研活动规律的评价制度,完善自由探索型和任务导向型科技项目分类评价制度,建立非共识科技项目的评价机制。在人才评价上,要"破四唯"和"立新标"并举[3]。为此,应分类推进科研评价体系改革。对基础研究,应重点考

---

[1] 习近平. 深入实施新时代人才强国战略 加快建设世界重要人才中心和创新高地[N]. 人民日报,2021－09－29.

[2] 习近平. 深入实施新时代人才强国战略 加快建设世界重要人才中心和创新高地[N]. 人民日报,2021－09－29.

[3] 习近平. 在中国科学院第二十次院士大会、中国工程院第十五次院士大会、中国科协第十次全国代表大会上的讲话[N]. 人民日报,2021－05－29.

察其科学意义、原创性和未来潜力,而非单纯依赖量化指标;对应用研究和技术开发,应重点考察其实际应用价值和对产业升级转型的促进作用。此外,改革还应建立健全符合不同科研活动规律的分类评价体系。例如,对于科研院所和高校,可以引入同行评议、国际评审等方式,强调科研的长远贡献和实践价值。深化科技评价体系改革的根本目的是,引入多元化、质量导向的评价标准,激励科研人员更加注重原创性、创新性研究,激发科学家研究热情,推动科研成果从"量的堆积"转变为"质的提升",从而提升中国在全球科技竞争中的地位,实现科技自主可控和自立自强。

第四,健全科技金融与保障机制。这是支持科技创新、打通从科技强到产业强和发展新质生产力的重要保障。健全的科技金融体系不仅能为科技型中小企业提供多元化融资渠道,还能支持国家重大科技任务顺利实施。然而,现有科技金融体系在支持高风险、高价值项目方面仍有不足。为此,有必要采取以下措施健全科技金融体系:(1)增加对初创企业的风险投资支持;(2)完善科技保险政策体系,注重科技保险和知识产权质押融资等新型金融工具的开发,从而既为科技创新提供风险分担机制,又为科研项目失败或技术转化过程中可能出现的风险提供更全面的保障;(3)提高在华开展股权投资和风险投资的便利性,吸引更多国际资本参与我国科技创新事业,实现更广泛的国际合作。这些措施的实施将为我国科技创新的长足发展提供强有力的资金和政策保障,推动我国在全球科技竞争中占据更有利的地位。为此,应进一步加强金融机构与科技企业的合作,建立高效的对接机制,实现金融资本与科技资源的有效融合。此外,还需推动金融科技的发展,通过金融科技手段优化资金管理和风险控制,提升金融服务的效率和质量。科技创新需要长期而持续的资金支持,金融科技能够为创新主体提供更灵活的融资渠道和更高效的资金管理模式,从而保障科技创新活动的可持续性和高效性。

第五,强化科技风险安全管理。这是确保科技创新稳步推进的重要环节。科技创新在推动社会进步的同时,也伴随着各种潜在风险,如技术风险、市场风险、知识产权风险及伦理风险等。为了应对这些挑战,必须建立健全风险预警和管理机制,确保在科技创新过程中有效预防和应对风险。首先,应建立科技风险评估制度,对科技项目进行全生命周期的风险评估,包括项目启动前的风险预测、项目执行中的风险监控及项目完成后的风险评估。这种全面的风险管理体系将有助于识别潜在的风险因素,制定相应的应对措施,从而最大限度地降低风险对科技创新活动的影响。其次,应强化关键核心技术的安全保障,特别是在涉及国家安全的技术领域,如人工智能、大数据、网络安全和生物技术等。政府应制定并落实相关政策,加强对这些领域的技术保护,防止技术外流和知识产权的侵害。同时,要建立健全知识产权保护机制,确保科研人员和科技企业的合法权益得到有效维护。最后,科技风险管理还需要多方合作,共同应对风险挑战。企业、科研机构、政府部门及金融机构应建立风险共担机制,共同承担科技创新过程中可能出现的风险。同时,通过制定应急预案和开展风险演练,提升应对突发风险的能力,确保在危机发生时能够迅速反应、妥善应对,从而保障科技创新的顺利进行。

通过以上措施的实施,将形成一个相互支撑、协调发展的科技创新体制体系,有效推动我国新质生产力的加快发展,为实现高质量发展提供强大动力。

二、建设高水平科研支撑平台,推动产学研一体化

提升科技成果转化率和加快发展新质生产力,离不开产学研一体化的有效推进,而构建高水平科研支撑平台是推进产学研一体化的关键。产学研一体化不仅是技术创新的推动力,也是科技成果转化为新质生产力的加速器。通过企业市场导向、高校研究能力和科研机构技术支持的紧密结合,产学研一体化能够快速将科研成果推向市场,实现从实验室到生产线的跨越,有效促进产业升级和技术进步。为此,应强化企业科技创新主体地位,加强新型研究机构的桥梁作用,建设高水平支撑平台,深化科技成果转化机制,加强国家技术转移体系建设,加快形成和发展新质生产力。

(一)强化企业科技创新主体地位、推动企业主导的产学研深度融合

这是实现产学研一体化的核心。习近平同志多次强调,企业是科技创新的主体。企业作为市场需求的直接推动者,具有敏锐的市场洞察力和较强的资源整合能力。强化企业的科技创新主体地位对于推动科技成果高效转化至关重要。为此,应壮大科技领军企业,充分发挥这些企业在科技创新中的带头作用。可通过政策支持、资金投入及税收优惠等方式,鼓励科技领军企业加大研发投入,并积极参与国家重大科技项目。同时,要构建促进"专精特新"中小企业发展壮大的机制,通过扶持和培育具有自主创新能力的中小企业,帮助这些企业在特定领域内实现技术领先,形成行业竞争新优势。此外,推动企业主导的产学研深度融合机制也是关键。通过建立企业研发准备金制度,支持企业牵头参与国家科技攻关任务,可以有效调动企业的积极性和主动性,使其在国家重大科技项目中发挥更大作用。这一

机制不仅能够增强企业在科研项目中的话语权,还能促进高校、科研机构与企业之间更加紧密的合作关系。要通过建立更加紧密的合作机制,推动高校、科研机构和企业的深度合作,实现资源的优化配置和科技成果的高效转化,进而提升科技创新对经济发展的支撑能力。

(二)大力建设新型研发机构

新型研发机构的建设是实现产学研一体化的桥梁和催化剂。新型研发机构包括企业研究院、科技服务公司、产业技术研究院等。这些机构兼具市场化运作和科研创新能力,能够在企业与高校、科研机构之间起到桥梁作用。这些机构通过灵活的运作模式,不仅可以整合高校和科研机构的基础研究成果,还能将其转化为企业可应用的技术,推动科研成果快速进入市场。新型研发机构能够提供专业技术支持、项目管理及资金对接等服务,帮助企业降低直接进行基础研究的风险,提升技术转化的效率。

(三)推动建设高水平科研支撑平台

高水平的科研支撑平台是推动产学研一体化的基础保障。高水平科研支撑平台是创新要素集聚和转化的重要载体,具体是指能为科研活动提供全面支持的硬件设施等物质基础,以及能通过集成化的技术支持,确保创新活动顺利进行的科研支撑平台,包括先进实验室、技术研发中心、概念验证平台和中试验证平台等。

高水平科研支撑平台应该具备至少五大特征。一是先进性,即平台应配备世界一流的科研设备和技术支持,能满足高精度和高复杂性的研究需求;二是多功能性,即平台能支持从基础研究到技术开发的全链条科研活动,适应不同学科和领域的科研需求;三是开放性与共享性,即平台能为企业、高校和科研机构提供共享服务,促进资源的优化配置与合作;四是灵活性与可扩展性,即平台应具备根据科技发展的需要进行动态调整和升级的能力,以支持新兴技术和未来需求;五是高效性,即平台应具备高效管理和技术服务提供功能,提升科研活动的整体效率,确保研究成果的快速转化。高水平科研支撑平台有效推动产学研一体化的关键在于其对科研全流程的支持。一方面,平台为基础研究提供了先进的实验室和设备,确保科研活动的高效进行;另一方面,通过平台的开放性和共享性,不同科研主体可以在同一平台上合作,共享资源与知识,形成信息传递更流畅、合作研究更紧密的协同创新力。此外,平台的多功能性使得科研成果能够迅速转化为技术产品,并通过中试和验证环节降低市场应用的风险。上述功能将推动科研活动顺利进行,并通过产学研合作机制的集成化运行,加速科技成果转化为现实生产力。

三、激发各类人才创新活力,建设全球人才高地

"人才是第一资源。国家科技创新力的根本源泉在于人。"①习近平同志多次指出,要"激发各类人才创新活力,建设全球人才高地"②。党的二十届三中全会明确指出,"人才是中国式现代化的基础性、战略性支撑"③。要将人才培养提升到国家战略的高度,推动人才引进、培养与激励机制的全面升级,以构建全球人才高地为目标,激发各类人才的创新活力,支撑国家科技创新与经济转型升级。

一是面向国家战略需求与区域因地制宜相结合,加快战略人才力量建设。国家必须着力培养和引进一批具有全球视野和前瞻思维的战略科学家和一流科技领军人才。战略科学家应具备引领全球科技前沿的能力,能够在关键领域提出原创性科学假设并推动理论突破;一流科技领军人才则应能够组织和协调跨学科、跨领域的重大科技项目,推动技术的工程化和产业化。同时,各地区应结合国家政策和各区域的实际需求,因地制宜地实施人才引进和培养策略。例如,东部地区可以利用其经济和科技优势,吸引并培养适应高端制造业和现代服务业发展需求的高层次人才;而中西部地区应结合国家区域发展战略,重点培养适应当地产业结构的实用型和技术型人才,助力区域经济的协调发展和国家战略的全面落实。

二是完善人才激励机制,激发人才创新活力。首先,应建立以创新能力、质量、实效和贡献为导向的人才评价体系,摒弃以往过度依赖数量化指标的评价方式,转向更加注重科研成果的创新性和实用性,从而鼓励科研人员投入高质量的原创研究,推动技术突破。其次,应深化高校和科研院所的收入分配改革,确保科研人员能够获得与其贡献相匹配的报酬。特别是通过强化科研成果转化的激励机制,使科研人员在技术转移和市场应用中获得合理收益。为了实现人才的区域合理布局,还应推动与完善东中西部人才的协作与交流,建立区域性的人才交流平台和合作机制。例如通过设立区域科技园区和创新创业基地,吸引各类人才在不同区域流动,助力区域经济的协同发展,特别是在中西部地区,通过制定特殊人才引进政策和培养计划,提升当地的创新能力与竞争力。

三是构建具有全球竞争力的人才制度体系,这是我国建设全球人才高地的必

---

① 习近平.习近平在科学家座谈会上的讲话[N].人民日报,2020-09-12.
② 习近平.加快建设科技强国 实现高水平科技自立自强[N].人民日报,2022-05-01.
③ 中共二十届三中全会在京举行[N].人民日报,2024-07-19.

然选择。国家应完善海外引进人才的支持保障机制,通过提供优质的科研环境、便利的生活条件及有竞争力的薪酬待遇,吸引国际高端人才来华工作与生活。同时,要探索建立高技术人才移民制度。通过设立专门的高技术人才移民政策,简化签证流程,为全球顶尖科技人才提供快速进入中国的渠道。此外,国家应通过海外人才工作站和中国科研机构的海外分支机构,扩大与海外华人科学家和创新人才的联系,鼓励他们回国或以远程方式参与国家科技创新项目。通过建立健全的海外人才机制和回国支持政策,进一步增强我国的人才储备和创新能力,促进中外科技交流与合作,为我国的科技创新和产业升级注入新动力,最终推动我国在全球创新体系中的地位不断提升。

四、构建开放创新生态,参与全球科技治理

在全球化与科技迅速发展的背景下,构建开放的创新生态系统对于提升中国在全球科技竞争和科技治理中的地位和影响力具有重要意义。通过深化国际科技合作和推动开放创新平台的建设,中国不仅可以提升在全球科技治理中的话语权,还能在全球创新体系中占据更加有利的位置,推动国内科技发展与国际科技前沿的深度融合。

首先,加强国际科技合作是构建开放创新生态的重要组成部分。中国应积极参与并加强与各类国际科技组织的合作,借此提升在全球科技治理中的参与度和影响力。通过与联合国教科文组织、世界知识产权组织等国际科技组织的合作,中国可以在全球科技政策的制定和实施过程中发挥更加积极的作用。此外,中国还应鼓励在华设立国际科技组织或分支机构,这不仅有助于引入国际先进的科技资源和管理经验,还能促进国内科技界与国际同行的直接交流与合作。这种多层次的国际科技合作机制,将进一步增强中国在全球科技治理中的话语权和主导力,确保我国科技创新能够在全球范围内更好地传播与推广。

其次,推动开放创新平台建设是提升中国科技国际化水平的重要举措。开放创新平台能够促进国内外科技资源的流动和共享,打破科技创新的地域限制,使得国内科研人员和机构能够更便捷地获取全球前沿的科技资源和信息。通过建立跨国界的合作平台,如国际联合实验室、跨国科研中心和国际技术转移中心,国内的科技创新活动可以与国际创新体系实现深度对接。这不仅有助于提升中国科技创新的全球竞争力,还能促进国内科技成果的国际化推广和应用,形成良性循环。

在推动开放创新平台建设的同时,国内科技与国际科技的深度融合也是必须强调的重点。中国科技发展需要借鉴和吸收全球科技前沿的优秀成果和经验,并将其与本土实际相结合,形成具有中国特色的科技创新体系。例如,在人工智能、生命科学、新能源等前沿科技领域,中国应积极引入国外先进技术和理念,并通过与国际顶尖科研机构的合作,共同攻克全球性科技难题。这种开放与融合不仅可以加速国内科技创新的步伐,还能为全球科技发展贡献"中国智慧",增强中国在国际科技领域的影响力和贡献度。

第六章

以科技创新推动产业创新，建设现代化产业体系

现代产业体系是新质生产力的主要载体，通过科技创新与实体经济深度融合，为新质生产力的形成提供必要的物质基础。习近平同志指出，发展新质生产力，要"及时将科技创新成果应用到具体产业和产业链上"[1]，"围绕发展新质生产力布局产业链"[2]，并且要"科学布局科技创新、产业创新"[3]。这些论断指明了加快发展新质生产力的核心路径。首先，深度融合创新驱动与产业升级，通过超前布局未来产业、培育壮大新兴产业、改造升级传统产业，推动现代产业体系全面升级；其次，围绕发展新质生产力合理布局产业链，提升其竞争力和韧性，确保产业体系的自主可控和安全性，从而增强我国经济体系的稳定性和国际竞争力；最后，因地制宜布局科技创新与产业创新，充分发挥各地比较优势，缩小区域发展差距，深化城市群和都市圈建设，推动区域一体化发展，从而形成优势互补、协同发展的产业格局。

第一节 完善现代产业体系

完善现代产业体系，使其与新质生产力的发展要求相适应，要求通过科技创新与实体经济深度融合，形成传统产业、新兴产业、未来产业的合理布局。传统产业

---

[1] 习近平.加快发展新质生产力 扎实推进高质量发展[N].人民日报,2024-02-02.
[2] 习近平.加快发展新质生产力 扎实推进高质量发展[N].人民日报,2024-02-02.
[3] 习近平.加快发展新质生产力 扎实推进高质量发展[N].人民日报,2024-02-02.

是基础,新兴产业推动技术创新并成为增长新动能,未来产业则引领长期发展方向,确保我国占据全球产业制高点。三者的优化布局与有机互动将推动产业体系的动态平衡与持续优化,为新质生产力提供必要的物质基础。同时,新质生产力的加快形成也将促进现代产业体系的不断完善和升级。二者相互支撑,体现了"基础与创新"的辩证统一。

一、超前布局未来产业

未来产业指由前沿技术驱动,当前处于技术研发或概念验证阶段,尚未大规模商业化,但具有巨大潜力的产业领域。《中华人民共和国国民经济和社会发展第十四个五年规划和2035年远景目标纲要》指出,要"在类脑智能、量子信息、基因技术、未来网络、深海空天开发、氢能与储能等前沿科技和产业变革领域,组织实施未来产业孵化与加速计划,谋划布局一批未来产业"[1]。2024年政府工作报告指出,要"制定未来产业发展规划,开辟量子技术、生命科学等新赛道,创建一批未来产业先导区"[2]。

未来产业具有显著的战略性、引领性和颠覆性特征,超前合理布局未来产业事关国家中长期经济社会发展潜力和战略安全,不仅是我国应对全球科技竞争的重要手段,也是我国掌握未来经济制高点的战略部署。

一方面,未来产业是解决当前全球普遍性问题的新手段。在应对重大疫情、人口老龄化、全球气候变暖和深海空天开发等全球性问题时,未来产业展现出巨大潜力。2020年3月,习近平同志在浙江考察时就统筹推进疫情防控和经济社会发展工作进行了讲话。他指出,"危"和"机"总是同生并存的,要善于从眼前的危机和困难中捕捉和创造机遇。为此,我们"要抓住产业数字化、数字产业化赋予的机遇,加快5G网络、数据中心等新型基础设施建设,抓紧布局数字经济、生命健康、新材料等战略性新兴产业、未来产业,大力推进科技创新,着力壮大新增长点、形成发展新动能"[3]。其后,他在多次会议中强调要重视发展未来产业,应对疫情和国外关键技

---

[1] 中华人民共和国国民经济和社会发展第十四个五年规划和2035年远景目标纲要[EB/OL]. https://www.gov.cn/xinwen/2021-03/13/content_5592681.htm.

[2] 李强. 政府工作报告——2024年3月5日在第十四届全国人民代表大会第二次会议上[EB/OL]. https://www.gov.cn/yaowen/liebiao/202403/content_6939153.htm.

[3] 习近平. 统筹推进疫情防控和经济社会发展工作 奋力实现今年经济社会发展目标任务[N]. 人民日报,2020-04-02.

术"卡脖子"等冲击之危,以超前布局未来产业为契机,从中发掘发展新动能。

例如,核糖核酸(mRNA)疫苗、基因工程、数字化医疗、人工智能辅助药物研发等新兴技术研发进程不断加快,其产业化应用将显著提升公共卫生能力,提升人民生命健康保障;又如,以氢能为代表的新型清洁能源在全球能源结构中的地位将不断提升;再如,深海空天开发的前沿科技布局为应对资源限制和拓展生存空间提供了新途径。

另一方面,合理谋划未来产业布局是后发国家实现"换道超车"和提升全球竞争力的契机。未来产业由前沿性全新技术所驱动,其技术标准和管理规则尚未明确,所有国家站在相近的起跑线上,发达国家尚无法通过改变贸易规则等设置障碍。后发国家如能提前谋划布局,抓住未来产业先机,有机会实现"赶上"和"超车",增强自身在全球经济中的地位。当前,未来产业已经成为各国竞争的新焦点,代表着新一轮科技革命和产业革命发展的方向,可以催生一系列新产品、新模式和新业态,引领生产生活方式和管理模式的深刻变革。合理谋划超前布局未来产业,对我国立足实体经济,加快构建以先进制造业为支撑的现代产业体系,培育和发展新质生产力具有重大战略意义。习近平同志以统筹全局、面向未来的战略眼光,提出了"超前布局"的产业发展思想。在2015年11月的中央军委改革工作会议上,他提出,要"选准突破口,超前布局,加强前瞻性、先导性、探索性的重大技术研究和新概念研究"[1],以抢占未来军事竞争的战略制高点。在2017年的中央政治局第二次集体学习上,他再次指出,要"审时度势、精心谋划、超前布局、力争主动"[2],以应对大数据技术和相关产业的迅速发展。2022年12月,在中央经济工作会议上,他进一步指出,"要在重点领域提前布局,全面提升产业体系现代化水平,既巩固传统优势产业领先地位,又创造新的竞争优势"[3]。2024年,在发展新质生产力的语境下,他再次明确指出要超前布局未来产业。这些论述展示了习近平同志在推动我国科技创新和战略发展中的超前布局谋略,也推动了我国在全新的产业领域中获得先机,形成新的增长点,推动新质生产力加速发展。

然而,未来产业具有高度的不确定性,超前布局面临很大的风险。

首先,技术的复杂性和不确定性是超前布局未来产业的最大挑战。未来产业

---

[1] 习近平. 全面实施改革强军战略 坚定不移走中国特色强军之路[N]. 人民日报,2015-11-27.
[2] 习近平. 审时度势 精心谋划 超前布局 力争主动实施国家大数据战略 加快建设数字中国[N]. 人民日报,2017-12-10.
[3] 习近平. 当前经济工作的几个重大问题[J]. 求是,2023(04):4-9.

所依赖的前沿技术尚未成熟,相关技术的研发路径充满不确定性,并可能遇到难以预料和跨越的技术"瓶颈"。某些研发过程需要跨学科的技术整合,如生物制造不仅需要生物技术突破,还需要与材料科学、化学工程等领域紧密协作,这进一步提升了研发的复杂性。因此,未来产业研发周期超长,资源投入风险巨大,如果在技术突破过程中遭遇"瓶颈"或失败,将形成大量前期沉没成本,为企业和国家形成巨大的经济和竞争压力。

其次,市场的模糊性是超前布局未来产业的重要障碍。未来产业往往涉及近乎全新的产品与服务,市场需求尚未成熟,市场定位模糊,企业难以制定有效的市场战略,可能导致资源配置不当或错失市场机会。此外,新市场模式和新商业生态的形成需要较长时间,且过程中充满大量不可预见的挑战。过度投入未来产业将影响现有业务的竞争力。政府在制定支持政策时也需要考虑市场模糊性带来的风险,避免资源盲目配置。

最后,未来产业面临很强的伦理与法律挑战,尤其是基因编辑和类脑科学等敏感领域。

例如,基因编辑技术虽然在医疗领域展现出巨大潜力,但同时带来了"设计婴儿"、生物安全等一系列伦理问题,可能引发公众强烈争议。由于未来产业的技术发展常常超前于法律法规,现有法律框架无法有效规范新技术,导致法律监管滞后,从而产生技术滥用和跨领域、跨国竞争中的不公平现象。上述弊端将对未来产业的长期发展产生不利影响。一方面,法律和伦理监管缺位可能导致社会对新技术的担忧,阻碍技术推广与市场转化;另一方面,不同产业、区域和国家的伦理与法律标准差异,可能成为未来科技竞争中的新变量,加深产业、区域和国家间的技术鸿沟。因此,如何确保技术发展符合社会伦理和法律规范,是超前布局未来产业时必须正视的挑战。

因此,为了抢占全球未来技术发展的制高点,为国家经济的长期可持续发展提供新动力,中国需要谋划一系列前瞻性战略布局。政府应加强顶层设计,明确未来产业的优先发展领域,并从加大基础研究投入、建立科技创新集群、推动产学研结合、加强国际科技合作、健全政策支持体系等一系列具体措施入手,争取在未来产业布局上占据主动地位。这要求具有高瞻远瞩的战略眼光和耐心资本的支持。

二、培育壮大新兴产业

新兴产业通常指由科技进步和市场需求推动,通过技术创新和模式创新迅速崛起的新经济部门。这些产业不仅具有高科技含量和高增长潜力,更是推动新质生产力发展的重要载体。习近平同志在讲话中多次提到,要加快战略性新兴产业的建设和发展。《中华人民共和国国民经济和社会发展第十四个五年规划和2035年远景目标纲要》提出,要通过发展新一代信息技术、生物技术、新能源、新材料、高端装备、新能源汽车、绿色环保、航空航天和海洋装备等战略性新兴产业,推动我国经济的高质量发展。[1] 2023年中央经济工作会议进一步强调,要"打造生物制造、商业航天、低空经济等若干战略性新兴产业"[2],以此推动新质生产力的培育和发展。2024年政府工作报告提到,要"实施产业创新工程,完善产业生态,拓展应用场景,促进战略性新兴产业融合集群发展。巩固扩大智能网联新能源汽车等产业领先优势,加快前沿新兴氢能、新材料、创新药等产业发展,积极打造生物制造、商业航天、低空经济等新增长引擎"[3]。

"战略性新兴产业是引领未来发展的新支柱、新赛道。"[4]新兴产业的发展对于推动新质生产力具有重要意义。首先,新兴产业的特征之一是高技术含量,可以有效推进先进技术应用和创新模式融合,提升产业竞争力和附加值。通过发展新兴产业,能够有效整合数字化、智能化和绿色化的技术要素,形成高效、可持续的新质生产力体系。其次,新兴产业的另一个特征是较大的成长潜力和宽广的市场空间,通过市场规模和影响力迅速扩大,可以成为推动经济结构调整和产业升级的重要力量,成为当前和未来经济增长的新引擎。例如,数字技术的广泛应用正在加速各行业的数字化转型,提升了生产效率;又如,生物技术通过创新的医药和生物制造手段,提升了健康产业的技术水平和服务质量。再次,新兴产业通过技术创新,能够带动传统产业的转型升级,促进产业链上下游的协同发展,形成更具竞争力的现代化产业体系。最后,新兴产业的发展可以促进科技成果的转化和应用,推动知识

---

[1] 中华人民共和国国民经济和社会发展第十四个五年规划和2035年远景目标纲要[EB/OL]. https://www.ndrc.gov.cn/fzggw/wld/zsj/zyhd/202312/t20231227_1362958.html.
[2] 中央经济工作会议在北京举行[N].人民日报,2023-12-13.
[3] 李强.政府工作报告——2024年3月5日在第十四届全国人民代表大会第二次会议上[EB/OL]. https://www.gov.cn/yaowen/liebiao/202403/content_6939153.htm.
[4] 习近平.当前经济工作的几个重大问题[J].求是,2023(04):4-9.

经济的发展,为社会创造更多的高质量就业机会,提升人民生活水平。

尽管新兴产业具有巨大的发展潜力,但在实际推进过程中面临诸多挑战。一是技术创新的复杂性与多样性。新兴产业的发展高度依赖技术的创新和应用。不同于传统产业,新兴产业要求技术不断迭代和跨领域融合。例如,新材料和高端设备研发,不仅需要克服技术难题,还要求与人工智能、大数据等新技术深度融合,这种技术的复杂性和多样性,增加了新兴产业在推动新质生产力发展过程中的不确定性。二是市场开拓与新质生产力要求的匹配性。新质生产力发展强调高效率、高附加值和可持续性,这对新兴产业的市场表现提出了更高要求。然而,新兴产业的产品和服务产生时间不长,市场认知不足,消费者和企业用户可能因为不熟悉、不了解而采取观望态度,导致市场渗透率低。因此,企业需要投入大量资源进行市场教育和推广,而这对企业资金支持提出了较高需求。此外,与新兴产业相适应的基础设施建设也相对滞后。如何拓展应用场景是新兴产业发展的关键难题。三是政策和法规的不确定性。新兴产业的快速发展,要求政策具备前瞻性和灵活性。政府在制定支持新兴产业的政策时,必须考虑新质生产力发展的整体战略需求,并根据产业的发展阶段和市场变化及时调整政策。但由于新兴技术发展速度加快,现有政策法规往往滞后于产业发展,企业在法律合规性和政策支持方面面临诸多不确定因素,这将为企业带来合规性和法律风险。此外,新兴产业发展还面临人才短缺问题,高度专业化和跨学科的人才供不应求,导致企业在创新和技术应用上受到制约。

培育壮大新兴产业是完善现代产业体系、推动新质生产力发展的核心途径之一。新兴产业通过技术创新和市场开拓,不仅构建了新质生产力的基础,还在全球竞争和可持续发展中发挥了重要作用。然而,技术创新的复杂性、市场开拓的匹配性和政策支持的持续性与灵活性成了培育发展新兴产业的主要挑战。应通过政府和企业的协同努力,优化技术创新环境,完善市场机制,提供稳定和灵活的政策支持,使新兴产业成为我国现代产业体系的重要支柱,为发展新质生产力提供坚实的基础。

三、改造提升传统产业

传统产业是指那些已经形成一定规模,经过长期发展而成熟的产业,包括制造业、农业、建筑业、纺织业、冶金业、石化产业等。这些产业是国家经济的基础,在传统工业化进程中做出了巨大贡献。但随着现代化进程不断推进及科技与经济背景的转变,这些传统产业面临着创新不足、生产效率低、资源消耗大、环境污染严重等问题,亟须通过技术改造和创新升级而焕发新生。习近平同志任总书记之初,便强调要以科技创新推动新型工业化,其中一条主线就是加快传统产业改造升级。他说,"我们要推动新型工业化、信息化、城镇化、农业现代化同步发展,必须及早转入创新驱动发展轨道,把科技创新潜力更好释放出来,充分发挥科技进步和创新的作用"①。

"传统制造业是现代产业体系的基底,要加快数字化转型,推广先进适用技术,着力提升高端化、智能化、绿色化水平。"②改造提升传统产业,要求以新技术、新工艺、新模式为引领,推动传统产业向高端化、智能化、绿色化发展。通过引入先进的智能制造技术,实现生产流程的自动化和智能化,提升产品附加值和市场竞争力;通过采用绿色技术,减少能源消耗和环境污染,推动传统产业向绿色低碳转型;通过创新商业模式和管理机制,优化产业链上下游的协同效应,提升传统产业的整体效益和抗风险能力。

改造升级传统产业,对于健全现代产业体系和推动新质生产力发展具有重要意义。一是有助于稳定经济基础,增强国家竞争力。传统产业在我国经济结构中占据重要地位,是国民经济的重要支柱。传统产业的升级改造,涉及技术改造、工艺优化、节能减排等多方面内容,有助于提升资源利用效率,降低生产成本。通过改造提升传统产业,可以增强产业的核心竞争力,不仅可以为国内经济稳定发展提供保障,还有利于维持国际市场的优势地位。二是可以以改造提升传统产业为契机,壮大新兴产业和培育未来产业。传统产业不是落后产业和需要淘汰的产业。事实上,超前布局未来产业、培育壮大新兴产业的途径,除了利用颠覆性技术创新和关键核心技术创新、换道发展新产业之外,还有一个重要途径,就是通过新技术与传统产业相结合,培育未来产业和新兴产业。例如,智能制造技术与传统制造业的融合,正在催生出新型工业互联网产业。通过将物联网、大数据、人工智能等新技术应用于传统制造业的生产流程中,企业不仅能够实现生产效率的提升,还能够通过数据驱动的智能化管理,创造新的商业模式,推动传统产业向高端化、智能化方向转型。三是有助于响应国家战略,助力绿色发展。在全球气候变化和资源短

---

① 习近平. 敏锐把握世界科技创新发展趋势 切实把创新驱动发展战略实施好[N]. 人民日报,2013—10—02.

② 习近平. 当前经济工作的几个重大问题[J]. 求是,2023(04):4—9.

缺的挑战下,传统产业的绿色化改造已成为国家战略的重要组成部分。通过提升传统产业的绿色技术水平,推动清洁生产和可再生能源的应用,可以有效减少碳排放,助力实现"碳达峰、碳中和"目标。例如,新型材料技术与建筑行业的结合,正在引领建筑行业向绿色、可持续发展转变。通过应用先进的环保材料和智能化建筑技术,不仅提升了建筑行业的建筑品质和能源利用效率,还推动了绿色建筑产业的兴起。这样的结合不仅增强了传统产业的竞争力,也为未来产业的发展提供了坚实的基础和广阔的前景。同时,绿色化改造也能够提高企业在国际市场上的绿色竞争力,从而为国家经济发展注入新的活力。

传统产业在改造和升级过程中,主要面临以下挑战。一是技术创新与应用瓶颈。传统产业改造提升高度依赖于技术创新。然而,由于传统产业通常有较为固定的生产模式和技术路径,因此推动技术创新往往面临较大的阻力。企业进行技术改造时,可能遇到技术应用难度大、创新成本高、产出周期长等问题。如何在技术创新和传统产业的现有结构之间找到突破点,是改造提升传统产业需要解决的挑战。二是市场需求的不确定性。传统产业往往处于产业的成熟期和衰退期,市场竞争大且需求具有较大的波动。在全球化和数字化的双重冲击下,消费者需求愈发多样化和个性化,传统产品的市场竞争日益激烈,企业难以预测未来市场走向。同时,传统产业面临新兴产业冲击,可能面临市场份额逐渐缩小的困窘,这要求企业在市场定位和产品研发上进行更加精准的决策,对市场洞察力和应变能力的要求较高。三是转型升级过程中的组织管理挑战。传统产业通常具有较为复杂的组织结构和管理模式,因此面对转型升级的要求时,往往较为僵化,从而应对不及时,可能遇到内部协调困难、人才短缺、管理层决策滞后等问题。这些组织管理上的挑战不仅影响企业转型的速度和效果,也可能阻碍新技术和新模式的推广。因此,如何通过管理创新,优化组织结构,提升企业的执行力,是传统产业转型升级中的关键问题。

可见,通过技术创新、市场优化和管理提升,传统产业可以实现从量变到质变的飞跃,助力完善现代产业体系,发展新质生产力。政府应制定科学的战略规划,整合资源、优化管理,助力企业应对技术、市场和组织方面的挑战。

第二节　围绕发展新质生产力布局产业链

为加快推动新质生产力发展，习近平同志在中共中央政治局第十一次集体学习时指出，要"围绕发展新质生产力布局产业链，推动短板产业补链、优势产业延链、传统产业升链、新兴产业建链，提升产业链供应链韧性和安全水平，保证产业体系自主可控、安全可靠"[1]。这一布局的核心在于提高产业链与创新链的协同水平，通过科技创新引领产业链优化，打通从科技强到产业强的关键路径。

"补链、延链、升链、建链"的布局策略是提升产业链供应链竞争力、韧性和安全性的关键路径。通过"短板产业补链"，补齐产业链中的薄弱环节，增强供应链的稳定性和抗风险能力；"优势产业延链"则通过拓展已有优势，进一步提升产业链的全球竞争力；"传统产业升链"推动传统产业通过技术升级实现转型升级，增强其附加值和市场适应性；"新型产业建链"则通过培育新兴产业，形成新的增长点和战略支撑力。围绕发展新质生产力布局产业链，需要遵循科技创新导向、质量优先、数字化与智能化驱动、绿色化可持续发展等原则。通过提升产业链供应链的竞争力、韧性和安全性，实现科技与产业的深度融合，为从科技强迈向制造强、经济强奠定坚实基础。

一、提升产业链供应链竞争力

产业链供应链竞争力涉及其在全球市场中的领先优势。一个具有较强竞争力的产业链供应链，除了全要素生产率高，还应具备高水平科技创新力、全球资源的高效率配置、快速的市场响应能力和高效产业协同等特征。为了实现这一目标，必须通过推动"短板产业补链、优势产业延链、传统产业升链、新兴产业建链"来系统性提升整体竞争力。

首先，高水平的科技创新能力是产业链供应链竞争力的核心要素。具备强大竞争力的产业链通常在关键技术领域拥有显著优势，能够持续推出高附加值产品，并在生产工艺与供应链管理等方面实现不断创新。我国应通过推动优势产业延

---

[1] 习近平.加快发展新质生产力 扎实推进高质量发展[N].人民日报，2024-02-02.

链,进一步扩展高端制造、人工智能和新能源等优势领域的产业链条,可以在上下游环节增强技术和市场优势,确保我国在全球价值链中的核心地位。

其次,资源的全球高效配置是产业链供应链竞争力的重要体现。高效的供应链应能充分利用全球各地的比较优势,优化全球资源配置。企业可以通过全球布局生产基地和供应链节点,合理设立生产基地,优化生产与物流流程,实现降本增效,增强企业在应对市场变化时的灵活性。在这一背景下,通过"补链、延链、升链和建链"来优化资源配置尤为重要。补链的举措可以确保供应链的完整性和自主性,减少对外部供应的依赖;延链则能够通过延伸产业链条,充分利用已有优势,进一步增强资源配置的效率;升链的手段推动传统产业实现现代化转型,使其能够适应全球化竞争;建链则为新兴产业的形成与发展提供了必要的基础,从而使我国在全球资源配置中占据有利位置。

再次,快速的市场响应力和强大的市场拓展力也是产业链供应链竞争力的关键特征之一。通过灵活的生产计划、快速调整生产线和供应链策略,高竞争力的产业链供应链能迅速响应市场变化,满足多样化需求,从而提升了客户满意度,确保占据市场优势地位。"补链、延链、升链和建链"在这一过程中起到了至关重要的作用。通过补链,可以迅速消除供应链中的短板,确保关键环节不被外部因素所制约;延链和升链则增强了企业在上下游的协同效应,使得在快速调整生产和供应链策略时更加灵活;建链则能够创造新产业、新产品,迅速抢占市场先机。

最后,高效的产业协同与合作机制是增强产业链供应链竞争力的关键。高效的供应链依赖于上下游企业之间的紧密合作,通过协同创新和信息共享,各环节能够实现高效的资源配置和运营,从而减少运营冗余,增强全供应链的抗风险能力,提升竞争优势。在此过程中,"补链、延链、升链和建链"起到了巩固产业协同的作用。补链通过补足关键环节,增强了上下游企业之间的紧密联系,避免因为薄弱环节而影响整体效率;延链则推动优势产业向更深层次拓展,促进产业链上下游的协调发展;升链有助于传统企业提高技术水平,融入现代产业链;建链则通过发展新兴产业,创造新的合作机会和创新生态系统,从而实现整个产业链的协同优化。围绕发展新质生产力布局产业链,还必须坚持科技创新导向、质量优先、数字化与智能化驱动,以及绿色可持续发展等原则。遵循这些原则,是提升产业链供应链竞争力的核心所在。

一是坚持创新驱动原则,占据全球产业高地。通过集中力量攻克关键技术难题,尤其是高端制造、人工智能、新能源等领域的关键技术难题,企业能够在全球市场中占据技术高地,推出具有竞争力的高附加值产品。技术创新不仅是提升产品市场竞争力的手段,也是推动产业链整体升级的重要路径。企业应持续加大研发投入,推动技术创新,确保在全球市场中保持领先地位。

二是遵循高端化和数字化原则,推动产业链的高端化发展并优化全球资源配置。数字化与智能化手段可以提升产业链各环节的效率,使企业在全球范围内合理布局生产基地与供应链节点,根据各地的比较优势实现优化资源配置,实现降本增效,增强市场响应能力和竞争力。

三是秉承绿色与可持续发展原则,提升产业链长期竞争力。发展新质生产力要求各产业围绕绿色发展目标,推动供应链低碳转型,采用环保技术和清洁能源,减少生产过程中的碳排放和资源消耗。通过构建可持续供应链,企业不仅能够满足全球市场对环保产品的需求,还能实现长期降本增效,进一步增强供应链的竞争力。

四是深化协同创新与信息共享,构建创新驱动的产业生态系统,增强产业链整体效率和安全性。新质生产力的发展将推动信息共享平台的完善与优化,有利于企业实施交换数据、优化供应链管理,推动产业协同发展。最终目标是打造一个创新驱动的产业生态系统。通过推动产业链上下游企业的共同创新,形成技术研发、生产制造、市场营销的全链条合作,企业可以在全球竞争中占据优势地位。一个健全的产业生态系统不仅增强了企业的市场竞争力,还通过集聚效应,降低生产成本,提高资源利用效率,进一步提升产业链供应链的整体竞争力。

综上所述,通过科学布局产业链,推动短板产业补链、优势产业延链、传统产业升链和新型产业建链,企业不仅能够在国际市场中占据领先地位,还能通过持续的技术创新和市场拓展,增强供应链的整体效能,实现长期可持续发展。

二、提升产业链供应链韧性

产业链供应链的韧性,是指其在面临突发事件、市场波动、自然灾害等外部冲击时的适应能力和恢复能力。这不仅关乎企业的生存与发展,更将影响国家经济安全与稳定。随着全球产业链的高度依赖性和复杂性增加,任何环节的中断都可能引发连锁反应,导致整个产业链的停滞甚至崩溃。新冠疫情的暴发更凸显了提升产业链供应链韧性的紧迫性,增强产业链供应链应对外部冲击的能力,已成为保障国家经济体系稳健运行的关键措施。

具有较强韧性的产业链和供应链应具备多元分散化布局、高度灵活和成本可控等特征。

首先,布局的多元化与分散化是提升韧性的基础。通过在多地建立供应渠道和分散生产基地,企业可以降低对单一供应商或单一地区的依赖,有效分散风险。这要求供应链的区域布局具有地理多样性,以分散地缘政治和区域性风险,从而增强产业链供应链的整体弹性。

其次,产业链和供应链必须具备高度灵活的管理流程,以便在市场波动和外部冲击下能迅速调整生产计划、转换供应商、重新配置资源。这种灵活性要求相关经济主体具备强大的信息处理能力及高效的信息共享和流通机制。通过及时获取并传递关键信息,企业可以提前识别潜在风险并迅速应对,从而确保响应及时性和决策准确性。上下游企业之间的紧密协作与信息共享是实现这一目标的关键,确保各环节能有效配合,协同应对各类挑战。

最后,提升产业链供应链韧性需要在成本可控的前提下进行,以确保企业的经济性和可持续发展。增强韧性以企业财务健康和适应长期发展目标为前提,通过科学成本管控,实现产业链供应链高效运作与长远发展的平衡。

发展新质生产力对提升产业链供应链韧性提出了新要求。首先,新质生产力要求产业链具备更强的适应性与创新性,以应对快速的技术升级和不断变化的市场需求。为此,企业应引入先进制造技术和管理模式,如智能制造、柔性生产等。其次,新质生产力要求产业链各节点更加高效协同和信息共享,确保从研发到生产,再到市场等各个环节的紧密相连。应建立健全信息共享机制和供应链协同管理平台,以便快速响应突发事件并及时调整。最后,新质生产力对产业链的环境适应性和资源利用效率提出了更高要求。"新质生产力就是绿色生产力",要求供应链布局更加注重环保和低碳,从而提升面对环境变化和政府规制时的应对能力。

为应对新质生产力提出的新要求,必须通过系统性地推动"短板产业补链、优势产业延链、传统产业升链和新兴产业建链"来全面提升供应链的韧性与适应性。补链有助于解决产业链中的薄弱环节,特别是关键技术与核心资源的短板问题,减少对外部的依赖,从而增强产业链的整体稳定性和抗风险能力;延链通过拓展优势产业链的上下游环节,进一步增强产业链的协同性和稳定性,有效扩大供应链的覆盖范围并提升其应对市场波动的灵活性;升链通过推动传统产业的技术升级和智能化改造,使其更加符合新质生产力的要求,具备更高的应变能力和市场适应性;建链则通过培育新兴产业链,增加供应链的多样性与前瞻性,使其能够应对未来市场需求的变化和新兴技术的发展。

发展新质生产力也为提升产业链供应链韧性提供了重要支撑,通过优化布局、多元化供应和柔性生产,提升了产业链供应链应变能力;通过数字化技术的应用,强化风险管理和预警机制,将保障供应链的连续性和稳定性。

第一,发展新质生产力有助于实现供应链多元化与分散化。涵盖高端制造、智能技术、绿色能源等新兴领域的新质生产力,通常具有较高的技术含量和广泛的全球市场需求。企业可以以发展新质生产力为契机,扩大供应链的地理分布,结合全球与区域优势,根据各地区比较优势来分散生产基地和供应商。例如,高端制造可以集中在技术成熟地区,绿色能源生产则可以在资源丰富的地区展开。此外,新质生产力的推动带来了新材料和新技术的广泛应用,企业可以通过多元化供应商的选择来获取关键材料和技术,从而降低供应链中断的风险。

第二,新质生产力的技术创新和智能化技术可以有效增强供应链的灵活性与应变能力。例如,智能制造技术将推动柔性生产进一步优化,面对市场需求变化,企业能更快调整生产线和产品类型。这种柔性生产能力将减少因市场波动带来的生产滞后。同时,新质生产力带来的大数据和人工智能等先进信息处理技术,使得企业可以实时监控供应链的运行状况,提前识别潜在风险,并迅速采取措施。

第三,发展新质生产力可以建立强大的预警机制,提升风险管理能力。数字化技术能有效提升风险预测的精准性。数字化平台可以实时监控供应链各环节的风险因素,利用人工智能能进行精准性和前瞻性的风险预警,提前采取预防措施,防止供应链中断。

第四,发展新质生产力为平衡成本和收益提供了新路径。尽管新质生产力的发展初期需要较高投入,但通过提升全要素生产率,降低资源消耗和浪费,可以更为有效地降低成本。生产技术的升级、智能制造和自动化技术的应用,将有效降低人力成本和材料浪费,从而在提升供应链韧性的同时,确保成本的可控性。此外,新质生产力的绿色发展理念推动了低碳生产和可持续发展的进程,这不仅降低了环境风险,还通过优化资源利用和减少能源消耗来降低长期的运营成本。

三、保证产业体系自主可控、安全可靠

产业体系的自主可控与安全可靠,指国家在面对市场波动、技术封锁和地缘政治风险等外部冲击时,能自主掌握产业链关键环节,保持核心产业的独立性、稳定

性和连续性。这一能力与国家经济安全和战略利益息息相关。随着全球经济不确定性增强,地缘政治风险上升和贸易保护主义抬头,产业体系的自主可控与安全可靠成为国家经济安全的重要保障。

保证产业体系自主可控与安全可靠,需要在以下几方面发力。首先,核心技术的自主创新和研发能力是关键。只有掌握了关键核心技术,国家才能在面对外部封锁时保持技术优势,确保产业体系安全可靠。其次,产业链的完整性和独立性至关重要。产业链应具备从原材料到最终产品的全流程生产能力,避免对外部供应的过度依赖。尤其是关键领域如高科技制造业等,本土企业应建立从原材料供应、生产制造到市场销售的完整链条,实现产业链的自主可控,减少对国外供应商的依赖。同时应通过推动产业链的垂直整合,提升产业链各环节的协同效应和自主控制能力。此外,产业链的安全性和韧性也必须得到保障,这包括应对外部冲击的灵活性和恢复能力,以及应对各种不确定性风险的准备和应对机制。最后,产业政策的支持和监管能力也是保障产业体系安全可靠的重要因素。

发展新质生产力对保证产业体系的自主可控和安全可靠提出了新的要求。首先,产业链必须适应新质生产力的发展需求,推动产业链各环节的高端化、智能化和绿色化,确保技术优势和环保要求在全球竞争中不被削弱。其次,信息化和数字化技术的深度应用,使得产业链的各个环节必须更加紧密地协同合作,实现信息的实时共享和决策的智能化。此外,新质生产力的发展还要求产业链在资源利用、环境保护和社会责任等方面更加严格,确保在全球供应链中的竞争力和可持续性。

通过发展新质生产力,国家能够进一步推动产业体系的自主可控和安全可靠。第一,以发展新质生产力为契机,大力推动关键核心技术的研发攻关,并推动科技成果转化,能增强国家在关键领域的技术自主性,确保核心技术和产品的自主研发与生产。第二,新质生产力推动了产业链高端化和绿色化,尤其国产替代进程的加速,是实现产业体系自主可控的重要途径。例如,半导体产业,如果本土企业能加快技术研发和生产能力建设,推动芯片等关键产品的国产化替代,将进一步解决"卡脖子"问题,提升产业链的自主可控与安全性。国产替代不仅增强了产业链的韧性,还在全球供应链中巩固了中国的地位,进一步减少对外部供应商的依赖。第三,数字化和信息技术的广泛应用,将提升产业链的整体安全性和响应能力,使得国家在应对外部风险时更加从容。这些技术能够实现对产业链的实时监控和智能化管理,确保各环节运作高效和风险预警有效。第四,通过发展新质生产力,国家可以深化国际合作并提升国际竞争力。推动与其他国家的产业链供应链合作,尤其是与"一带一路"沿线国家的产业合作,可以实现优势互补,增强产业链的抗风险能力和国际竞争力。第五,以发展新质生产力为契机,可以健全产业链供应链的法律法规和标准体系,为保障产业链体系安全可靠提供重要基础。例如,可以通过制定供应链安全管理标准,规范企业的供应链管理行为,提升供应链的安全可靠性。此外,加强法律监管,可以推动企业遵守供应链安全管理的法律法规,确保产业链供应链的规范化运行和安全发展。

第三节　因地制宜布局科技创新与产业创新

中国历史悠久绵长,领土幅员辽阔,区域间存在较强的经济文化与地理环境多样性,具备独特的资源禀赋、产业基础和科研条件。在推动科技创新与产业创新过程中,必须秉承因地制宜的原则,充分发挥各地区的比较优势,形成区域间优势互补、协同发展的格局。同时,针对中西部地区的发展差距,国家应加大政策扶持力度,推动相关地区产业升级,实现区域经济协调发展,并深化城市群和都市圈建设,推动区域一体化发展。

一、形成优势互补、协同发展的产业格局

中国各地区在自然资源、经济基础、科技创新能力和产业结构等方面存在显著差异。各地布局科技创新与产业创新时,必须充分考虑这些差异,有针对性地制定创新发展策略,形成优势互补和协同发展的区域经济格局。

东部沿海地区是中国经济最发达的区域,基础设施完善、市场需求旺盛、资本实力雄厚,同时还是全球创新网络的重要节点,具有较强的科技研发能力,能够在高端制造业、信息技术产业和金融服务业等领域率先布局未来产业和培育壮大新兴产业。例如,上海、苏州、深圳等城市可以依托强大的工业基础和科技创新能力,推动智能制造技术的应用和推广,打造全球领先的智能制造产业集群。杭州、广州等城市可利用信息技术和数字经济领域的优势,通过科技研发和产业化,巩固其在全球数字经济中的领先地位。此外,东部地区还可以通过创新金融工具和模式,为未来产业和新兴产业的发展提供强有力的资本支持。同时,东部地区应当通过跨区域合作,将部分产业链延伸至中西部地区,利用其创新优势推动技术扩散和产业

转移,并利用其市场优势为中西部地区提供市场机会,形成产业链有效延伸与资源共享,实现区域协同发展。

中部地区处于中国的地理中心,是国家交通枢纽所在,具备承接东部产业转移的天然优势,同时拥有丰富的劳动力资源和较为完整的工业体系。中部地区应通过承接东部地区的高端制造业和其他新兴产业,逐步实现产业升级,形成承东启西、连接南北的产业格局。同时,中部地区可利用其交通枢纽地位,在物流产业和现代服务业上发力,通过与东部沿海地区的产业链协作,提升区域经济的竞争力。中部地区还应加强与西部的合作,推动技术向西部进一步扩散并共享资源,从而形成区域间更紧密的产业协作关系。通过优化资源配置,中部地区能够有效弥补东部地区的劳动力和土地资源不足问题,同时为西部地区提供市场和技术支持,形成更加紧密的区域合作。

西部地区虽然在经济发展水平和科技创新能力上相对落后,但其在自然资源、土地面积和能源储备方面具备显著的比较优势。西部地区应充分利用这些资源,因地制宜地发展清洁能源、新材料和现代农业等产业,并通过与东、中部地区的产业协同,推动区域经济的持续发展。西部地区可以通过承接中部地区的产业转移和技术合作,加速资源优势的转化,推动产业链的延伸和创新。例如,西部地区可以依托丰富的自然资源发展清洁能源产业,成为全国重要的能源基地,同时通过循环经济和新材料产业的发展,提升资源利用效率,实现产业的可持续发展。西部地区的能源和资源优势不仅可以满足自身发展需要,还可以为东部和中部地区提供必要的能源支持,形成区域间的优势互补。

通过充分发挥东、中、西部地区的比较优势,形成优势互补、协同发展的产业格局,能够有效推动全国经济的协调发展,提升中国在全球经济中的竞争力和影响力。

二、加大中西部地区产业扶持力度,缩小区域发展差距

中西部地区在中国经济版图中占据重要位置,但由于自然条件、经济基础和政策倾斜等因素的影响,发展水平相对滞后。为了缩小区域发展差距,国家应加大对中西部地区的政策支持力度,推动这些地区的产业升级和经济增长。

一是增加财政投入与资金支持。第一,要通过增加财政投入,支持中西部地区的基础设施建设、科技创新和产业升级;第二,要通过设立专项资金,支持重点产业

发展和技术创新,推动区域现代化进程;第三,要鼓励企业在中西部地区投资建厂,促进产业集聚和区域经济发展。

二是优化产业政策与布局规划。要根据中西部地区的资源禀赋和产业基础,制定有针对性的产业政策和布局规划。例如,西部地区可以重点发展清洁能源、新材料和现代农业,而中部地区可以重点发展高端制造业、现代服务业和物流产业。通过政策引导和规划布局,可以推动中西部地区形成特色鲜明、竞争力强的产业集群。

三是加强科技创新能力建设。要发挥科技创新推动产业升级的核心动力作用。可通过设立科技创新基金,支持科研院所和企业开展科技研发,提升中西部地区的科技创新能力。同时,要推动中西部地区与东部地区之间的技术合作与交流,实现科技成果的转化和区域间的协同创新。

四是推动基础设施建设与改善。加快完善基础设施建设是提升中西部地区经济竞争力的关键。可通过加大对中西部地区交通、能源、通信等基础设施建设的投入,改善投资环境,增强区域对资金、技术和人才等资源的吸引力。

五是促进产业转移与技术引进。中西部地区应积极承接东部地区的产业转移,通过政策引导,推动东部企业向中西部地区转移生产基地和技术,提升当地的产业水平和技术能力,从而增强区域经济的多元化和可持续发展。

通过加大对中西部地区的产业扶持力度,推动这些地区的未来产业、新兴产业和传统产业升级,中国可以实现区域经济的协调发展,缩小东部与中西部地区的经济差距,为全国经济的可持续发展提供更为均衡的动力。

三、深化城市群和都市圈建设,推动区域一体化发展

城市群和都市圈作为现代经济发展的重要载体,在优化布局科技创新与产业创新中发挥着关键作用。通过整合区域内的资源和优势,城市群和都市圈能够有效推动未来产业、新兴产业与传统产业协同发展,提升区域经济整体竞争力。根据产业集群理论,区域内各城市间的产业集聚效应可以提高创新效率,通过知识溢出和技术扩散,推动区域内产业结构高级化。尤其是科技创新领域,城市群和都市圈能够通过集中创新资源和建立跨区域合作网络,推动技术的快速发展和应用,从而为推动区域一体化发展和加快形成新质生产力提供重要支撑。

党的二十届三中全会提出,要"推动京津冀、长三角、粤港澳大湾区等地区更好

发挥高质量发展动力源作用"。为了因地制宜地科学布局科技创新与产业创新,可以采取如下措施。

一是推动长三角高端制造与科技创新引领城市群。长三角是中国经济最发达的区域。根据国家统计局数据,2022年,长三角地区生产总值占全国比重约为23.99%。长三角地区产业结构不断优化升级,战略性新兴产业占比高且逐年上升。同时,长三角地区还聚集了大量研发机构、科研院所和创新型企业。2020年,习近平同志号召,长三角地区"要勇当我国科技和产业创新的开路先锋"[①]。2023年12月,习近平同志在"推进长三角一体化发展座谈会"上强调,"长三角区域要加强科技创新和产业创新跨区域协同。大力推进科技创新,加强科技创新和产业创新深度融合,催生新产业新业态新模式,拓展发展新空间,培育发展新动能,更好联动长江经济带、辐射全国。要跨区域、跨部门整合科技创新力量和优势资源,实现强强联合,打造科技创新策源地。要以更加开放的思维和举措参与国际科技合作,营造更具全球竞争力的创新生态"[②]。为此,长三角地区应重点布局高端制造业、信息技术产业和金融服务业。通过率先发展人工智能、量子计算等未来产业,推动科技创新和产业化进程,培育壮大生物医药、新材料、新能源汽车、节能环保等新兴产业,提升市场竞争力,同时提升传统制造业的智能化水平,形成现代产业体系。

二是深化京津冀科技服务支撑与绿色经济城市群。京津冀城市群作为中国的政治、文化和科技中心,高等教育、科技、人才资源丰富。截至2021年12月,仅北京就拥有3个国家实验室,128个国家重点实验室,68个国家工程技术中心[③];高端人才集聚,拥有的两院院士占全国的一半左右。2023年,仅北京入选全球"高被引科学家"就有411人,与2022年相比增加72人,占全球的5.8%,超过美国波士顿跃居全球首位。截至2022年底,北京已建成8家世界一流新型研发机构,集聚了一批国际战略性科技领军人才及其若干创新团队。[④] 因此,北京应充分利用上述教育、科技、人才优势,着力布局科技创新产业,尤其是发挥北京科技策源地的优势,培育未来产业,并推动绿色经济发展。北京可以在航空航天、人工智能和生物医药等未来产业中,着力加强科技成果的产业化应用,同时发展现代农业、节能环保、文

---

① 习近平.紧扣一体化和高质量 抓好重点工作 推动长三角一体化发展不断取得成效[N].人民日报,2020-08-23.
② 习近平.推动长三角一体化发展取得新的重大突破 在中国式现代化中更好发挥引领示范作用[N].人民日报,2023-12-01.
③ 李国平.京津冀:打造高质量发展动力源[J].人民论坛,2024(17):44.
④ 李国平.京津冀:打造高质量发展动力源[J].人民论坛,2024(17):44.

化创意等新兴产业，从而提升区域经济多元化。此外，北京还可通过推广绿色制造技术，推动传统制造业的低碳环保升级。

三是强化粤港澳大湾区开放创新与金融科技融合城市群。粤港澳大湾区作为中国开放程度最高、经济活力最强的区域，应着重发展科技创新产业、金融服务业和现代制造业。在未来产业方面，粤港澳大湾区可率先布局5G技术、人工智能、区块链等领域，推动科技创新与产业化的深度融合；在新兴产业方面，可通过发展数字经济、绿色金融、生物医药等产业，提升区域经济的创新能力和竞争力；在传统产业方面，粤港澳大湾区可以通过引入先进制造技术，推动传统制造业向高端化、智能化方向升级，形成具有国际竞争力的现代化产业集群。

四是支持成渝清洁能源与现代农业并重城市群。成渝城市群作为中国西部地区的重要经济增长极，应重点发展清洁能源产业、现代农业和新材料产业。通过推动风能、太阳能等新能源技术的规模化应用，提升区域能源利用效率，同时促进现代农业、生物医药和文化旅游产业的发展，实现区域经济的可持续发展。

此外，还应以均衡发展为目标，培育新兴城市群。例如，推动中部崛起，建设以武汉、郑州、长沙为核心的多元产业与交通枢纽城市群。可依托其优越的地理位置和交通优势，发展现代物流、先进制造业和信息技术产业，促进中部地区的全面崛起。又如，实现东北振兴，发展以沈阳、长春、大连为核心的工业升级与科技创新驱动城市群。可以利用其雄厚的工业基础，推动传统工业的转型升级，同时发展生物医药、先进制造和新能源等新兴产业，重振东北经济活力。

尽管城市群和都市圈在推动区域一体化发展中具有重要作用，但当前仍面临一定的困难。首先，不同区域间的发展差距和利益冲突导致城市群和都市圈内部协调难度较大。区域内的政策协调不畅、资源整合不足，限制了资源的高效配置和协同效应的发挥。其次，城市群和都市圈内的基础设施联通性不足，尤其在跨区域交通、通信等方面，制约了区域内外的互联互通和资源共享。此外，部分城市在功能定位和产业布局上存在同质化问题，削弱了区域内城市间的互补性，导致资源浪费和竞争内耗。最后，环境保护与经济发展间的矛盾仍然存在，部分城市群和都市圈在快速发展的过程中，面临较大的环保压力，如何实现绿色发展成为重要挑战。

为应对上述问题，国家应进一步加强区域协调机制的建设，优化跨区域基础设施布局，明确城市功能定位，推动城市群和都市圈内外协同发展。同时，注重环保措施的落实，实现经济发展与环境保护的协调统一。

首先，应建立健全区域协同发展机制，确保资源、技术、人才等要素在城市群和都市圈内外实现高效共享与联动。政府可推动建立城市群和都市圈的区域合作平台,促进区域内各城市间的资源共享和技术合作,并以此为基础协调各城市发展规划,避免资源的浪费和重复建设。

其次,推动跨区域基础设施建设。通过跨区域交通、通信和能源基础设施的完善,显著提升城市群和都市圈的联动性,促进资源、商品、信息和人员的自由流动,实现区域内外互联互通。尤其是加快高铁网、快速公路网和信息通信网络的建设,使城市群和都市圈内的各个城市节点更加紧密联系,形成一体化发展的格局。此外,政府还应推动跨区域能源设施的建设,确保能源的稳定供应和区域间的协调调配,为城市群的持续发展提供坚实的保障。

此外,环境保护方面,政府应进一步加强对城市群和都市圈的环保监管,推动区域内绿色发展。通过以上措施深化城市群与都市圈建设,可以有效促进区域一体化发展,加快推动新质生产力的形成。

第七章

全面深化改革，形成新型生产关系

新质生产力将推动生产组织形式和生产方式的全面变革，必须不断调整和创新生产关系，以匹配生产力飞速发展。习近平同志指出，"发展新质生产力，必须进一步全面深化改革，形成与之相适应的新型生产关系"[1]。

总体而言，推动与新质生产力发展相适应的生产关系改革，其核心目标是推动"市场有效"与"政府有为"的有机结合。因为新质生产力依赖科技创新、产业链协同和资源优化配置，相关领域具有高风险、长周期、复杂性和公共属性。"新质生产力既需要政府超前规划引导，科学政策支持，也需要市场机制调节、企业等微观主体不断创新，是政府'有形之手'和市场'无形之手'共同培育和驱动形成的。"[2]市场有效可以优化资源配置和激发创新，但难以避免行为短期化等市场失灵问题。政府有为可以通过战略布局、公共投资和政策引导弥补市场不足，确保科技创新、绿色发展等长期目标得以实现。两者结合能够推动新质生产力健康、可持续发展。

具体而言，构建新型生产关系包括三个层面：一是宏观层面，应健全新型举国体制，提升国家创新体系整体效能，确保国家在资源配置、政策引导和战略性产业布局中的引领作用；二是中观层面，加强全产业链综合治理体系，通过市场与政府协同，完善体制机制，促进产业链上下游联动与创新发展；三是局部和操作层面，形成加快推动生产力要素提升及创新配置的制度体系。

---

[1] 习近平.加快发展新质生产力 扎实推进高质量发展[N].人民日报,2024-02-02.
[2] 习近平.加快发展新质生产力 扎实推进高质量发展[N].人民日报,2024-02-02.

第一节　健全新型举国体制,推动国家创新体系建设

2019年,党的十九届四中全会明确提出"构建社会主义市场经济条件下关键核心技术攻关新型举国体制"[①]的战略目标。2022年,中央全面深化改革委员会第二十七次会议审议通过了《关于健全社会主义市场经济条件下关键核心技术攻关新型举国体制的意见》[②],党的二十大报告进一步强调了"健全新型举国体制,强化国家战略科技力量"的重要性。2023年中央经济工作会议明确指出,要"以科技创新引领现代化产业体系建设",并强调"发展新质生产力"和"完善新型举国体制"是关键举措。2024年7月,党的二十届三中全会再次强调,要"健全新型举国体制,提升国家创新体系整体效能"。这是因为健全新型举国体制是推动和保障新质生产力发展的关键。面对全球科技竞争压力和国外关键技术"卡脖子"挑战,新型举国体制通过协调政府"无形之手"与市场"有形之手"的作用,推动关键核心技术的自主创新。习近平同志多次指出,创新是一个系统工程,必须通过科技与制度创新"双轮驱动"来推动国家发展,而新型举国体制正是通过集中力量办大事的传统优势,充分利用社会主义市场经济体制,推动高端技术的产业化进程,以此培育新质生产力。

一、新型举国体制的定义与内涵特征

新型举国体制是在社会主义市场经济条件下,为推动国家科技创新和经济发展而构建的一种具有系统性、整体性、协同性的新型组织协调模式。新型举国体制不仅在应对关键核心技术"卡脖子"问题和推动科技自立自强方面发挥着不可替代的作用,还是适应新质生产力发展的新型生产关系(周文、李吉良,2024)[③],彰显了

[①] 习近平.关于《中共中央关于坚持和完善中国特色社会主义制度 推进国家治理体系和治理能力现代化若干重大问题的决定》[N].人民日报,2019—11—06.
[②] 习近平.健全关键核心技术攻关新型举国体制 全面加强资源节约工作[N].人民日报,2022—09—07.
[③] 周文,李吉良.新质生产力与新型举国体制[J].广东社会科学,2024(03):5—14.

中国特色社会主义市场经济创新发展的强大制度优势(钟惠波,2021)[1]。该体制通过集中国家力量,整合多元主体的资源和能力,以攻克关键核心技术为核心任务,确保国家在战略性领域的技术自主可控和经济安全。它不仅延续了传统举国体制集中力量办大事的优势,还融合了市场机制和现代化管理手段,以提升国家创新体系的整体效能,推动新质生产力的发展。新型举国体制的深化应用并不包揽一切场景,而是主要面向国家重大民生公共工程科技创新、面向"卡脖子"技术攻关突破、面向突发性重大公共社会危机治理三类场景。[2]

举国体制是我国"集中力量办大事"的重要制度体现,彰显了社会主义优越性。习近平同志指出,"我们最大的优势是我国社会主义制度能够集中力量办大事。这是我们成就事业的重要法宝。过去我们取得重大科技突破依靠这一法宝,今天我们推进科技创新跨越也要依靠这一法宝"[3]。计划经济时期,中国就通过集中力量办大事,取得了包括"两弹一星"在内的重大科技成就,实现了国防与经济领域的自主突破。新型举国体制是中国特色社会主义进入新时代的背景下,对传统举国体制的继承与创新,与传统举国体制既有联系,又有较大的区别。[4]

一是体制目标更加全面系统。传统举国体制的主要目标是通过国家集中力量,在特定战略领域迅速实现技术突破,以支撑国家的经济建设和确保国防安全。新型举国体制则更加注重在全球科技竞争日益激烈的背景下,推动持续且系统的科技创新。其目标不仅限于单一的技术攻关任务,还包括构建长期可持续的创新生态系统,提升国家整体创新能力,推动经济的高质量发展。新型举国体制更加注重目标实现与经济效益的结合。新型举国体制下的科技创新还体现为产品生产技术创新,既要考虑目标实现,也要考虑投入产出效益。

二是组织方式与资源配置机制更加灵活。传统举国体制主要在计划经济体制下推行,特征是决策与执行的高度集中,依赖自上而下的行政指令,通过政府集中部署和强制动员,迅速形成大规模的技术攻关力量,资源通过计划的方式集中配

---

[1] 钟惠波.新型科技举国体制:社会主义市场经济条件下的资源与关系模式[J].社会主义研究,2021(05):111-117.
[2] 陈劲,阳镇,朱子钦.新型举国体制的理论逻辑、落地模式与应用场景[J].改革,2021(05):1-17.
[3] 习近平.为建设世界科技强国而奋斗[N].人民日报,2016-06-01.
[4] 杜传忠.关键核心技术创新视角下的科技创新新型举国体制及其构建[J].求索,2023(02):130-136;殷忠勇.论科技创新新型举国体制的构建:时代背景、理论基础和制度体系[J].人民论坛·学术前沿,2017(13):80-83;陈昌兵.我国技术创新要素最优化配置的新型举国体制研究[J].社会科学辑刊,2023(01):132-140.

置。而新型举国体制则强调市场作用和多元主体的协同合作。政府不再是唯一的决策和执行主体,而是通过企业牵头、政策引导和市场调节来配置资源,推动政府、企业、科研机构等多方力量有机融合。在新型举国体制下,市场调节和政府干预相辅相成,既有政府的顶层设计和战略规划,又有市场的灵活调节和资源优化。国家战略和市场需求成为驱动创新的重要动力,政府通过政策激励和引导,促使企业、科研机构和高校等创新主体积极参与科技攻关和成果转化,实现资源优化配置。

三是新型举国体制更加重视对国际要素、资源的吸纳和利用。这体现在积极参与全球创新网络,通过国际技术转让、跨国技术合作和外资引入等方式,提升国家科技水平。此外,新型举国体制通过"引进来"和"走出去"策略,既吸引国际高端人才来华工作和科研合作,也鼓励本国企业、科研机构和人才参与国际竞争,获取更多的技术经验和知识。国际合作与开放创新为新型举国体制提供了重要的资源补充和技术输入,使中国在关键核心技术攻关中能获得更广泛的资源支持,并加速创新成果的商业化和全球化推广,帮助中国在全球科技竞争中保持领先地位,推动新质生产力的持续发展。

在明确了新型举国体制的创新之处后,我们可以进一步探讨其核心要义。

第一,创新驱动和技术攻关是新型举国体制的核心任务。新型举国体制本身是在强化国家战略科技力量、推动关键核心技术攻关的背景下提出的制度创新要求。创新驱动与技术攻关是其核心任务。这一体制致力于通过集中力量,攻克关键核心技术。特别是那些对国家经济、安全至关重要的"卡脖子"技术。创新驱动不仅涉及科技突破,更要求全方位革新,包括制度、管理、人才培养等多个领域。通过整合国家科技资源,协调各类创新主体的力量,新型举国体制能够有效解决科技创新中的"瓶颈"问题,推动新质生产力的发展,为国家的长远发展奠定坚实的技术基础。

第二,整体谋划与系统布局是新型举国体制的战略基础。新型举国体制强调整体谋划与系统布局。作为战略基础,它要求从顶层设计出发,统筹安排基础研究、技术开发、成果转化等各个环节。这种系统布局确保了科技创新与国家战略需求的高度一致,使得各项创新活动能够在统一的战略框架下协调进行。通过合理配置资源,统筹各类创新要素,新型举国体制能够最大限度地发挥各方力量的协同作用,形成从基础研究到产业化的全链条覆盖,确保创新体系的系统性和整体性。

第三,多元主体协同合作是新型举国体制的关键支撑。这一体制不仅依赖政府的引导,还充分调动市场、企业、科研机构和高校等多方力量的积极性。通过建立协同创新平台,推动跨部门、跨区域的合作,确保创新资源的集约与共享,多元主体的合作使得科技创新能够更快、更有效地向产业转化。各主体在体制内相互配合、协同发力,共同推动科技创新成果的落地和扩散,形成创新生态系统的良性循环。

第四,政府有为与市场有效的有机结合是新型举国体制的运行模式。政府通过顶层设计和战略规划,提供政策支持和资金保障,而市场则通过需求导向和资源配置,发挥调节作用。两者的有机结合确保了科技创新活动的高效运行,政府在体制内发挥着引导和支持作用,确保战略方向的正确性和资源的有效配置;而市场机制则提供了灵活性和激励机制,促使企业和科研机构主动参与创新攻关。通过新型举国体制,利用我国超大规模市场优势,科技创新收益更大,可以更好地激励科技创新。通过这种有机结合,新型举国体制能够实现资源的最优配置和创新成果的高效转化,推动国家整体创新能力的持续提升。

二、构建新型举国体制的基本原则

构建新型举国体制是通过科技创新加快形成新质生产力的制度保障。为确保制度的持续有效,应遵循以下五大原则。

(一)加强党的集中统一领导

坚持党的集中统一领导,是我国建设社会主义的首要原则。习近平同志指出,"要发挥我国社会主义制度能够集中力量办大事的显著优势,强化党和国家对重大科技创新的领导"[①]。党的集中统一领导既是确保新型举国体制成功运作的根本保障,也是科技创新真正为人民服务的核心动力。通过党的领导,科技创新能够始终围绕国家的整体战略目标展开,确保创新成果最终惠及人民,推动高质量发展。

在推动新质生产力发展的过程中,党的集中统一领导能够在顶层设计和战略规划中发挥核心作用,可以确保科技创新与国家整体战略目标高度一致,尤其在技术创新和产业升级等核心领域。通过加强党的领导,可以实现对科技创新活动的全局把控,确保各类创新资源集中用于关键领域,集中力量突破"卡脖子"技术,推动高附加值产业的快速崛起。这种集中统一的领导,能够有效协调国家的各项科技资源,形成强大的创新合力,为新质生产力的加速发展提供有力支持。

---

① 习近平.健全关键核心技术 攻关新型举国体制 全面加强资源节约工作[N].人民日报,2022-09-07.

加强党的集中统一领导,可以确保新质生产力的发展始终服务于人民的根本利益,实现社会主义建设的本质目标。科技进步是把双刃剑,它既可以推动生产力的飞跃,改善人民生活,也可能导致技术垄断、社会不平等问题。通过党的集中领导,不仅能保障科技创新活动方向的正确性,还将通过制度创新和政策引导,使创新成果真正惠及人民,促进社会全面进步,实现共同富裕和人民幸福的最终目标。

(二)充分发挥超大规模市场优势,利用市场机制的需求导向作用与激励机制

在推动新质生产力发展的过程中,市场机制的需求导向和激励作用至关重要。市场需求是技术创新的重要动力源泉,通过市场机制的调节作用,可以快速识别并响应新质生产力发展中的关键需求,确保科技创新与市场需求紧密对接。

中国超大规模市场为推动新质生产力发展提供了独特优势。首先,庞大的市场需求为技术创新和产业升级提供了广泛的应用场景,企业能快速将科技成果转化为实际生产力。其次,市场规模效应使得企业在降低成本、提高效率的同时,更容易吸引资本和资源投入新质生产力的开放与应用,形成良性循环。

充分利用超大规模市场优势发展新质生产力,首先,要推动供需两端协调发展。一方面,政府可以通过政策引导、资金支持、税收优惠等方式,激励企业和科研机构在市场需求导向下进行创新,尤其是高技术含量、高附加值的产业领域;另一方面,政府可以培育新产品、新服务的应用场景,为新质生产力的应用提供广阔空间。其次,应推动市场资源高效流动,优化产业结构,通过市场竞争机制激发科技型企业和创新型企业成长。同时,政府可以通过战略性引导,为新质生产力的技术创新和产品升级提供制度支持,如鼓励企业参与国际标准制定,扩大国内市场的国际影响力等。通过结合市场的需求潜力与科技创新,超大规模市场能够为新质生产力的发展注入强大动力。

(三)整合资源实现系统布局与技术重点突破的有机结合

新质生产力的发展需要兼顾系统布局与重点突破的双重需求。系统布局确保科技创新的全局性和整体性,而重点突破则针对国家战略性领域中的关键技术,集中力量攻关,解决"卡脖子"问题。两者的有机结合,能够有效推动新质生产力的发展,确保国家在全球科技竞争中占据主动。

在新型举国体制下,系统布局与重点突破的结合需要结合"因地制宜"的原则。不同地区有其独特的资源禀赋和产业基础,因地制宜地推动新质生产力的发展,可以更好地发挥各地的优势,实现创新资源的最优配置。通过合理的战略规划,在全国范围内明确各个地区的创新重点,确保技术开发、产业转型和市场应用能够同步

推进,形成全链条的创新生态体系。

(四)推进多元主体协同合作与资源高效融合共享

新质生产力的加速发展离不开多元主体的协同合作和资源整合。在新型举国体制下,应加强科技管理的统领协调功能,强调政府、市场、企业、科研机构和高校等多方力量的高效协作,通过建立协同创新平台,实现资源的集约化和共享化,从而推动新质生产力的全面发展。

协同合作与资源整合不仅能够提高创新效率,还能促进有效市场与有为政府的高效融合。在新质生产力的发展中,政府可以通过政策支持和资源配置,推动企业与科研机构的紧密合作,形成技术开发与产业化应用的良性互动。市场机制在这一过程中,通过需求导向和资源调节,促使各创新主体积极参与,确保创新活动具有高度的市场适应性。

政府有为与市场有效的有机结合通过高效的协同合作与资源整合得以充分发挥。例如,政府可以通过建立创新基金和科技园区,集中资源支持企业和科研机构的合作开发,而市场机制则通过竞争激励,推动技术的快速转化和商业化应用。这种协同合作与资源整合的高效融合,能够最大限度地发挥各方优势,推动新质生产力的快速崛起,确保国家在全球科技竞争中的领先地位。

(五)优化反馈机制,实现体制持续创新效能

新质生产力的发展是一个动态的、持续优化的过程。为确保新型举国体制的长效运作,必须建立动态调整机制,及时应对科技创新中的挑战和变化。这种动态调整不仅是体制运作的保障,更是提升创新效能的关键途径。

通过建立持续的动态调整机制,可以实时监控体制的运行状况,并根据科技发展中的新趋势、新需求进行及时的调整和优化。例如,在技术开发过程中,若某一领域的创新进展缓慢,或市场需求发生重大变化,体制内的各主体可以通过动态调整机制,迅速重新分配资源,调整创新方向,确保科技创新活动始终与国家战略需求和市场需求保持一致。

持续优化是动态调整的核心内容。政府和各创新主体应当通过定期的评估和反馈机制,不断完善政策和管理机制,提升创新体制的透明度和效率。在新质生产力的发展过程中,持续优化可以确保体制能够快速适应外部环境的变化,保持创新活力和效能,为国家的科技进步和经济发展提供持续动力。

当然,国家创新体系的构建还包括科技体制改革和创新网络与生态的构建等,这部分内容在本书第五章已经详细论述,在此不再赘述。

第二节　构建全产业链综合发展治理体系

完善现代化产业体系是发展新质生产力的实现路径,也是推动科技创新向现实生产力转化的传导机制。党的二十届三中全会指出,健全因地制宜发展新质生产力体制机制,要"加强新领域新赛道制度供给,建立未来产业投入增长机制",完善"战略性产业发展政策和治理体系,引导新兴产业健康有序发展","强化环保、安全等制度约束"。[①] 这段论述明确了未来产业、新兴产业和传统产业各自的体制机制保障重点,涵盖了发展战略、政策治理、环保和安全等多方面的制度创新要求。同时,上述论述统筹了从未来产业到新兴产业再到传统产业等各类产业可持续发展,是推动产业整体升级与优化的协同发展策略,实质是通过打造全产业链综合发展治理体系,健全因地制宜发展新质生产力的综合协同体制机制。这种机制强调不同产业链的联动与融合,确保在技术创新、资源配置、环境保护等方面形成合力,推动整体产业结构的优化升级,实现可持续的高质量发展。

一、加强新兴领域新赛道制度供给,建立未来产业投入增长机制

未来产业是由未来科技、原创引领技术、关键共性技术、现代工程技术、颠覆性技术和基础前沿技术等交叉融合所推动的产业。相关产业正处于萌芽或产业化初期,具有高度的技术不确定性和市场模糊性等特征,并且通常具有较高的技术外部性特征。它们的发展所形成的"新领域新赛道",可说正处于"无人区",这使得建立未来产业的投入增长机制面临巨大的挑战。必须有效把握未来产业的特征与发展规律,有针对地提供差异化的制度供给,确保这些产业能顺利从萌芽成长,走向成熟期,形成未来经济增长引擎或增长极。

(一)遵循"质""量"并重的双重目标逻辑

未来产业能否顺利成长,关键在于能否有效解决投资的量与质的问题。布局未来产业的最大问题之一是资金来源不足。由于技术路径不明确、研发风险大、周期长,市场模糊,商业化路径与收益不明确,因此资本进入往往谨慎而保守。为此,

---

[①] 中央经济工作会议在北京举行[N].人民日报,2013-12-14.

建立多层次资本筹措渠道,是建立投入增长机制的首要任务。同时,未来产业能否有效成长,不仅依赖于资金规模,更取决于投资质量。具体而言,需要考虑资本能否顺利转化为新型生产要素,例如新技术、新设备、创新型劳动者和优质数据与信息等。优质新型要素的积累将创生新产品、新服务,催生新业态、新模式、新动能,从而为加快形成新质生产力提供强大动力。

为实现"质""量"并重的未来产业投入增长目标,应建立一系列具体机制。一方面,多元化资金来源机制至关重要。政府应设立未来产业专项基金,集中支持未来产业相关的关键技术研发。相关基金应具有灵活的管理机制,能根据不同产业的发展阶段和需求调整投资去向,确保资金流入最需要的领域。同时,资本市场应为未来产业企业提供支持,简化上市流程,允许未来产业相关企业通过股票、债券等方式进行融资,以确保获得充足资金支持。为应对投资高风险,政府可以设立风险投资引导基金,与私人资本合作,吸引更多风险投资进入未来产业,以便分散风险。另一方面,要设立长期资本投入机制,壮大耐心资本,促使资本行为长期化,以便提升投资品质。政府可以通过长期投资激励政策,鼓励资本持续投入未来产业。

(二)把握供给侧内涵式投入增长与需求侧的双向驱动策略逻辑

未来产业供给侧的投入增长不能仅依赖于传统的资金、设备等物质要素投入,而应更重视内涵式投入的增长。未来产业的核心竞争力来自科技创新、人才培养和数据资源的高效利用。政府应通过政策支持和资金投入,推动科技创新与技术突破。同时建立高水平的人才培养基地和全球人才引进计划,确保未来产业有充足的创新型人才支撑。此外,应建立数据交易市场和数据共享平台,推动数据资源开发与利用,并确保数据的安全与隐私保护,推动数据要素合理开发与利用,为未来产业发展提供数据支撑。

除了供给侧的内涵式投入增长机制外,未来产业的成功还取决于需求侧的激发。为应对市场模糊性特征,应大力培育潜在市场、进行消费者教育和商业模式创新。政府可以通过示范应用项目和公共采购支持,培育市场需求,并通过上述措施展示前沿技术在实际应用中的价值和潜力,提升公众对未来产业技术的认知度和接受度,推动新技术的市场化应用。

(三)重视前瞻性逻辑,建立健全风险预警与管理体系

为了应对未来产业的技术与市场的高度不确定性,前瞻性考虑在未来产业投入增长机制中具有重要地位。

首先,在建立投入增长机制时要充分考虑技术和市场的变动,设计灵活性和适

应性的政策工具。在实际操作中,可以通过设立未来产业政策试验区来实现这一目标。这些试验区允许在特定区域内试验创新性政策措施,根据试验结果进行优化并推广。这种机制能够有效减少政策实施中的不确定性,并为未来产业的发展提供更加适应市场和技术变化的政策支持。

其次,前瞻性投入增长机制要求建立健全风险预警与管理体系。风险预警体系应涵盖技术、市场、政策等多个维度,及时发现潜在风险,并采取预防措施,以确保未来产业的稳健发展。技术风险是未来产业中最主要的风险之一,包括研发失败、技术被替代等。为了管理这些风险,前瞻性逻辑要求建立技术风险管理机制,如技术评估、项目跟踪和技术储备等,确保产业能够在技术迭代过程中保持竞争力。此外,市场风险也是一个重要的方面,特别是在需求波动、市场进入壁垒等方面,前瞻性逻辑要求建立市场风险预警机制,如市场调查、消费者行为分析和市场需求预测,确保未来产业能够快速响应市场变化,降低市场风险。为此,可建立风险监测平台。通过运用大数据和人工智能技术,未来产业的风险监测平台可以实时监测技术、市场和政策的风险因素,提前预警并提供应对策略。这种机制不仅能够降低未来产业的风险,还能够为政府和企业的决策提供重要参考。

总体而言,可以通过三大核心逻辑建立未来产业投入增长机制,确保这些产业从萌芽期顺利成长为未来经济增长的引擎。一是多元化资金来源与长期资本投入机制,通过设立专项基金、风险投资引导基金和长期投资激励政策,确保未来产业获得充足且灵活的资本支持,实现质与量的同步增长。二是供给侧内涵式投入与需求侧双向驱动机制,强调科技创新、人才培养和数据资源的高效利用,同时通过市场培育和消费者教育激发需求,推动新技术的市场化应用。三是前瞻性投入增长机制,通过设立政策试验区、建立风险预警与管理体系,灵活应对技术和市场的高度不确定性,确保未来产业在全球竞争中保持领先地位并稳健发展。

二、完善战略性产业发展政策和治理体系,引导新兴产业健康有序发展

战略性新兴产业是指那些对国家经济转型升级、科技进步、社会发展及国家安全具有重要影响的产业。这些产业通常已经度过了技术萌芽期,进入快速成长和市场化阶段,不仅具备显著的市场潜力和创新能力,还在推动经济高质量发展、提升国家核心竞争力、应对全球竞争等方面发挥着战略性作用。完善战略性产业发展政策与治理体系,对于引导这些新兴产业的健康有序发展,推动其在全球竞争中

脱颖而出,保障国家长期发展潜力与经济安全至关重要。为此,完善相关产业发展政策和治理体系,应遵循以下逻辑。

（一）产业规模化和提升国际竞争力的双重目标逻辑

战略性产业发展的目标至少包括两个核心方向:一是推动产业规模化。随着新兴产业技术逐步成熟,关键在于推动其从技术研发向大规模生产和市场应用转变。要通过政策引导和市场激励,确保这些产业能够从初创阶段向成熟阶段稳步迈进,实现从技术创新到全球市场占有的顺利过渡。二是提升相关产业的国际竞争力。为此,必须减少对外部技术和核心零部件的依赖,并提升自主创新能力。尤其是在涉及国家安全和经济主权的领域,提升国际竞争力不仅仅为了获得市场份额,更为了确保国家在关键领域不受制于人。为此,政府应着力支持相关产业加大研发投入,鼓励自主创新,推动核心技术突破和商业化应用,同时积极布局国际市场,增强产业链的全球竞争力。为实现上述双重目标,应构建以下政策与治理体系:

一是多元化的政策支持体系。这是确保新兴产业顺利实现规模化生产和市场化应用的关键。通过财政补贴、税收优惠、专项资金、金融支持等多元化的政策支持,提供有力保障。这些政策应根据新兴产业的不同发展阶段的需求进行调整,确保各个环节均能得到有效支撑,从而推动战略性新兴产业的稳步成长。

二是规模化生产与应用推广机制。这是推动战略性新兴产业从技术研发向大规模生产和市场应用转型的核心手段。特别是在关键领域,政府可以通过公共采购、示范项目和财政补贴等措施,促进相关技术和产品的广泛应用。同时,政策应支持产业链上下游的延伸与协同,确保整个产业链的稳定发展。

三是自主创新与技术突破支持机制。这是确保战略性新兴产业核心竞争力的重要保障。政府应加强对战略性新兴产业在核心技术领域的研发支持,提供专项资金和政策激励,推动技术的自主创新和突破,从而减少对外部技术和资源的依赖,确保产业链自主可控,进而巩固国家在全球科技竞争中的优势地位。

四是推动产业标准制定与国际化。这是提升战略性新兴产业国际竞争力的关键举措。通过制定具有自主知识产权的产业标准,国家可以主导全球市场的技术规则和标准体系,增强产业的全球影响力和话语权。政府应支持在核心技术领域开展标准研究和制定,鼓励企业与科研机构合作,并通过国际合作和多边机构推动这些标准成为国际标准。建立标准引领与技术认证体系,确保产品符合国际需求,从而提升中国在全球标准化领域的领导地位。

五是国际市场拓展支持机制。这是提升新兴产业全球竞争力的重要手段。政府应通过出口信贷、国际营销支持和跨国合作平台等措施,积极推动战略性新兴产业在全球市场中的布局与扩展,从而帮助企业突破国际市场壁垒,建立全球供应链,并提升产品和技术的国际认可度,巩固产业的全球影响力和市场份额。

(二)产业链协同与战略性资源整合的策略逻辑

在战略性新兴产业的发展策略中,产业链的协同发展与战略性资源的整合利用是关键。高效的产业链协同发展能显著提升新兴产业的竞争力,通过上下游企业协同合作,提升产业链整体协同效率。而战略性资源整合则确保这些产业在关键资源的配置上具有优势。战略性资源整合与市场环境优化密切相关。一个公平、透明、规范的市场环境不仅能吸引更多资源流入新兴产业,还能利用市场机制作用,确保战略性资源配置在最具战略价值的领域,从而推动新兴产业稳步有序发展。为此,应建立以下机制:

一是产业链协同发展机制。这包括:(1)推动产业链上下游企业的协同合作,特别是在技术研发、生产制造和市场推广领域,提升整体产业链的协作效率。(2)支持产业集群与创新联盟的形成,促进上下游企业、科研机构和高校之间的合作,推动技术快速转移与商业化应用。(3)通过供应链金融服务,缓解企业资金压力,增强产业链的抗风险能力,确保整个产业链的稳定性和可持续性。

二是市场环境优化与资源配置机制。这包括:(1)完善市场准入与公平竞争政策,确保新兴产业在进入市场时获得公平的竞争环境,消除不必要的市场壁垒,防止行政垄断行为,维护市场的透明性和竞争性,促进资源的公平分配和高效利用。(2)通过健全市场监管与质量认证体系,确保新兴产业产品的质量和安全性,提高消费者信任度,促进市场需求的增长。

三是战略性资源整合机制。这包括:(1)建立国家级的战略性资源整合平台,将技术、人才、资本等关键资源进行系统整合,推动资源的高效配置。(2)政府可以设立专项基金、人才引进计划和国际合作项目,确保战略性资源在产业中的最优利用。

(三)预见全球竞争格局与技术趋势的前瞻性逻辑

技术的快速迭代和市场瞬息万变,要求战略性新兴产业必须具备全球视野和前瞻性思维。政策制定者应具备预见全球竞争格局和技术发展趋势的能力,以确保国家在战略性新兴产业中的领导地位。为此,需要以下支持机制:

一是建立全球市场与供应链风险预警机制。要利用大数据和人工智能技术,实时追踪全球市场需求和技术发展趋势,提前预见可能的市场变化,实时监测供应链风险,由此确保企业和政府在市场和供应链发生变化时及时响应。

二是设计政策灵活调整机制。要根据市场反馈和技术发展动态,及时调整政策方向和支持重点,确保政策始终符合新兴产业的发展需求。

三是实施全球竞争力提升机制。要支持战略性新兴产业参与国际标准制定、推动跨国技术合作和市场扩展。政府应通过外交渠道和国际合作平台,确保中国的战略性新兴产业在全球市场中处于领先地位。

总体而言,可以通过三大核心机制实现上述逻辑,完善战略性产业发展政策和治理体系。一是产业链协同发展机制,通过推动上下游企业紧密合作与形成产业集群,提升整体协作效率并促进技术快速转移和商业化应用。二是市场环境优化与资源配置机制,通过完善市场准入、加强市场监管和维护公平竞争,确保资源在公平透明的市场中高效配置。三是战略性资源整合机制,通过建立国家级战略资源整合平台,系统整合技术、人才、资本等关键资源,确保其配置到最具战略价值的领域。结合全球竞争格局与技术趋势的前瞻性逻辑,这些机制将有效推动战略性新兴产业的健康发展,确保其在全球市场中获得长期竞争优势。

三、以国家标准提升引领传统产业优化升级,强化安全、环保等制度约束

传统产业优化升级不是简单的技术改造或产品升级,而是一个系统性的转型过程,要求多维度、全方位的提升。国家标准在这一过程中扮演了至关重要的角色。标准化不仅为产业升级提供了明确的方向,还能够通过统一的技术规范和质量要求,推动整个行业的协调发展。与此同时,随着环保意识的增强和安全生产需求的日益增加,强化安全、环保等制度约束成为推动传统产业可持续发展的重要手段。

(一)传统产业优化升级应遵循产业高端化、智能化、绿色化的目标逻辑

推动传统产业的高端化、智能化和绿色化,是传统产业优化升级的核心目标。高端化指通过提升产品的技术含量和附加值,使传统产业能够进入全球价值链的高端,从而取得国际竞争优势。智能化要求将先进的数字化技术和自动化系统引入传统产业,实现生产和管理流程的智能化升级,降本增效。绿色化强调在生产过程中减少资源消耗和环境污染,推动可持续发展的生产模式,确保在实现经济效益的同时,最大限度地保护生态环境。推动传统产业高端化、智能化、绿色化,是遵循

新发展理念、实现高质量发展的必由之路。

推动传统产业优化升级与布局和培育未来产业一样,必须加强技术创新与研发投入,加强高端人才培养与引进,实现国际合作与技术引进。除此之外,还应提供以下机制保障:

一是产业升级引导。政府可以通过制定和实施产业升级规划,引导传统产业向高端化、智能化和绿色化方向发展。针对不同产业的具体情况,出台相应的政策措施,如提供融资支持、设立专项基金、推动产学研合作等,确保产业升级的顺利进行。

二是推动数字化转型支持。政府应通过政策引导和资金支持,帮助传统产业加快数字化转型。鼓励企业引入先进的数字化技术,如物联网、大数据、人工智能等,提升生产效率和管理水平,实现智能化升级。

三是实现绿色生产与环保技术推广。政府应通过制定严格的环保标准和政策,推动企业采用清洁生产技术和可再生资源,减少污染物排放和资源消耗。同时,还可以通过设立环保专项基金、提供环保技术补贴等措施,鼓励企业积极探索和应用绿色技术,推动传统产业的绿色化发展。

(二)以国家标准推动技术创新和产业升级的策略逻辑

标准化是推动传统产业技术创新和产业升级的重要手段。首先,通过制定和推广国家标准,可以统一技术规范和质量要求,为企业提供明确的发展方向和技术路线图。统一的技术规范能减少企业研发过程的不确定性,降低技术研发的成本和风险,促进新技术的快速推广和应用。其次,标准化有助于提升产品质量和市场竞争力,使企业能够在生产过程中严格控制质量,从而提高市场认可度。最后,标准化还能促进产业链上下游企业的协调合作,提升整个产业链的效率和竞争力,确保传统产业升级的科学性和有效性。

为了通过标准化推动传统产业的技术创新和升级,应该从以下几个方面进行具体的机制设计:

一是国家标准的制定与推广机制。政府应加强国家标准的制定工作,特别是在高端制造、智能制造和绿色生产领域,制定一系列符合国际标准和市场需求的国家标准。通过行业协会、科研机构和企业的共同参与,确保标准的科学性和可操作性。同时,政府应积极推广国家标准,推动企业按照标准进行生产和技术改造。政府应加强对企业的标准化培训工作,通过举办培训班、研讨会和技术交流会等形式,提升企业对标准化的认识和理解。政府可以通过提供标准化指导和咨询服务,帮助企业在生产过程中正确应用国家标准,确保产品质量的提升和市场竞争力的增强。

二是标准化与技术创新联动机制。政府应通过政策引导,推动标准化与技术创新的紧密结合。政府可以通过设立标准化专项基金,鼓励企业在研发过程中参考国家标准,推动标准化技术的创新和应用。对于在技术创新过程中形成的新技术和工艺,政府应及时更新国家标准,确保标准的先进性和适应性。

三是标准化的国际合作与交流。为了提升传统产业的国际竞争力,政府应推动标准化的国际合作与交流。政府可以通过参与国际标准的制定和推广,提升中国标准在全球市场的影响力和话语权。政府还可以鼓励企业参与国际标准的制定,推动国内标准与国际标准接轨,确保企业在国际市场中具有更强的竞争力。

四是标准化的评估与监督机制。为了确保标准化工作的有效性,政府应建立完善的标准化评估与监督机制。政府可以通过定期对企业的标准化执行情况进行评估,确保企业按照国家标准进行生产和技术改造。同时,加强对标准化执行过程的监督,确保标准的严格执行和有效落实。

(三)强化环保和安全等制度约束

强化环保和安全的制度约束,既是未来和新兴产业在发展之初便需要遵循的准则要求,更是传统产业优化升级过程中不可忽视的重要内容。随着社会对环境保护和安全生产要求的日益提高,传统产业在转型升级过程中,必须遵循更严格的环保和安全标准。环保制度约束旨在通过严格的环保标准和法律法规,减少传统产业在生产过程中的污染物排放和资源消耗,推动清洁生产技术的应用。安全制度约束则要求企业在生产过程中,严格遵守安全生产标准,确保工人的安全和健康,减少生产过程中的安全事故。通过在传统产业的优化升级过程中,提前强化环保和安全的制度约束,可以有效规避未来可能出现的环境和安全风险,确保产业的长远发展。此外,强化环保和安全标准,还能够提升企业的社会责任感和品牌形象,增强其在国际市场中的竞争力。

为强化各行各业的环保和安全制度约束,应该从以下几个方面进行具体的机制设计:

一是严格的环保标准与监管。政府应制定更加严格的环保标准,覆盖生产全过程。政府可以通过设立环保专项基金,支持企业进行环保技术改造和清洁生产技术的应用。同时加强环保监管,确保企业严格执行环保标准,对未达标企业进行严厉处罚,确保环保政策的有效落实。

二是全面的安全生产标准。政府应根据各行业尤其是传统产业的特点,制定全面的安全生产标准。政府可以通过设立安全生产专项基金,支持企业引进先进的安全生产技术和设备,提升安全管理水平。政府还应加强对企业安全生产的监管,通过定期检查和评估,确保企业严格遵守安全生产标准,减少生产事故的发生。

三是环保和安全技术的推广与应用。政府应积极推广环保和安全生产技术,通过技术交流会、展览会和示范项目等形式,推动企业之间的经验交流和技术合作。政府还可以通过设立技术推广专项基金,支持环保和安全技术的应用和推广,确保传统产业在环保和安全生产方面的技术水平不断提升。

四是合理的环保与安全激励机制。为了鼓励企业在环保和安全方面超额达标,政府应设立相应的激励机制。例如,政府可以通过财政补贴、税收优惠、绿色信贷等方式,激励企业在环保和安全生产方面的投资与改进。另外,对于在环保和安全领域表现突出的企业,政府应给予政策倾斜和市场推广支持,提升其社会形象和市场竞争力。

五是公众参与与透明监督。政府应鼓励公众参与环保和安全生产的监督工作,通过建立信息公开平台,确保企业的环保和安全生产情况对公众透明。政府还可以通过加强公众参与和媒体监督,形成社会监督的合力,促使企业在环保和安全生产方面自觉遵守国家标准,履行社会责任。

通过推动产业高端化、智能化和绿色化的目标逻辑,结合标准化与技术创新的策略逻辑,以及强化安全和环保的制度约束,传统产业将在国家标准的引领下实现全面优化升级,提升国际竞争力,并在严格的安全和环保制度下,确保可持续发展和社会责任的履行。政府、企业和社会各方的共同努力,将为传统产业的长远发展奠定坚实的基础,确保在未来的全球竞争中立于不败之地。

四、实现产业联动与资源整合的综合协调机制

为实现未来产业、新兴产业和传统产业的有机联动与相互促进,亟需构建一个涵盖全产业链的综合发展治理体系。此体系不仅需要针对各产业的不同发展阶段和特性提供差异化的政策支持,还必须通过统一协调机制,确保各类政策的协同效应最大化,从而推动全产业链的整体升级与可持续发展。前文已详细论述了针对各产业的不同发展阶段和特性提供差异化的政策支持,下面将重点探讨如何通过一系列机制,构建全产业链的综合发展治理体系,确保各类政策协同效应最大化。

首先,建立长期发展保障机制是关键。未来产业、新兴产业和传统产业的协调发展需要长期且稳定的技术、人才和资金保障。应设立国家级产业发展基金,确保

对不同类型产业的持续支持。尤其是在资金流向方面,政府应建立专项基金,用于支持产业链上下游的协同发展,确保资源能够在不同产业间高效流通。同时,政府还应该通过税收优惠和财政激励,鼓励企业持续进行技术改造和创新投入,保障产业链的长效运行。此外,高端人才的培养与引进也是保障机制的重要组成部分,政府应通过设立国家级人才储备库,确保未来产业和新兴产业能够获得足够的创新型人才支持,并为传统产业的转型升级提供智力支撑。

其次,协调发展与资源优化机制在确保各产业间资源的合理分配和高效利用方面至关重要。在未来产业领域,政府应优先支持基础研究和高风险高回报的技术开发,确保前沿技术的突破性进展。在新兴产业方面,政府应通过市场化手段,推动技术的快速应用和产业化,加速市场对新技术的接受与转化。而在传统产业方面,政府则应通过支持技术改造和管理提升,推动其向高端化、智能化和绿色化方向发展。为实现这一目标,应设立跨产业的创新联盟和产业集群,推动技术资源的共享和协同创新。同时,政府应建立动态调整机制,根据市场需求和产业发展情况,灵活调整资源分配和政策支持方向,确保资源能够根据产业链的实际需求进行最优配置。

最后,综合统筹发展机制是确保全产业链协同发展的核心管理系统。可以通过成立一个跨部门的产业协调委员会,负责统筹管理和协调未来产业、新兴产业和传统产业的发展政策和战略规划。该委员会不仅需要制定长远的发展规划,还应定期评估各产业的发展状况,提出相应的政策调整建议,确保各类产业政策的协调推进。为了保障资源在各类产业之间的合理流动与优化配置,政府应通过制度化安排,设立差异化的支持政策,确保资源能够根据产业发展的不同阶段得到最有效的利用。与此同时,政策反馈与修正机制也不可或缺。政府应定期收集来自市场、企业和科研机构的反馈,通过数据分析和市场监测,及时识别政策实施中的问题,并快速进行政策修正,确保各项战略决策和资源分配方案始终符合市场需求和产业发展趋势,实现长效的综合统筹。

通过长期发展保障机制、协调发展与资源优化机制、综合统筹发展机制的有机结合,可以确保未来产业、新兴产业和传统产业在全产业链中的协调联动,最大化各类政策的协同效应,推动全产业链的整体升级与可持续发展。这一综合发展治理体系将成为中国在全球经济竞争中的重要战略支撑,确保在未来的国际竞争中立于不败之地。

第三节　加快推进保障生产力要素及组合优化跃升的体制机制改革

新质生产力的发展还要求在生产关系的局部和具体层面进行深刻变革,以保障生产力要素及其优化组合的跃升。首先,新质生产力的发展伴随大数据、技术创新等新要素的出现,这要求我们重新思考生产资料所有制的实现形式,明确新要素的所有权归属,从而保障新质生产力的核心要素有效配置。其次,随着新质生产力发展,劳动组织形式发生了深刻变化,为适应这种变化,需要推动劳动组织形式的创新,同时健全劳动者权益保障机制,确保新生产要素和新型劳动力的有机结合,形成生产力的最大合力。最后,生产力的升级必然伴随劳动力素质的提升和再生产机制的变革,这就要求构建新型劳动力发展机制,并通过完善社会保障体系,为劳动者的持续发展提供基础支持。这三方面的改革将共同作用于生产关系的适应性调整,从而推动新质生产力实体要素及组合的跃升,为高质量发展提供制度保障。

一、加快明确新要素所有权归属,推进生产资料公有制实现形式创新

生产资料所有制形式是生产关系的核心,直接决定了社会生产的组织方式和社会财富的分配格局。随着新质生产力的发展,大数据、人工智能算法等新型生产要素已经成为生产力的重要组成部分。这些新要素的生产不同于传统的物质生产,它们的生产依赖广泛的合作与协同,由此产生了所有权归属问题,而这则成为制约生产关系适应性调整的重要挑战。

例如,大数据的生产和使用涉及多个主体,包括原始数据生成方、数据采集方、数据处理方、算法开发方以及最终的应用方。由于各个主体共同参与了数据的生产过程,数据的产权归属变得极为复杂。产消一体化是大数据生产中的一个典型现象,在这一模式中,生产者与消费者的角色界限模糊,消费者通过参与产品设计、反馈数据等方式直接影响产品生产过程,从而成为生产链中的一环。上述模式下,数据的归属问题往往难以界定,谁拥有最终的数据使用权、如何分配数据收益、消费者在生产过程中的参与是否应获得相应的利益分配,都是目前尚未明确的问题。

此外,科技创新中的协同合作也是一个突出的例子。科技创新往往依赖于多个企业、科研机构和政府部门的合作,尤其是在重大科研项目中,知识产权归属问题尤为突出。不同参与方在研发过程中贡献了不同的资源和技术,然而,最终创新成果的产权如何界定往往成为争议焦点。

新要素所有权归属不明确带来了较大的问题。首先,所有权不明导致了资源的浪费。以大数据为例,数据在没有明确归属的情况下,可能会出现多方争夺、重复使用甚至滥用的现象,这不仅浪费了数据资源,也抑制了数据的增值效应。其次,创新效率也会因此受到制约。当参与者对创新成果的产权归属缺乏保障时,往往会降低创新的积极性。合作方之间的信任危机会使得科技创新陷入困境,导致生产力的提升受阻。此外,生产资料的归属关系决定了社会生产的组织和分配方式。产权关系的不明确不仅影响生产效率,更会引发分配不公平。对于社会主义市场经济而言,生产资料所有制的调整需要确保资源的合理配置,避免因产权不明导致的利益争端与社会不稳定。为此,党的二十届三中全会要求,要"加快建立数据产权归属认定、市场交易、权益分配、利益保护制度,提升数据安全治理监督能力,建立高效便利安全的数据跨境流动机制"[①]。加快解决新要素所有权归属问题,对于提升创新活力、推动生产力发展具有重要意义。

为了有效应对新质生产力发展中出现的所有权归属难题,必须从公平分配、利益共享、激励创新等角度出发,明确新要素所有权归属的基本原则,从而确保各参与方能够合理分享创新成果,并通过合理的产权设计,激励各方继续投入创新和生产活动。首先,应遵循与投入相匹配的产权公平配置原则,根据新型要素生产与创新中的贡献不同,确立各主体产权边界,避免因产权模糊引发的纠纷。其次,利益共享是保证生产要素有效流转的重要手段。数据、科技创新等新要素的特征之一是其使用上的非竞争性,即数据、技术可以在多个领域和多个主体之间重复使用。因此,通过明确产权归属,并建立利益共享机制,能够促进要素在不同主体之间的有效流转,从而提升创新效率。例如,在大数据产业中,可以通过建立数据流转平台,使数据所有者、数据处理者和最终应用者共同受益,实现大数据价值的最大化。最后,激励创新是新质生产力发展的关键动力。明确产权归属的最终目的是通过保障各参与方的创新成果权利,激励各主体继续投入创新。在科技创新领域,通过

---

① 习近平.中共中央关于进一步全面深化改革 推进中国式现代化的决定[M].北京:人民出版社,2024:12.

知识产权保护机制、技术转让协议等方式,可以有效防止创新成果被剽窃或滥用,从而激励更多的企业和科研机构参与创新。

在解决协同合作中的新要素产权归属问题时,科研平台分类管理体制是新质生产力发展背景下,生产资料公有制实现形式创新的一个具体且可操作的例子。高水平科技支撑平台作为国家科技创新的重要载体,往往涉及多个学科、多个机构的合作,其产权归属问题具有代表性。通过对科研平台进行分类管理,可以有效解决协同创新中的产权难题。根据高水平科研支撑平台的职能和市场化程度不同,可以将其分为应用型科研平台、基础服务型科研平台和战略性科研平台。这些平台在生产资料所有制的表现形式上有显著差异,产权归属问题的复杂性也各不相同。

应用型科研平台主要聚焦于推动科研成果的产业化,直接面向市场需求。这类平台通常涉及企业、科研机构和政府的多方合作,生产要素的投入与创新成果的商业化紧密相连。应用型科研平台往往面临市场机制驱动中的所有权界定难题。由于企业在此类平台中扮演着关键角色,平台上的科技创新成果通常具有较高的市场价值,参与各方(企业、科研机构、投资方等)对产权的归属和利益分配有着较为强烈的诉求。在此平台中,生产资料所有制的复杂性体现为多方的资本与技术投入,通常为混合所有制形式。产权归属难题的根源在于不同所有制形式的利益交织,尤其是在创新成果具有高度商业化潜力的情境下,如何确保企业能够合理分享科研成果的市场收益,同时保障国有资本不流失,成为应用型科研平台中的主要问题。企业在创新过程中承担了部分市场风险,通常希望获得更多的市场化操作权利,而国家或科研机构则需要确保创新成果的公共利益。应用型科研平台的公有制实现形式需要在现有的基础上进一步创新,建议通过以下方式推动:一是产权共享模式,引入以企业为主导的产权共享机制,通过协议明确创新成果在市场化中的各方权益分配。特别是在创新成果转化过程中,通过产权混合模式,确保各方在技术转移和市场应用中的合理利益分配。二是强化知识产权回报机制,对于企业主导的应用型科研平台,国家可以通过知识产权回报机制,鼓励企业与科研机构的长期合作。企业通过知识产权的市场转化获得回报,同时通过公共财政支持,减少企业在科研阶段的负担。

基础服务型科研平台主要提供科研设备、技术支持和基础设施共享服务。虽然不直接面向市场,但基础服务型科研平台的开放共享和资源配置往往受到部分市场化机制的驱动。这类平台的产权归属通常比较明确,平台设备与基础设施大多属于国家或公共机构所有,企业或科研人员通过使用协议进行科研活动。基础服务型科研平台主要解决公共资源与市场机制的平衡问题。在基础服务型科研平台中,生产资料的所有制形式更多表现为国有或公共所有制,市场机制的作用则体现在如何通过市场化的管理提升设备利用率、提高科研效率。产权归属问题主要体现在科研设备的使用权与研究成果的归属上,特别是在公共资源共享机制中,如何确保企业和科研人员的使用权,同时保障科研设备的产权清晰,成为关键。基础服务型科研平台的公有制创新形式可以通过以下方式推动:一是公共资源共享平台。强化公共科研设备的共享机制,通过标准化的协议明确设备使用与成果归属。通过提高科研设施的市场化运作水平,在保证国有资产安全的前提下,提升设备的利用率。二是政府引导的市场化机制。在设备共享与科研服务上引入部分市场化机制,通过设定市场化的资源利用模式,鼓励科研人员和企业使用国家科研资源,同时确保国有科研设备的高效使用和维护。

战略型科研平台主要承担国家重大科技任务,侧重于前沿技术突破和国家安全等战略性领域。此类平台的发展方向和资源配置主要依赖国家战略,市场机制的作用相对较弱,其科研成果产权通常归国家或相关科研机构所有,产权界定相对简单。尽管技术创新的最终成果可能影响市场,但在平台的运营中,政府的主导作用远大于市场的影响。在战略型科研平台中,生产资料的所有制几乎完全为国有制。由于这类平台的成果服务于国家战略需求,市场化程度较低,因此,产权归属的争议相对较少。国家通过财政投入、政策规划等方式保障科研平台的运作,确保科技创新成果归国家所有,产权归属问题主要集中在科研成果的技术转移和产业化过程中。战略型科研平台的公有制实现形式创新应注重在技术转化阶段保持国家的控制力,并推动科技成果的市场应用。具体包括:一是国家主导的技术转化机制,即确保在科研成果向市场转移时,国家主导的产权制度仍能控制关键技术的所有权。通过设立国家技术转移中心,确保国家在科技创新中的产权不流失,且能够带动相关产业的发展。二是加快探索混合所有制下的技术转化模式。在保持战略性技术成果的国家所有权前提下,可以与企业建立技术共享和合作开发机制,通过市场化运营推动技术应用,同时确保国家战略利益不受损害。

通过高水平科研支撑平台的分类管理,公有制的实现形式可以根据不同平台的职能与市场化程度进行创新探索。应用型科研平台可以在产权归属上采用更加市场化的模式,通过企业主导的产权共享机制实现公有制与市场化运作的结合。基础服务型科研平台则应通过资源共享平台与政府引导的市场化机制,在保障公有制基础的同时,提升资源配置效率。而战略型科研平台则应坚持国家主导的产权控制,确保科研成果的战略安全,同时在技术转化过程中引入适度的市场机制,实现公有制与市场需求的平衡。通过这些创新路径,可以在新质生产力的背景下,进一步推动生产资料公有制实现形式的多样化与现代化,并促进创新要素的合理流转与高效配置。

二、适应劳动组织形式创新,健全劳动者权益保障机制

劳动组织形式是生产关系的重要组成部分,直接关系到劳动者在生产过程中的地位和劳动关系的调整。有鉴于此,2024 年 5 月,习近平同志在中央政治局第 14 次集体学习时强调,要"加强劳动者权益保障。健全劳动法律法规,规范新就业形态劳动基准","加强灵活就业和新就业劳动者权益保障","及时总结经验、形成制度"。[①]

随着数字化、智能化的不断深入,新质生产力的发展使得新劳动组织形式不断涌现,包括远程协作、众包劳动等新型劳动形式。值得特别指出的是,数字化平台已经成为新质生产力背景下劳动组织的重要中介。劳动者通过平台参与生产过程,不再局限于固定的工作场所或固定的劳动关系,而是可以通过远程方式、灵活的工作时间完成劳动任务。远程协作劳动不仅提高了劳动效率,也使得劳动者与生产资料的关系更加灵活。区块链技术和人工智能的广泛应用更进一步改变了劳动组织形式。例如,区块链平台作为分布式技术,采取去中心化的方式组织劳动者,确保劳动过程中的透明性和参与者之间的信任机制。人工智能则通过自动化任务的分配和管理,提高了劳动组织的效率,并在某些领域直接参与生产过程,与劳动者共同完成工作。众包劳动是一种重要的新型劳动形式,也通常借助平台完成。平台通过将任务细分并分发给不同的劳动者完成,实现了劳动任务的分散化与个体化。众包劳动在降低企业成本、提高任务完成效率的同时,也改变了劳动者与生产过程的关系,传统的集体劳动逐渐被个人化的劳动任务所取代。这些新型劳动组织形式打破了传统的劳动分工与雇佣关系,为生产力的进一步发展提供了新的组织方式。

---

① 习近平.促进高质量充分就业 不断增强广大劳动者的获得感幸福感安全感[N].人民日报,2024-05-29.

新型劳动形式带来的一个显著现象是零工经济的兴起。零工经济指劳动者通过短期、灵活的合同或任务获取收入。这种经济形式虽然赋予了劳动者更多的灵活性，但削弱了劳动者在生产过程中的稳定性和权益保障，带来了不稳定就业和劳动保障不足等问题。在零工经济中，劳动者往往处于不确定的劳动合同状态下，缺乏长期雇佣关系所带来的社会保障、医疗保险和退休金等基本福利。此外，劳动者的工作时间、收入和任务的稳定性较差，这使得劳动者无法获得长期的经济保障和职业发展机会。这种灵活性往往伴随着劳动者基本权益的缺失，加剧了资本对劳动者的剥削。同时，新型劳动形式对劳动者组织方式和维权能力提出了新的挑战。劳动者之间的联系变得更加分散，削弱了劳动者在面对资本时的协作能力，增加了劳动者在工作中面临的风险和不确定性。零工经济中的劳动者缺乏长期稳定的劳动保障，收入波动较大，工作环境不稳定，导致劳动者在面对资本时的议价能力下降。为应对这一挑战，必须通过政策创新和制度设计，推动建立适应新经济形式的劳动保护机制，确保劳动者在灵活就业的同时，其基本劳动权益和安全能够得到有效保障。

首先，应加强劳动者权益保障机制。一是推进《劳动法》等相关法律法规改革。《劳动法》的改革是健全劳动者权益保障机制的关键。现有的《劳动法》主要基于传统的雇佣关系设计，无法有效应对新型劳动形式下的劳动者权益保护需求。因此，政府应当通过改革《劳动法》，特别是针对零工经济和平台经济中的劳动者，明确其劳动合同的性质和保障内容。例如，可以通过立法规定平台与劳动者之间的合同关系，确保平台在任务分配、劳动时间管理和收入分配等方面承担相应的责任，防止劳动者在无保障的状态下被随意解雇或剥削。二是数字经济中的劳动权益保障应当与技术创新同步推进。政府可以通过政策鼓励企业采用先进的技术手段，提升劳动者在劳动过程中的参与度和透明度。例如，平台可以通过区块链技术记录劳动者的工作时间、任务完成情况和收入分配，确保劳动者的权益不被侵犯。同时，政府可以要求平台企业对劳动者的健康和安全承担责任，特别是在远程协作和众包劳动中，确保劳动者在工作中的劳动保护不被忽视。

其次，为了提升劳动者的集体力量，应积极推动新型合作性劳动组织的发展。通过借鉴合作社经济或员工持股等方式，可以形成资本与劳动利益共享的生产关系模式。这种共享模式不仅能够缓解技术发展带来的不平衡，还能为劳动者提供长期的经济保障和更多的决策权。例如，合作社式劳动组织通过集体决策和民主管理，使劳动者在劳动过程中拥有更多的控制权，减少资本剥削。员工持股计划也能够有效将劳动者与企业的利益绑定,形成利益共享、责任共担的生产关系。与此同时,社区劳动组织依托地方资源,推动区域经济和社区互助,通过相互支持和协作提升劳动者的生活保障水平。而去中心化自治组织(DAO)则通过区块链等技术手段,使劳动者能够摆脱传统的雇佣关系,依靠智能合约实现自我管理和自动化运营,从而构建一种更加公平和透明的劳动关系。

三、构建新型劳动者发展机制,完善社会保障体系

新质生产力发展使得产业转型升级成为经济发展的核心动力。然而,这一过程不可避免地带来"阵痛",尤其是劳动者技能失配和技术与资本替代劳动带来结构型失业问题。新质生产力对劳动者技能的转型升级提出了新要求,不仅要求劳动者具备新的技术知识,还需要他们在工作模式和职业生涯规划上进行相应调整。然而,技能升级往往滞后于生产力的快速发展,这导致了大量低技能劳动者面临被淘汰的风险。特别是在制造业、传统服务业等劳动密集型行业中,低技能劳动者的生存空间不断缩小。许多劳动者在短期内无法适应新技术的要求,导致了技能失配问题的加剧。一方面,对具有传统技能劳动者的需求不断下降;另一方面,传统劳动者技能无法适应新质生产力下产业发展的新要求,从而导致失业问题的"阵痛"。在社会主义市场经济的框架下,政府应通过主动干预,缓解劳动者技能与新质生产力之间不匹配的状况。通过构建完善的劳动力发展机制,可以帮助劳动者提升技能,适应新兴产业的要求,减轻产业转型带来的负面影响。

为应对劳动者技能失配问题,构建新型劳动者发展机制至关重要。这一机制的核心在于通过制度化的培训和教育体系,帮助劳动者不断提升技能,以应对生产力的快速变化。一是完善劳动者终身学习机制。终身学习不仅包括传统的职业培训,还应扩展到劳动者的个人技能提升、数字技能教育和跨领域知识的学习。政府可以通过政策支持和财政补贴,鼓励企业和劳动者积极参与终身学习项目,确保劳动者能够随着生产力的发展不断更新技能,适应新的工作环境和产业需求。二是打造政企合作的技能提升项目。政府应与企业共同设立技能提升项目,特别是在科技创新和新兴产业中,通过企业提供实践经验和技术支持,政府提供资金和政策保障,确保培训项目符合市场需求。通过这种方式,技能培训不仅能够增强劳动者的技术水平,还能与市场需求紧密对接,减少技能与市场的脱节现象。例如,针对数字经济、智能制造等领域,企业可以通过培训项目帮助劳动者掌握人工智能、数

据分析等核心技能,提升其在高附加值产业中的竞争力。此外,习近平同志还指出,要"完善就业公共服务制度,健全就业公共服务体系。完善创业带动就业保障制度,优化创业服务,提升创业质量"①。三是完善多层次的职业教育体系。职业教育不应局限于基础技能的培训,还应包括高端技术的学习和创新能力的培养。政府可以设立专门的职业教育机构,提供针对不同产业和技术领域的专业培训课程,帮助劳动者提升自身的知识储备和技术水平。此外,职业教育体系还应具备灵活性,允许劳动者根据市场需求进行自由选择和学习,以应对产业升级过程中不断变化的技能要求。

在上述新型劳动者发展机制中,应尤其注意"教育、科技、人才"的一体化联动。习近平同志强调,"适应新一轮科技革命和产业变革,科学研判人力资源发展趋势,统筹抓好教育、培训和就业,动态调整高等教育专业和资源结构布局,大力发展职业教育,健全终身职业技能培训制度,完善供需对接机制"②。党的二十届三中全会指出,要"统筹推进教育科技人才机制体制一体改革"③,从而形成协同效应,全面提升劳动者素质和能力,以适应产业转型和高质量发展要求。一是通过教育与科技的联动,将科技进步融入教育体系,特别是前沿技术的学习,如人工智能、大数据等,确保劳动者具备新兴产业所需的技能。"建立科技发展、国家战略需求牵引的学科设置调整机制和人才培养模式,超常布局急需学科专业,加强基础学科、新兴学科、交叉学科建设和拔尖人才培养。"④二是推动人才培养与产业需求匹配,整合教育与人才发展目标,设计符合产业需要的职业培训课程。"加快构建普职融通、产教融合的职业教育体系。"⑤同时在教育体系中融入创新精神培养,通过科研项目、科技竞赛等形式,提升劳动者创新能力和实践能力。三是平衡区域人才分布。"完善人才有序流动机制,促进人才区域合理布局,深化东中西部人才协作。"⑥通过政策支持,鼓励高素质人才到有需要的欠发达地区工作和创业,促进区域间人才资源均衡发展。

---

① 习近平.促进高质量充分就业 不断增强广大劳动者的获得感幸福感安全感[N].人民日报,2024—05—29.
② 习近平.促进高质量充分就业 不断增强广大劳动者的获得感幸福感安全感[N].人民日报,2024—05—29.
③ 习近平.中共中央关于进一步全面深化改革 推进中国式现代化的决定[M].北京:人民出版社,2024:13.
④ 习近平.中共中央关于进一步全面深化改革 推进中国式现代化的决定[M].北京:人民出版社,2024:14.
⑤ 习近平.中共中央关于进一步全面深化改革 推进中国式现代化的决定[M].北京:人民出版社,2024:14.
⑥ 习近平.中共中央关于进一步全面深化改革 推进中国式现代化的决定[M].北京:人民出版社,2024:17.

为应对产业转型升级中的失业风险,还应完善社会保障体系。生产关系的调整必须考虑到劳动者的再生产需求,社会保障体系应在其中发挥重要作用,保障劳动者在失业、疾病或其他不确定情况下的生活。一是完善零工经济社保覆盖。针对劳动者的非标准就业状态,政府应通过制度设计,将零工劳动者纳入社会保障体系,确保他们能够享受医疗保险、失业保险和养老金等基本保障。例如,政府可以推行"灵活就业社保计划",通过简化参保程序、降低参保门槛等措施,使零工劳动者能够方便地加入社保体系,并确保其在就业不稳定的情况下,依然能够获得基本生活保障。二是推动失业救助与再就业培训结合。为了应对转型过程中可能出现的失业潮,政府应通过失业救助和再就业培训相结合的方式,帮助劳动者尽快回归劳动市场。失业救助应包括提供基本的生活保障,并通过再就业培训提升劳动者的技能,帮助其进入新兴产业或相关行业。通过这种结合方式,不仅能够减轻失业带来的社会压力,还能确保劳动者在较短时间内重新获得就业机会。三是推行区域差异化的社会保障政策。由于中国各地的经济发展水平存在差异,社会保障政策应根据区域特点进行调整。对于经济发展较为落后的地区,政府应加大财政投入,确保这些地区的劳动者能够享有与发达地区同等的社会保障待遇。帮助欠发达地区的劳动者顺利度过产业转型期,减少社会不平等的加剧。四是推动社会保障与技术创新的协同。在推动新质生产力发展的过程中,社会保障体系的改革应与技术创新紧密结合。例如,政府可以通过数字化手段,简化社保程序,提升服务效率,确保劳动者能够更便捷地享受社会保障。通过信息化技术,政府可以更好地掌握劳动者的就业情况和生活状况,及时为其提供救助和支持。

参考文献

[1]马克思.资本论:第一卷[M].北京:人民出版社,2004.

[2]马克思,恩格斯.马克思恩格斯文集:第一卷[M].北京:人民出版社,2009.

[3]马克思,恩格斯.马克思恩格斯文集:第七卷[M].北京:人民出版社,2009.

[4]马克思,恩格斯.马克思恩格斯文集:第八卷[M].北京:人民出版社,2009.

[5]马克思,恩格斯.马克思恩格斯全集:第19卷[M].北京:人民出版社,1963.

[6]马克思,恩格斯.马克思恩格斯全集:第31卷[M].北京:人民出版社,1998.

[7]马克思,恩格斯.马克思恩格斯全集:第46卷(上册)[M].北京:人民出版社,1979.

[8]马克思,恩格斯.马克思恩格斯全集:第46卷(下册)[M].北京:人民出版社,1980.

[9]马克思,恩格斯.马克思恩格斯全集:第47卷[M].北京:人民出版社,1979.

[10]马克思,恩格斯.马克思恩格斯选集:第1卷[M].北京:人民出版社,2012.

[11]马克思,恩格斯.马克思恩格斯选集:第4卷[M].北京:人民出版社,2012.

[12]恩格斯.自然辩证法[M].北京:人民出版社,1961.

[13]毛泽东.毛泽东思想年编[M].北京:中央文献出版社,2011.

[14]毛泽东.毛泽东文集:第二卷[M].北京:人民出版社,1993.

[15]毛泽东.毛泽东文集:第三卷[M].北京:人民出版社,1996.

[16]毛泽东.毛泽东文集:第七卷[M].北京:人民出版社,1999.

[17]毛泽东.毛泽东文集:第八卷[M].北京:人民出版社,1999.

[18]毛泽东.毛泽东著作专题摘编:(上)[M].北京:中央文献出版社,2003.

[19]邓小平.邓小平文选:第二卷[M].北京:人民出版社,1994.

[20]邓小平.邓小平文选:第三卷[M].北京:人民出版社,1993.

[21]江泽民.论科学技术[M].北京:中央文献出版社,2001.

[22]江泽民.论中国信息技术产业发展[M].上海:上海交通大学出版社,2009.

[23]江泽民.论有中国特色社会主义:专题摘编[M].北京:中央文献出版社,2002.

[24]江泽民.论党的建设[M].北京:中央文献出版社,2001.

[25]习近平.习近平谈治国理政:第一卷.北京:外文出版社,2014.

[26]习近平.习近平谈治国理政:第二卷.北京:外文出版社,2017.

[27]习近平.习近平谈治国理政:第三卷.北京:外文出版社,2020.

[28]习近平.习近平论科技自立自强[M].北京:中央文献出版社,2023.

[29]习近平.习近平新时代中国特色社会主义思想的世界观和方法论专题摘编[M].北京:党建文物出版社、中央文献出版社,2023.

[30]中央宣传部,国家发展改革委.习近平经济思想学习纲要[M].北京:人民出版社、学习出版社,2022.

[31]习近平.高举中国特色社会主义伟大旗帜为全面建设社会主义现代化国家而团结奋斗:在中国共产党第二十次全国代表大会上的报告[M].北京:人民出版社,2022.

[32]习近平.论坚持党对一切工作的领导[M].北京:中央文献出版社,2019.

[33]中共中央文献研究室.习近平关于科技创新论述摘编[M].北京:中央文献出版社,2016.

[34]张沁悦.中国共产党百年科技思想的发展脉络与理论特征[M]//海派经济学(2021.第19卷.第3期:总第75期).上海:上海财经大学出版社,2021.

[35]习近平.开创我国高质量发展新局面[J].求是,2024(12).

[36]习近平.发展新质生产力是推动高质量发展的内在要求和重要着力点[J].求是,2024(11).

[37]习近平.深入实施新时代人才强国战略 加快建设世界重要人才中心和创新高地[J].求是,2021(24).

[38]习近平.辩证唯物主义是中国共产党人的世界观和方法论[J].求是,2019(01).

[39]洪银兴.发展新质生产力 建设现代化产业体系[J].当代经济研究,2024(02).

[40]任保平.改革开放40年来我国生产力理论的演进轨迹与创新[J].政治经济学评论,2018(09).

[41]李梦欣,任保平:新中国70年生产力理论与实践的演进[J].政治经济学评论,2019(09).

[42]任保平.生产力现代化转型形成新质生产力的逻辑[J].经济研究,2024(03).

[43]赵峰,季雷.新质生产力的科学内涵、构成要素和制度保障机制[J].学习与探索,2024(01).

[44]余建辉等.我国创新链、产业链空间协同配置与区域经济布局研究[J].中国科学院院刊,2024(04).

[45]张小燕.科技创新引领新兴产业发展的理论、现状及建议[J].中国科学院院刊,2024(07).

[46]周文,李吉良.新质生产力与新型举国体制[J].广东社会科学,2024(03).

[47]钟惠波.新型科技举国体制:社会主义市场经济条件下的资源与关系模式[J].社会主义研究,2021(05).

[48]陈劲,阳镇,朱子钦.新型举国体制的理论逻辑、落地模式与应用场景[J].改革,2021(05).

[49]杜传忠.关键核心技术创新视角下的科技创新新型举国体制及其构建[J].求索,2023(02).

[50]殷忠勇.论科技创新新型举国体制的构建:时代背景、理论基础和制度体系[J].人民论坛·学术前沿,2017(13).

[51]陈昌兵.我国技术创新要素最优化配置的新型举国体制研究[J].社会科学辑刊,2023(01).

[52]刘洪,姜娇阳.科技创新对长江经济带低碳发展的驱动效应研究[J].统计与决策,2024(11).

[53]高小涵,王立娟.数字新质生产力、现代产业体系构建与共同富裕[J].工业技术经济,2024(06).

[54]袁海霞,何为东,冯小飞.习近平科技创新重要论述的演进、内涵及其启示[J].黄冈师范学院学报,2024(03).

[55]杨钰黎.推进科技创新和科技成果转化同时发力的四川实践研究——学习贯彻习近平同志来川视察重要指示精神[J].毛泽东思想研究,2024(02).

[56]赵振华.因地制宜发展新质生产力[J].中国经济周刊,2024(07).

[57]张新宁.科技创新是发展新质生产力的核心要素论析[J].思想理论教育,2024(04).

[58]任保平,豆渊博.新质生产力:文献综述与研究展望[J].经济与管理评论,2024(03).

[59]刘伟.科学认识与切实发展新质生产力[J].经济研究,2024(03).

[60]周文,何雨晴.新质生产力:中国式现代化的新动能与新路径[J].财经问题研究,2024(04).

[61]贾若祥,王继源,窦红涛.以新质生产力推动区域高质量发展[J].改革,2024(03).

[62]武豹.习近平关于科技自立自强重要论述的生成背景、主要内容及时代价值[J].理论导刊,2024(03).

[63]胡莹,方太坤.再论新质生产力的内涵特征与形成路径——以马克思生产力理论为视角[J].浙江工商大学学报,2024(02).

[64]黄群慧,盛方富.新质生产力系统:要素特质、结构承载与功能取向[J].改革,2024(02).

[65]周文,李吉良.新质生产力与中国式现代化[J].社会科学辑刊,2024(02).

[66]韩喜平,马丽娟.新质生产力的政治经济学逻辑[J].当代经济研究,2024(02).

[67]杜传忠,李钰葳.强化科技创新能力 加快形成新质生产力的机理研究[J].湖南科技大学学报(社会科学版),2024(01).

[68]李政,崔慧永.基于历史唯物主义视域的新质生产力:内涵、形成条件与有效路径[J].重庆大学学报(社会科学版),2024(01).

[69]洪银兴.新质生产力及其培育和发展[J].经济学动态,2024(01).

[70]任保平,王子月.新质生产力推进中国式现代化的战略重点、任务与路径[J].西安财经大学学报,2024(01).

[71]张姣玉,徐政.中国式现代化视域下新质生产力的理论审视、逻辑透析与实践路径[J].新疆社会科学,2024(01).

[72]祝智庭,戴岭,赵晓伟,沈书生.新质人才培养:数智时代教育的新使命[J].电化教育研究,2024(01).

[73]蒋永穆,乔张媛.新质生产力:逻辑、内涵及路径[J].社会科学研究,2024(01).

[74]简新华,聂长飞.论新质生产力的形成发展及其作用发挥——新质生产力的政治经济学解读[J].南昌大学学报(人文社会科学版),2023(06).

[75]程恩富,陈健.大力发展新质生产力 加速推进中国式现代化[J].当代经济研究,2023(12).

[76]杜传忠,疏爽,李泽浩.新质生产力促进经济高质量发展的机制分析与实现路径[J].经济纵横,2023(12).

[77]石建勋,徐玲.加快形成新质生产力的重大战略意义及实现路径研究[J].财经

问题研究,2024(01).

[78]贺韶轩.习近平关于科技创新重要论述的生成逻辑、基本内涵及时代价值[J].理论导刊,2023(12).

[79]胡洪彬.习近平同志关于新质生产力重要论述的理论逻辑与实践进路[J].经济学家,2023(12).

[80]魏崇辉.新质生产力的基本意涵、历史演进与实践路径[J].理论与改革,2023(06).

[81]高帆."新质生产力"的提出逻辑、多维内涵及时代意义[J].政治经济学评论,2023(06).

[82]李政,廖晓东.发展"新质生产力"的理论、历史和现实"三重"逻辑[J].政治经济学评论,2023(06).

[83]王珏,王荣基.新质生产力:指标构建与时空演进[J].西安财经大学学报,2024(01).

[84]余东华,马路萌.新质生产力与新型工业化:理论阐释和互动路径[J].天津社会科学,2023(06).

[85]任保平,王子月.数字新质生产力推动经济高质量发展的逻辑与路径[J].湘潭大学学报(哲学社会科学版),2023(06).

[86]徐政,郑霖豪,程梦瑶.新质生产力赋能高质量发展的内在逻辑与实践构想[J].当代经济研究,2023(11).

[87]刘志彪,凌永辉,孙瑞东.新质生产力下产业发展方向与战略——以江苏为例[J].南京社会科学,2023(11).

[88]胡莹.新质生产力的内涵、特点及路径探析[J].新疆师范大学学报(哲学社会科学版),2024(05).

[89]李政,廖晓东.新质生产力理论的生成逻辑、原创价值与实践路径[J].江海学刊,2023(06).

[90]张晨,唐伟博.数字经济对现代产业体系构建的影响研究[J].工业技术经济,2023(11).

[91]周文,许凌云.论新质生产力:内涵特征与重要着力点[J].改革,2023(10).

[92]蒲清平,黄媛媛.习近平同志关于新质生产力重要论述的生成逻辑、理论创新与时代价值[J].西南大学学报(社会科学版),2023,49(06).

[93]张林,蒲清平.新质生产力的内涵特征、理论创新与价值意蕴[J].重庆大学学

报(社会科学版),2023,29(06).

[94]董晓辉.习近平关于科技创新重要论述研究[J].马克思主义研究,2023(08).

[95]张建武,李伟只.习近平同志关于科技创新重要论述的内在逻辑——兼论以科技创新推动高质量发展实现共同富裕的辩证关系[J].学术研究,2023(08).

[96]徐鹏杰,张文康,曹圣洁.产业结构升级、构建现代产业体系与农民农村共同富裕[J].经济学家,2023(05).

[97]白雪洁,宋培,艾阳,李琳.中国构建自主可控现代产业体系的理论逻辑与实践路径[J].经济学家,2022(06).

[98]顾江,陈鑫,郭新茹,张苏缘."十四五"时期健全现代文化产业体系的逻辑框架与战略路径[J].管理世界,2021(03).

[99]吴非,常曦,任晓怡.政府驱动型创新:财政科技支出与企业数字化转型[J].财政研究,2021(01).

[100]刘思明,张世瑾,朱惠东.国家创新驱动力测度及其经济高质量发展效应研究[J].数量经济技术经济研究,2019(04).

[101]李政,杨思莹.财政分权、政府创新偏好与区域创新效率[J].管理世界,2018(12).

[102]洪银兴,刘伟,高培勇,金碚,闫坤,高世楫,李佐军."习近平新时代中国特色社会主义经济思想"笔谈[J].中国社会科学,2018(09).

[103]芮明杰.构建现代产业体系的战略思路、目标与路径[J].中国工业经济,2018(09).

[104]潘冬晓.习近平科技创新思想探析[J].学术论坛,2016,39(10).

[105]洪银兴.论创新驱动经济发展战略[J].经济学家,2013(01).

[106]陈劲,阳银娟.协同创新的理论基础与内涵[J].科学学研究,2012(02).

[107]刘钊.现代产业体系的内涵与特征[J].山东社会科学,2011(05).

[108]刘明宇,芮明杰.全球化背景下中国现代产业体系的构建模式研究[J].中国工业经济,2009(05).

[109]曹利群.现代农业产业体系的内涵与特征[J].宏观经济管理,2007(09).

[110]赵涛,张智,梁上坤.数字经济、创业活跃度与高质量发展——来自中国城市的经验证据[J].管理世界,2020(10).

[111]戚聿东,肖旭.数字经济时代的企业管理变革[J].管理世界,2020(06).

[112]钱海章,陶云清,曹松威,曹雨阳.中国数字金融发展与经济增长的理论与实

证[J].数量经济技术经济研究,2020(06).

[113]许宪春,张美慧.中国数字经济规模测算研究——基于国际比较的视角[J].中国工业经济,2020(05).

[114]张勋,万广华,张佳佳,何宗樾.数字经济、普惠金融与包容性增长[J].经济研究,2019(08).

[115]刘淑春.中国数字经济高质量发展的靶向路径与政策供给[J].经济学家,2019(06).

[116]荆文君,孙宝文.数字经济促进经济高质量发展:一个理论分析框架[J].经济学家,2019(02).

[117]周叔莲,王伟光.科技创新与产业结构优化升级[J].管理世界,2001(05).

[118]黄豪杰.新质生产力、技术创新与现代化产业体系建设[J].技术经济与管理研究,2024(08).

[119]刘凡熙.新质生产力及其对习近平经济思想的丰富发展[J].北京行政学院学报,2024(04).

[120]王山,原磊,付敏杰.习近平经济思想研究评述及其发展动态——从文献计量到研究主题(2013-2023年)[J].价格理论与实践,2024(03).

[121]顾海良.从"社会生产力水平总体跃升"到新质生产力——习近平经济思想关于新时代社会生产力理论创新挈要[J].经济学家,2024(06).

[122]陈榕,王炎龙.数智出版的内涵、业态与实践路径——基于新质生产力技术创新的视角[J].出版广角,2024(08).

[123]张开,郑泽华,薛敏.习近平经济思想研究新进展[J].政治经济学评论,2024(02).

[124]裴长洪.习近平经济思想理论内涵研究述要[J].经济研究,2024(02).

[125]秦宣.中国式现代化的历史逻辑探析[J].当代中国史研究,2022(02).

[126]周文,肖玉飞.共同富裕:基于中国式现代化道路与基本经济制度视角[J].兰州大学学报(社会科学版),2021(06).

[127]黄群慧.中国共产党领导社会主义工业化建设及其历史经验[J].中国社会科学,2021(07).

[128]孙乐强.农民土地问题与中国道路选择的历史逻辑——透视中国共产党百年奋斗历程的一个重要维度[J].中国社会科学,2021(06).

[129]逢锦聚.中国共产党带领人民为共同富裕百年奋斗的理论与实践[J].经济学

动态,2021(05).

[130]洪银兴.中国共产党领导建设新中国的经济发展思想演进[J].管理世界,2021(04).

[131]刘伟,陈彦斌."两个一百年"奋斗目标之间的经济发展:任务、挑战与应对方略[J].中国社会科学,2021(03).

[132]洪银兴.中国特色社会主义政治经济学财富理论的探讨——基于马克思的财富理论的延展性思考[J].经济研究,2020(05).

[133]邱海平.新发展理念的重大理论和实践价值——习近平新时代中国特色社会主义经济思想研究[J].政治经济学评论,2019(06).

[134]孙建华,马焕兰.习近平新时代中国特色社会主义思想的理论创新研究述论[J].毛泽东邓小平理论研究,2018(08).

[135]刘伟.习近平新时代中国特色社会主义经济思想的内在逻辑[J].经济研究,2018(05).

[136]刘磊.习近平新时代生态文明建设思想研究[J].上海经济研究,2018(03).

[137]陈林.习近平农村市场化与农民组织化理论及其实践——统筹推进农村"三变"和"三位一体"综合合作改革[J].南京农业大学学报(社会科学版),2018(02).

[138]张杨,程恩富.壮大集体经济、实施乡村振兴战略的原则与路径——从邓小平"第二次飞跃"论到习近平"统"的思想[J].现代哲学,2018(01).

[139]韩保江.论习近平新时代中国特色社会主义经济思想[J].管理世界,2018(01).

[140]刘伟.坚持新发展理念,推动现代化经济体系建设——学习习近平新时代中国特色社会主义思想关于新发展理念的体会[J].管理世界,2017(12).

[141]裴长洪,李程骅.习近平经济思想的理论创新与实践指导意义[J].南京社会科学,2015(02).

[142]程恩富.习近平的十大经济战略思想[J].人民论坛,2013(34).

[143]王伯鲁.技术史视野中的马克思思想基础解析[J].教学与研究,2013(06).

[144]王耀德.从技术进化论看技术创新[J].理论学刊,2008(12).

[145]王耀德.技术进化论史观与产业哲学若干问题探讨[J].中国人民大学学报,2008(06).

[146]姜振寰.苏联时期的技术史研究[J].中国科技史杂志,2007(04).

[147]孟宪俊.新的技术革命与技术理论的研究[J].海南大学学报(社会科学版),

1984(04).

[148]桂黄宝,王梦蕾,胡珍.中国共产党科技自立自强思想和实践的百年回顾[J].科学管理研究,2023(02).

[149]崔海英,熊踞峰.中国共产党科技思想百年演进的三重逻辑[J].科学社会主义,2023(01).

[150]马艳,王琳,严金强.习近平经济思想的逻辑架构及其学理研究[J].上海经济研究,2022(09).

[151]芦苇.新时代党的科技思想的深刻内涵与实践路径[J].理论视野,2022(04).

[152]高尚荣.中国共产党百年科技创新思想的演进研究[J].安徽科技,2022(03).

[153]雷环捷.自立自强:中国共产党科技思想的百年探索与实践[J].中国延安干部学院学报,2022(02).

[154]王宝珠,马艳.习近平经济思想的逻辑主线研究[J].人文杂志,2021(12).

[155]张明国.中国共产党百年科技思想和科技政策的历史考察[J].北京化工大学学报(社会科学版),2021(04).

[156]沈梓鑫.中国共产党百年科技思想与发展战略的演进[J].财经问题研究,2021(12).

[157]郑蔚,李成宇.中国共产党百年科技创新事业发展的思想脉络、辉煌成就与趋势探析[J].经济研究参考,2021(22).

[158]李胜会,戎芳毅.科技自立自强思想的百年演进与时代价值[J].华南理工大学学报(社会科学版),2021(06).

[159]贾宝余,刘立.中国共产党百年科技政策思想的"十个坚持"[J].中国科学院院刊,2021(07).

[160]张爽.近年来邓小平科技思想研究综述[J].科技传播,2020(15).

[161]上官绪明,葛斌华.科技创新、环境规制与经济高质量发展——来自中国278个地级及以上城市的经验证据[J].中国人口·资源与环境,2020(06).

[162]马艳.中国特色社会主义政治经济学科技领先持续性原则[J].政治经济学研究,2020(01).

[163]齐承水,朱春艳.新中国70年科技思想的发展历程、经验与启示[J].大连干部学刊,2019(09).

[164]张沁悦,丁林峰.中国特色社会主义市场经济体制改革的自觉探索研究[J].上海财经大学学报,2019(04).

[165]魏敏,李书昊.新时代中国经济高质量发展水平的测度研究[J].数量经济技术经济研究,2018(11).

[166]任保平,文丰安.新时代中国高质量发展的判断标准、决定因素与实现途径[J].改革,2018(04).

[167]任保平,李禹墨.新时代我国高质量发展评判体系的构建及其转型路径[J].陕西师范大学学报(哲学社会科学版),2018(03).

[168]任保平.新时代中国经济从高速增长转向高质量发展:理论阐释与实践取向[J].学术月刊,2018(03).

[169]薛桂波.邓小平科技体制改革思想与我国的科技治理[J].科技管理研究,2015(19).

[170]雷石山.邓小平科技创新思想及其当代意义[J].科学管理研究,2014(04).

[171]葛莉.建国以来党的科技思想的发展脉络[J].武汉理工大学学报(社会科学版),2012(03).

[172]秦书生.胡锦涛科学技术思想探析[J].东北大学学报(社会科学版),2012(03).

[173]刘巍,周琬.马克思恩格斯科技创新思想及对中国的启示[J].科学社会主义,2011(01).

[174]李明,刘松涛.从立国到兴国——试论毛泽东的科技创新思想[J].毛泽东思想研究,2010(04).

[175]宋向阳.胡锦涛科技发展战略思想初析[J].科学管理研究,2008(04).

[176]李桂花,孙秀云.毛泽东、邓小平、江泽民科技思想之比较[J].学术论坛,2008(05).

[177]凌志.试析毛泽东科技思想的科学内涵[J].毛泽东思想研究,2006(03).

[178]李桂花.论马克思恩格斯的科技异化思想[J].科学技术与辩证法,2005(06).

[179]毛新宇.论毛泽东的科技思想[J].湖南科技大学学报(社会科学版),2005(06).

[180]刘立.邓小平科技思想与新时期中国共产党科技政策[J].中国科技论坛,2004(04).

[181]李彦龙.邓小平科技思想研究二十年[J].毛泽东思想研究,2004(04).

[182]习近平.以进一步全面深化改革为动力 开创黄河流域生态保护和高质量发展新局面[N].人民日报,2024-09-13.

[183]习近平.中共中央关于进一步全面深化改革、推进中国式现代化的决定的说明[N].人民日报,2024-07-22.

[184]中共二十届三中全会在京举行[N].人民日报,2024-07-19.

[185]习近平.在全国科技大会、国家科学技术奖励大会、两院院士大会上的讲话[N].人民日报,2024-06-25.

[186]习近平.习近平在参加江苏代表团审议时强调因地制宜发展新质生产力[N].人民日报,2024-03-06.

[187]习近平.新质生产力的内涵特征和发展重点[N].人民日报,2024-03-01.

[188]习近平.加快发展新质生产力 扎实推进高质量发展[N].人民日报,2024-02-02.

[189]习近平.中央经济工作会议在北京举行 习近平发表重要讲话[N].人民日报,2023-12-13.

[190]习近平.牢牢把握东北的重要使命 奋力谱写东北全面振兴新篇章[N].人民日报,2023-09-10.

[191]习近平.高举中国特色社会主义伟大旗帜 为全面建设社会主义现代化国家而团结奋斗[N].人民日报,2022-10-16.

[192]习近平.健全关键核心技术攻关新型举国体制 全面加强资源节约工作[N].人民日报,2022-09-07.

[193]习近平.加快建设科技强国 实现高水平科技自立自强[N].人民日报,2022-05-01.

[194]习近平.努力成为世界主要科学中心和创新高地[N].人民日报,2021-03-16.

[195]习近平.习近平在科学家座谈会上的讲话[N].人民日报,2020-09-12.

[196]中共中央政治局常务委员会召开会议[N].人民日报,2020-05-15.

[197]中央经济工作会议在北京举行[N].人民日报,2021-12-11.

[198]习近平.在中国科学院第二十次院士大会、中国工程院第十五次院士大会、中国科协第十次全国代表大会上的讲话[N].人民日报,2021-05-29.

[199]习近平.关于《中共中央关于坚持和完善中国特色社会主义制度推进国家治理体系和治理能力现代化若干重大问题的决定》[N].人民日报,2019-11-06.

[200]习近平.瞄准世界科技前沿 引领科技发展方向 抢占先机 迎难而上 建设世界科技强国[N].人民日报,2018-05-29.

[201]中共中央召开党外人士座谈会征求对经济工作的意见和建议[N].人民日报,2017-12-09.

[202]习近平.决胜全面建成小康社会 夺取新时代中国特色社会主义伟大胜利[N].人民日报,2017-10-18.

[203]习近平.加强领导 总结经验 运用规律 站在更高起点谋划和推进改革[N].人民日报,2017-08-30.

[204]习近平.为建设世界科技强国而奋斗[N].人民日报,2016-06-01.

[205]习近平.总书记的两会声音[N].人民日报,2015-03-15.

[206]习近平.在中国科学院第十七次院士大会、中国工程院第十二次院士大会上的讲话[N].人民日报,2014-06-10.

[207]中央经济工作会议在北京举行[N].人民日报,2013-12-14.

[208]习近平.加快国际旅游岛建设 谱写美丽中国海南篇[N].人民日报,2013-04-11.

[209]习近平.在十八届中央政治局第二次集体学习时的讲话[N].人民日报,2012-12-31.

[210]中共中央关于坚持和完善中国特色社会主义制度 推进国家治理体系和治理能力现代化若干重大问题的决定[EB/OL].新华网,2019-11-07. http://www.qstheory.cn/yaowen/2019-11/07/c_1125202003.htm.

[211]"十四五"规划《纲要》名词解释之10|国家实验室[EB/OL]. https://www.ndrc.gov.cn/fggz/fzzlgh/gjfzgh/202112/t20211224_1309259.html.

[212]国家发展和改革委员会.中华人民共和国国民经济和社会发展第十四个五年规划和2035年远景目标纲要[EB/OL]. https://www.ndrc.gov.cn/fzggw/wld/zsj/zyhd/202312/t20231227_1362958.html.

[213]胡锦涛.着力提高我国工业发展质量效益 努力从工业大国向工业强国转变[EB/OL]. https://www.gov.cn/ldhd/2012-05/29/content_2148146.htm.

[214]李强.政府工作报告——2024年3月5日在第十四届全国人民代表大会第二次会议上[EB/OL]. https://www.gov.cn/yaowen/liebiao/202403/content_6939153.htm.